逻辑思维与写作分类实操训练 系列图书
"学习强国"在线慕课"逻辑思维与写作"参考教材

新编逻辑与写作

主编 赵 颖

西安交通大学出版社
XI'AN JIAOTONG UNIVERSITY PRESS

图书在版编目(CIP)数据

新编逻辑与写作/赵颖主编. —西安：西安交通大学出版社，2023.3(2024.8 重印)
ISBN 978-7-5693-2051-0

Ⅰ.①新… Ⅱ.①赵… Ⅲ.①逻辑-高等学校-教材 ②汉语-写作-高等学校-教材 Ⅳ.①B81 ②H15

中国版本图书馆 CIP 数据核字(2022)第 070778 号

书　　名	新编逻辑与写作 XINBIAN LUOJI YU XIEZUO
主　　编	赵　颖
责任编辑	雒海宁
责任校对	史菲菲
封面设计	任加盟
出版发行	西安交通大学出版社 (西安市兴庆南路 1 号　邮政编码 710048)
网　　址	http://www.xjtupress.com
电　　话	(029)82668357　82667874(市场营销中心) (029)82668315(总编办)
传　　真	(029)82668280
印　　刷	西安日报社印务中心
开　　本	720 mm×1000 mm　1/16　印张 18.375　字数 312 千字
版次印次	2023 年 3 月第 1 版　2024 年第 8 月第 2 次印刷
书　　号	ISBN 978-7-5693-2051-0
定　　价	58.00 元

如发现印装质量问题,请与本社市场营销中心联系。
订购热线:(029)82665248　(029)82667874
投稿热线:(029)82664840
读者信箱:363342078@qq.com

版权所有　侵权必究

前 言
Foreword

"博学而笃志,切问而近思。"自文字产生以来,写作能力和口语表达能力一直是个人综合素养的重要组成部分。语言表达能力的提升,需要厚积薄发、日复一日的积累。但是在基本知识不断扩展的同时,更需要有强大的思维能力作为支撑,通过寻踪觅源、去伪存真、抽丝剥茧,最后拂尘见金。

2018年本书的慕课"逻辑思维与写作"(大型开放式网络课程)分别在"中国大学MOOC"和"学堂在线"等平台上线,在不到两年的时间内,选课人数逾8万;2019年又被陕西省教育厅认定为省级精品在线课程。课程得到认可也从另一个层面反映出学习者对于提升写作水平和加强思维能力的迫切诉求。笔者以为,这些能力的提升,绝非"玄学",而是有具体的操作路径。笔者希望本教材能提高学习者的理论水平和实践能力,继而引发其思考,培养其兴趣。

基于以上思考,本书编写框架由导论、上编、中编、下编四部分组成。导论部分对于相关概念进行界定,全面介绍常见的思维形式。上编"形式逻辑基本要素在写作中的应用"纵向介绍概念、命题、推理三大形式逻辑基本要素的知识脉络,在此基础上,对这些要素在写作中的应用进行分析。中编"非形式逻辑基本要素在写作中的应用",主要结合论证,解释非演绎逻辑在具体思维中的应用,对因果方法的断定、逻辑基本规律在写作中的要求进行阐述。下编"写作的逻辑及其规范",主要针对论证文和材料写作的思路、要求及规范进行介绍,并对写作中应避免的谬误进行解读。

在本书的编写过程中,编写团队以高等教育出版社出版的同名教材为基础,参阅大量国内外文献,并根据参与"逻辑思维与写作"慕课学习的学生和社会公众提供的新思考与新观点完成本书稿的统筹与编写。陕西师范大学赵颖同志负责本书的统筹和导论、中编(4—6章)的编写,陕西师范大学汝留香同志负责上编(1—3章)的编写,陕西师范大学罗艳丽同志负责下编(7—10章)的编写。

　　笔者一直认为,逻辑思维是一种崇尚理性与独立判断的活动,是求真、求善的工具,更是科学精神与人文精神的统一。希望此书在推动学习者思考与认知的过程中得以小材大用。最后,由于笔者能力有限,如有挂一漏万之处,期待各位方家指正。

赵　颖

2020年9月27日于陕西师范大学

目录 Contents

导论 ··· 001
 第一节 相关概念界定 ··· 001
 第二节 思维的分类、结构和方法 ······································ 007
 第三节 思维与语言 ·· 017
 第四节 逻辑思维在写作中的应用 ······································ 022

上编 形式逻辑基本要素在写作中的应用

第一章 概念在写作中的应用 ··· 031
 第一节 概念概述 ·· 031
 第二节 定义 ··· 039
 第三节 划分 ··· 047
 第四节 概念的种类 ·· 052
 第五节 概念间的关系 ··· 055

第二章 命题与论题在写作中的应用 ······································ 063
 第一节 性质命题及其规范表达 ······································· 065
 第二节 复合命题及其规范表达 ······································· 073
 第三节 负命题及其规范表达 ·· 083
 第四节 模态命题及其规范表达 ······································· 086

第三章 推理在写作中的应用 ·· 092
 第一节 三段论在写作中的应用 ······································· 093

第二节　选言推理在写作中的应用 …………………………… 106
　　第三节　假言推理在写作中的应用 …………………………… 110
　　第四节　二难推理在写作中的应用 …………………………… 120

中编　非形式逻辑基本要素在写作中的应用

第四章　因果关系与写作素材的运用 ………………………………… 131
　　第一节　求同法 ………………………………………………… 133
　　第二节　求异法 ………………………………………………… 139
　　第三节　求同求异并用法 ……………………………………… 142
　　第四节　共变法 ………………………………………………… 144
　　第五节　剩余法 ………………………………………………… 146

第五章　逻辑基本规律在写作中的体现 ……………………………… 152
　　第一节　充足理由律 …………………………………………… 152
　　第二节　矛盾律 ………………………………………………… 154
　　第三节　排中律 ………………………………………………… 157
　　第四节　同一律 ………………………………………………… 160

第六章　溯因、归纳和类比推理在写作中的应用 …………………… 166
　　第一节　溯因推理 ……………………………………………… 166
　　第二节　归纳推理 ……………………………………………… 172
　　第三节　类比推理 ……………………………………………… 181

下编　写作的逻辑及其规范

第七章　写作中应避免的谬误 ………………………………………… 191
　　第一节　含混谬误 ……………………………………………… 192
　　第二节　相干谬误 ……………………………………………… 197

| 第三节 | 论题谬误 | 203 |
| 第四节 | 预设谬误 | 207 |

第八章　批判性思维与有效论证　212
- 第一节　批判性思维　212
- 第二节　论证结构有效性分析　221

第九章　写作的规范与思路　240
- 第一节　文章的要求　241
- 第二节　文章的思路　248
- 第三节　文章的谋篇布局　252
- 第四节　文章的逻辑结构　256
- 第五节　学术论文写作　261

第十章　材料写作　266
- 第一节　材料写作概述　266
- 第二节　材料的筛选与鉴别　272
- 第三节　材料的分类及其在写作中的应用　274
- 第四节　材料写作实操　277

导　论

思维活动贯穿于人们日常生活的方方面面，逻辑作为思维的形式规则、思维的语法，是一门值得研究的学问。数千年的文化积淀，使得一个民族的思维不自觉地表现在其逻辑之中。本书所讲的逻辑思维能力是一种综合能力，是指正确、合理思考的能力。即对事物进行观察、比较、分析、综合、抽象、概括、判断、推理的能力，采用科学的逻辑方法，准确而有条理地表达自己思维过程的能力。

无论何时，写作的重要性都是毋庸置疑的，正如《颜氏家训·文章》所言："朝廷宪章，军旅誓诰，敷显仁义，发明功德，牧民建国，施用多途。"无论是日记记录还是短信编辑，无论是文学创作还是应用文书写，都需要一定的写作能力。因此如何组织好语言，如何提高写作水平就显得尤为重要了。将逻辑思维运用到写作中，是提高写作水平至关重要的一种能力。

第一节　相关概念界定

本节主要围绕"逻辑""逻辑思维"和"写作"三个概念的解析展开。逻辑原意指理性、思想和规律性等。逻辑思维其实是思维的一个分类，是理性的、带有规律性的思维。写作即用语言表达信息的过程。

一、逻辑

"逻辑"是由英文"logic"音译而来，属于一个外来词，就像"沙发""咖啡"这类词一样。英文"logic"又源于希腊文 λσγoζ（逻各斯）。因此，"逻辑"这个概念的语词发展路径是：

$$λσγoζ → logic → 逻辑$$

"λσγoζ"是个多义词，原意指"理性""理念""谈话""判断""概念""定义""根据""关系""词""思想""规律性"等。赫拉克利特最早将这个概念引入哲学，在他的著作残篇中，这个词也具有上述多种含义，但他主要是用这个概念来说明万物的生灭变化具有一定的尺度，虽然它变幻无常，但人们能够把握它。在这个意义上,"逻各斯"是西方哲学史上最早被提出的关于规律性的哲学范畴。亚里士多德用这个词表示事物的定义或公式,具有事物本质的意思。西方各门科学名词如"生物学""地质学"中词尾的"学"字(-logy),均起源于"逻各斯"这个词,"逻辑"一词也是由它引申出来的。中世纪,一些西方学者用"逻辑"专指研究推理论证的学问。

我国近现代学者曾用"名学""辩学""理则学""论理学"来翻译英文"logic"。西方的逻辑学传入我国,始于明朝李之藻翻译的《名理探》一书。但由于文字晦涩难懂,该书并没有在国内引起足够关注。西方的逻辑学真正系统地传入中国是19世纪末20世纪初。这一时期的代表作有1896年艾约瑟的《辩学启蒙》,1905年和1908年严复的《穆勒名学》《名学浅说》。严复在翻译《穆勒名学》时,首次将"logic"译为"逻辑",但并没有将"逻辑"这个词定为这门学科的名称,他将逻辑学称为"名学",这是因为中国先秦时期就有"名学"的概念。直到20世纪30年代以后,中国才逐渐通用"逻辑"这一译名。

在现代汉语里,"逻辑"是个多义词。人们一直以来对其定义众多,但未形成定论。总体来说,逻辑研究的是理性思维,而理性思维是人们通过大脑的抽象作用对客观对象进行的规定性认知模式认识的高级阶段。其定义可以分广义和狭义两种不同的理解。

广义的逻辑是指思维规律和客观规律,也指研究思维形式、思维规律和思维的逻辑方法的科学。广义的逻辑研究的范围比较大,是一种传统的认识,与哲学研究有很大关系。作为学科而言,整个逻辑学科的体系非常庞大复杂,如传统的、现代的和辩证的,演绎的、归纳的和类比的,经典的和非经典的等。

狭义的逻辑就是指形式逻辑或抽象逻辑,指人的抽象思维的逻辑,即只研究如何从前提必然推出结论。

二、逻辑思维

逻辑思维是指将思维与内容组织在一起的方式或形式。思维是以概念、范畴为工具去反映认识对象的。这些概念和范畴是以某种框架形式存在于人的大脑之中,即思维结构。这些框架能够把不同的范畴、概念组织在一起,从而形成一个相对完整的思想加以理解和掌握,达到认识的目的。因此,思维结构既是人的一种认知结构,又是人运用范畴、概念去把握客体的能力结构。

(一)何为思维

人之所以为人,是因为人有思维,会制造和使用工具,正如笛卡尔所说"我思故我在"。那么,什么是思维?

广义的思维,涉及所有的认知或智力活动。它探索与发现事物的内部本质联系和规律性,是认识过程的高级阶段。它是一个与存在相对应的概念,是对客观事物概括的、间接的反映。逻辑学专门研究的思维是狭义的思维,即与感性相对应的一个概念,专指人的理性认识。辩证唯物主义的认识论告诉我们,人们的认识分为两个阶段:第一个阶段是感性认识阶段,第二个阶段是理性认识阶段。在感性认识的基础上形成概念,进而构成判断和推理,这个阶段也就是思维阶段,思维有着不同于感性认识的特点。思维活动具有间接性和概括性的特点,而且思维与语言之间有密切的联系。

首先,思维具有间接性。思维对事物的间接反映,是指它通过其他媒介作用认识客观事物,即借助于已有的知识和经验、已知的条件推测未知的事物。思维和感知不同,它是建立在过去的知识经验上对客观事物的反映,因此具有间接性,例如,看到地上湿,推断刚才下过雨,根据各种数据推测其他存在状况。正是由于思维的间接性,人们才可能超越感知提供的信息,认识那些没有直接作用于人的感官的事物的属性,从而揭示事物的本质和规律,实现推理。

其次,思维具有概括性。在大量的感性材料的基础上,把一类事物的共同特征和规律抽离出来加以认识,这是思维的特征,它使人的认识活动摆脱了对具体事物认识的局限性和对事物的直接依赖性,扩大了人们认识的范围和深度。概括性的水平反映思维的水平,它也是人们形成概念的前提,是思维活动得以进行的基础。思维的概括性表现在它对一类事物非本质属性的摒弃和对其共同本质特征的反映。

最后,思维和语言密不可分。思维和语言是紧密联系在一起的。借助语言进行思维是人的思维与动物思维的最本质的区别。人类思维的高度发展与人类语言的高度发展是分不开的。不存在无任何语言表达的赤裸裸的思维,也不存在无任何思维内容的语言。思维与语言的关系在本章第三节会着重阐述。

(二)何为逻辑思维

逻辑思维是思维的一个分类。思维可以被分为灵感思维、形象思维和逻辑思维。逻辑思维也叫抽象思维。

逻辑思维是在词语和词语所表达的概念的基础上进行分析、综合、判断、推理等的一种思维。在认识过程中,它借助于概念、判断、推理等思维形式以获得合乎逻辑的结论,理性地去揭示事物的本质和内在规律,是人类认识世界非常重要的手段。

逻辑学与思维科学的研究对象虽然都是思维,但是,它们所研究的具体对象或范围是不同的。思维科学的具体研究对象是全部思维,而逻辑学的具体研究对象只是逻辑思维。因此,逻辑学只是思维科学中的一部分。思维活动主要是靠左脑进行。与直感的形象思维不同,抽象思维是在感性思维的基础上概括地、间接地反映客观事物,以及事物之间的内在联系和规律性。

人们在进行逻辑思维时,总是利用自己所掌握的语言和跟语言相联系的逻辑来进行思维,所以逻辑思维中词语是不可缺少的。只有词语才能使事物在认识过程中脱离感觉、知觉、表象,上升为抽象的理性概念,概念通过词语得以表现,例如在客观世界中存在着桃花、梅花、荷花、杜鹃花等,而要有"花"这个概念,就得有"花"这个词。概念反映了客观事物的本质特征,有了概念,才能反映客观事物的内在联系与规律性。概念是逻辑思维的出发点,一个完整的逻辑思维的过程,实际上是人脑内部的概念联结起来组成判断再进行推理、分析、综合的过程。逻辑思维的认识方式是理性的,所以也称"理性思维"。逻辑思维离不开语言,所以也称"语言思维"。

逻辑思维作为一种重要的思维类型,具有概括性、间接性、超然性的特点。逻辑思维有以下几个方法。

1. 分析与综合

分析是在思维中把对象分解为各个部分或因素,分别加以考察的逻辑方法。综合是在思维中把对象的各个部分或因素结合成为一个统一体加以考察的逻辑方法。

2. 分类与比较

根据事物的共同性与差异性就可以把事物分类,具有相同属性的事物归入一类,具有不同属性的事物归入不同的类。比较就是比较两个或两类事物的共同点和差异点,通过比较能更好地认识事物的本质。

分类是比较的后继过程,重要的是分类标准的选择,好的选择还可引发重要规律的发现。

3. 归纳与演绎

归纳是从个别性的前提推出一般性的结论,前提与结论之间的联系是或然性的。演绎是从一般性的前提推出个别性的结论,前提与结论之间的联系是必然性的。

4. 抽象与概括

抽象就是运用思维的力量,从对象中抽取它本质的属性,抛开其他非本质的东西。概括是在思维中从单独对象的属性推广到这一类事物的全体的思维方法。抽象与概括和分析与综合一样,也是相互联系、不可分割的。

将自我思维逻辑化,可以使我们表达信息更加准确有条理,使我们的写作语言更加规范科学,因此掌握好逻辑思维十分重要。

三、写作

在人类发展史上,写作与文明同步。自有文字以来,写作活动就开始了。写作既是一个人文化素养的体现,也是民族走向文明的必由之路。曹丕在《典论·论文》里以"经国之大业,不朽之盛事"来强调写作的重要性。

(一)写作的概念及过程

就字面意思来看,"写"代表"用笔记录","作"代表"创作",简单来讲,用笔创作精神产品——文章的过程,就叫写作。但这样的定义并不准确,随着现代信息技术的发展,书写工具慢慢由传统的纸和笔向电脑过渡。

准确来讲,写作是人们以语言文字符号为媒介来反映事物、传递知识信息、表达思想感情、实现交流沟通的创造性脑力劳动过程。徐振宗等在其编著的《汉语写作学》中写道:"写作就是客观事物通过作者的主观意识在恰当的文字形式中的正确反映。"写作是一个信息输出的过程,目的在于表达。能理解不等于会表达,因此写作过程中最重要的是作者的意识如何以恰当的文字形式体现出来,这需要意识或者说思维本身的准确规范性,也要求语言组织形式的逻辑性与科学性。

写作活动是一个完整的系统过程,包括收集、加工、输出信息三个步骤。写作活动是有阶段性的,可将其分为采集—构思—表述三个阶段,再具体一点又可分为采集、立意、谋篇、用语、修改五个环节。每个阶段和环节都有自身的特点、规律和要求。如果人们的写作活动符合这些规律和要求,就有可能妙笔生花,写出好作品、好文章。

(二)写作的特点及意义

写作活动具有目的性、实践性、创新性、综合性等特点。

1. 写作具有目的性

写作的目的性在于写作主体的主观能动性,这主要体现在应用文体的写作中。拿公文写作来说,它不同于一般的文艺写作。因为公文写作是在机关组织的授意之下进行的,也就是说它是代表机关组织说话的,是机关组织的"喉舌"。

撰写者必须严格按领导意图办事,体现领导的意志和愿望,不能自行其是,另搞一套,因此公文写作具有很强的目的性。

2. 写作具有实践性

毛泽东曾经说过:"没有调查就没有发言权。"文章是实践的产物,写作其实是一种实践活动。写作主体对客观事物的认识需要通过生活实践实现,将知识转化为能力同样需要实践来实现,将认识转化为书面语言更离不开实践。多读多写,注重实践,是提高写作能力的"密钥"。

3. 写作具有创新性

所有的写作都是一种新的表达的创作、发展、形成的过程,因此写作具有创新性。如果写作技巧代代相承、墨守成规,写作思想固执保守、不思改革进取,那么文章就会僵化、萎缩,乃至消亡。古今中外,凡是优秀的文章和不朽名作,都闪耀着创新的光辉。对于写作主体而言,要注重文章写作的创新性。

4. 写作具有综合性

文章写作具有综合性。首先,写作的对象可以包罗万象,万事万物皆可成为写作主体笔下的描写对象。这就要求写作主体学会观察。观察是认识的基础,一个想要学好写作的人,必须对世上的各种事物都有观察和体验的兴趣,并能从中得到一定的认识。其次,写作考验写作主体的各种综合能力。这就要求写作主体要在生活积累、思想认识、知识储备、写作技巧等方面下功夫,全面提升自己。仅仅死背一些关于写作的知识和方法固然是不行的,同样仅仅在其他方面下功夫也是不行的。最后,综合掌握语言的规律和思维的规律是写作的必要条件。针对语言的规律,写作主体要掌握语言、文字、语法、词汇、修辞等基础知识并能运用自如。针对思维的规律,对于灵感思维、形象思维和逻辑思维这三种思维活动,写作主体要熟悉掌握,并将其转化为自觉的能力。

写作活动的主要作用和意义在于:首先,通过写作,人们可以表达感情、交流思想和传递信息。其次,现代人必须具备较高的写作能力,才能从容应对日常工作生活中的诸多问题。第三,国民写作素养和能力的提高关系到全民族文化素质和综合国力的提高。

写作作为一种富有创造性的脑力劳动过程,不仅仅存在于文学创作领域,还广泛存在于应用写作领域,包括公文写作、经济写作、广告写作、军事写作、法律写作、科技写作、英语写作等。我们的日常生活离不开写作活动,每个人都可能成为写作群体中的一员。无论是从小到大的语文学习中的作文书写,还是后来的文学创作、应用文体的写作，都使我们成为写作群体中的一员。将自身的逻辑思维规范化，再将逻辑思维应用于写作之中，这对提高我们的写作水平至关重要。

第二节 思维的分类、结构和方法

要想学好写作，对思维的认识很重要。思维的概念在本章第一节已做过阐释，本节重点把握思维的分类和结构，以及进行逻辑思维的方法。

一、思维的分类

思维是在表象或概念的基础上进行的认识客观事物、现象或事件的一种行为活动。通常人们所说的"想""思考""考虑""思索"，用科学术语概括，就是"思维"。钱学森认为人类的思维有三种：形象思维、抽象思维和灵感思维。就形象思维和抽象思维而言，这两种思维既可在显意识状态下进行，也可在潜意识状态下进行，但灵感思维是在潜意识状态下进行的思维。

（一）形象思维

形象思维是直观地对客观事物、现象或事件进行思考，它是在感觉、知觉、表象基础上进行的思维活动。这种思维主要是靠右脑进行。形象思维的认识过程是对客观世界的反映和加工的过程，外界的刺激物作用于感觉器官，就会在大脑皮质内引起相应的反应，对某物的个别属性的反应就是感觉，具体的感觉可能是味觉、嗅觉、听觉或视觉等。感觉的信息是具体的、个别的。如果客观事物属性刺激感觉器官，使客观刺激物作为整体反映于大脑中，这就形成知觉。经过感知的客观事物的属性、形状以及客观事件的动态情景在大脑中再现的完整形象就是表象。在表象基础上通过类比、归纳、分析、综合、联想、想象等方式进行的思维活动，就是形象思维。人类"表征"客观世界的能力，实际上就是形象思维的能力，所以"心理思维"实质上就是形象思维。

形象思维的认识方式是感知、体验，是人脑直接感知客观世界的感性认识，所以也称"感性思维"或"直观思维"。思维过程的联想支点或支柱是具体事物或情景在大脑中的再现。这种思维不是在语言或抽象的概念基础上进行的，所以也可以说它是"非语言思维"或"非抽象思维"。

毛泽东在1965年7月21日写给陈毅的信中指出："诗要用形象思维，不能如散文那样直说,所以比、兴两法是不能不用的。赋也可以用,如杜甫之《北征》,可谓'敷陈其事而直言之也',然其中亦有比、兴。'比者,以彼物比此物也','兴者,先言他物以引起所咏之词也'。韩愈以文为诗,有些人说他完全不知诗,则未免太过,如《山石》《衡岳》《八月十五酬张功曹》之类,还是可以的。据此可以知为诗之不易。宋人多数不懂诗是要用形象思维的,一反唐人规律,所以味同嚼蜡。以上随便谈来,都是一些古典。要做今诗,则要用形象思维方法,反映阶级斗争与生产斗争,古典绝不能要。"①毛泽东肯定了形象思维之于文学创作的重要意义,为文学创作指明了道路。

形象思维有的比较简单,只反映同类事物中的一般的属性,只能作有限的分析、综合;有的在类比、归纳、分析、综合的基础上有一定的有限的联想;有的比较复杂,在接触大量事物的基础上,对表象进行高度的类比、归纳、分析、综合,乃至发挥充分的联想、想象并产生新的思想。

(二)抽象思维

抽象思维也叫逻辑思维。抽象思维与形象思维不同,它不是以人们感觉到或想象到的事物为起点,而是以概念为起点去进行思维,进而再由抽象概念上升到具体概念。抽象思维是通过科学的抽象概念来反映事物的本质和客观世界的,人们通过抽象思维所获得的远远超出靠感觉器官直接感知的知识。何为科学的抽象思维?即能够反映自然界或社会物质过程的内在本质的思想,能够在对事物的本质属性进行分析、综合、比较的基础上,抽取出事物的本质属性,使认识从感性上升到理性的思维。

抽象思维具有概括性、间接性、超然性的特征。抽象思维深刻地反映着外部世界,使人能在认识客观规律的基础上科学地预见事物和现象的发展趋势。而且科学的、合乎逻辑的抽象思维是在社会实践的基础上形成的。

提到诗歌创作,人们大都想到灵感,想到那种肆意的、天马行空的甚至不着边际的文字。然而,瓦雷里认为:"一个人无论多么有天赋,也难以听凭灵感作用。"在亚里士多德看来,诗歌写作是理性活动,要求诗人清醒而理智,在安排情节时"应竭力把剧中情景摆在眼前,唯有这样,看得清清楚楚……才能做出适当的处理,绝不至于疏忽其中的矛盾"。②

东晋的玄言诗就是通过抽象思维,即逻辑思维书写的。其表达的多是抽象

---

① 毛泽东.毛泽东文集:第8卷[M].北京:人民出版社,1999:421-422.
② 亚里士多德.诗学[M].北京:人民文学出版社,1962:55-56.

的玄学概念,篇目均充满推理与论证形式。下面是两首充满概念意味的玄言诗:

> 大朴无像,钻之者鲜。玄风虽存,微言靡演。
> 逖矣哲人,测深钩缅。谁谓道辽,得之无远。
>
> ——孙绰《赠温峤诗》

> 驰心域表,寥寥远迈。理感则一,冥然玄会。
>
> ——庾友《兰亭诗》

(三)灵感思维

灵感思维是在形象思维和抽象思维基础上产生的一种顿悟思维。文学创作者都有这样的体会,即在创造形象或思考理论时,有时冥思苦想,就是想不通问题或无法塑造出满意的人物形象和情节。但突然灵感一来,"思如潮涌"或"茅塞顿开",就能设计出某个艺术人物、艺术情景。这种思维所产生的思想是顿悟的,所以也称"顿悟思维"。钱学森说:"灵感思维实际上是潜思维,是潜在意识的表现。"

灵感思维是一种突发性的创造活动。公元前9世纪,古希腊诗人荷马在《伊利亚特》一书中开头就向诗神祈求,希望能赐予他神圣的灵感。19世纪文学家果戈理向灵感之神大声呼救:"噢,不要离开我吧!同我一起生活在地上,即使每天两个钟头也好……"苏联马卡连柯用十三年的工夫,搜集了大量创作材料,却难以下笔。高尔基一席话,却使他茅塞顿开,开始写作《教育诗》。同样的,苏联作家康·帕乌斯托夫斯基在其著作《金蔷薇》一书中,对灵感做出这样的描述:

> 灵感来时,正如绚丽的夏日的清晨来临,它驱散静夜的轻雾,向我们吹来清凉的微风。灵感,恰似初恋,人在那个时候预感到神奇的邂逅、难以言说的迷人的眸子、娇笑和半吞半吐的隐情,心强烈地跳动着。在这个时候,我们的内心世界像一种魅人的乐器般微妙、精确,对一切,甚至对生活的最隐秘的、最细微的声音都能共鸣[①]。

需要注意的是,灵感来源于现实,灵感思维离不开已有的经验和知识,这种思维一定是在形象思维和抽象思维的基础上加工产生的,只不过不是在显意识中进行,而是在潜意识中把自己头脑中原有的知识进行加工的。所谓"超越",其实是形象思维和抽象思维在潜意识中的综合运用和充分发挥。

---

① 康·帕乌斯托夫斯基.金蔷薇[M].上海:上海译文出版社,2014.

举个例子:

  有不少绘画艺术爱好者拜拉斐尔为师。拉斐尔说:"对于一个画家来说,灵感最重要。"弟子们问:"那么,怎样才能获得灵感呢?"拉斐尔回答:"你们快点将我的画笔、画板和颜料拿来吧。"弟子们惊问:"老师这么快就有灵感了?"拉斐尔摇了摇头:"我现在还没有灵感,但我相信,只要开始工作,我便有可能找到灵感。"弟子们有些失望地给拉斐尔拿来了画笔、画板和颜料。拉斐尔手拿画笔,站在画板和颜料面前好几个小时也没落笔,显然,他根本没有找到灵感。在弟子们累得快要打瞌睡的时候,拉斐尔终于兴奋地蘸上颜料,画了起来,很快,一幅美妙绝伦的画作便诞生了。惊叹之余,弟子们问:"您画一幅画只用了几分钟,却在这里苦苦地站了几个小时,多辛苦啊!为什么不等有了灵感再画呢?苦站的几个小时,完全可以到外面玩,或躺在床上休息呀。""在这个世界上,任何大师都不是在灵感产生时工作的,而是在工作时产生灵感的。如果我不在画板面前苦站那几个小时,又怎么可能找到绘画的灵感呢?"拉斐尔平静地说。

  拉斐尔等了几个小时都没有灵感,却在最后几分钟灵感爆发,这说明,灵感的获取是可遇不可求的。他强调,灵感是在工作时产生的,说明灵感思维来源于实践。

二、思维的形式结构

  思维内容就是指思维所反映的特定的对象及其属性。思维形式就是指思维内容的反映方式(概念、命题和推理等),思维的逻辑形式就是不同内容的命题和推理自身所具有的共同的形式结构。

  思维是人脑的机能,它看不见,听不到,也摸不着。思维必须借助于语言这个物质外壳才具有直接的现实性,也才能成为一门学科的研究对象。逻辑学是通过研究语言的形式结构来实现对思维形式结构的研究,它对思维形式结构的认定必须借助于对相关语言形式的分析。

  (1)所有的钢笔都是文具用品。

  (2)所有的花都是植物。

  (3)所有的古筝迷都是乐器爱好者。

  上述各句都是命题,它们分别陈述三类不同的对象具有的不同属性,内容各不相同。但它们却有共同的形式结构:

所有 S 都是 P

其中"S"和"P"是可变的部分,可以用任何具体的词项去代换它们;"所有……都是……"是不变的部分,是这类命题所共同具有的,是"S"和"P"所表示的各不相同的具体思维内容间共同的联系方式。

(4)如果小明能认真对待每一堂课,那么他的成绩一定不错。

(5)如果天上下雨,那么地上就会湿。

(6)如果冬天来了,那么梅花就会开放。

这三个命题也各有不同的内容,但也有共同的形式结构:

如果 P,那么 Q

其中,"P"和"Q"是可变的部分,可以用任何具体命题去代换它们;"如果……那么……"是不变的部分,是这一类命题所共同具有的,是"P"和"Q"所表示的各不相同的具体思维内容间共同的联系方式。

(7)　　所有学生今天都要上体育课,

李华是学生,
_____
所以,李华今天要上体育课。

(8)　　所有好人好事都要受到表彰,

所有的见义勇为事迹都属于好人好事,
_____
所以,所有的见义勇为事迹都要受到表彰。

以上两例是推理,它们的具体内容不同,但也有共同的形式结构,它们都由三个命题组成,其中包含三个不同的词项。它们所具有的形式结构可表示为:

所有的 M 都是 P

所有的 S 都是 M
_____
所以,所有的 S 都是 P

其中,"M""P""S"是可变的部分,可以用任何具体的词项去代换它们;其余的部分则是不变的部分,是这一类推理所共同具有的,是"M""P""S"所表示的具体内容间的共同联系方式。

(9)　　如果平时好好读书,那么就能考上好大学,

李明平时好好读书,
_____
所以,李明能考上好大学。

(10)　　如果冬天来了,那么梅花就会开放,

冬天来了,
_____
所以,梅花就会开放。

以上两例也是推理,它们的具体内容也不相同,但有着共同的形式结构:

$$\frac{\text{如果 }P,\text{那么 }Q}{\text{所以},Q}$$
$$P$$

其中,"P"和"Q"是可变的部分,可以用任何具体的命题去代换它们;其余的部分则是不变的部分,是这一类推理所共同具有的,是"P"和"Q"所表示的具体内容间的共同联系方式。

从上面所举的例子可知,具体来说,思维的形式结构就是指由词项构成的各种不同内容的命题自身所具有的共同结构,以及由命题构成的各种不同内容的推理自身所具有的共同结构。思维的形式结构由逻辑常项和逻辑变项组成。

逻辑常项是指逻辑形式中不变的部分,即在同一种逻辑形式中都存在的部分,它有着固定的意义,是区分不同种类的思维形式结构的唯一依据。

逻辑变项是指逻辑形式中可变的部分,即在逻辑形式中可以表示任一具体内容的部分,变项不论代入何种具体内容,都不会改变其逻辑形式。例如,在"所有 S 都是 P"这一逻辑形式中,"所有……都是……"不能任意改变,是逻辑常项。"S"和"P"是逻辑变项。

显然,思维的形式结构是思维具体内容的一种抽象。因此,思维形式结构自身具有特殊的规律性,人们如果要通过思维获得正确认识,必须遵循这方面的规律。

逻辑对思维形式结构的考察,是通过它所表现的思维的真假关系方面来进行的。思维形式结构本身无所谓真假,但其中的变项代入具体内容后,便形成了有真有假的具体思想。同一思维形式结构在不同的变项代入后,成为有不同内容的具体思想。这些具体思想事实上是真是假,是否符合客观事物的情况,逻辑学并不能解决。逻辑学关心的是当变项代入具体内容时,基于思维形式结构的不同,其真假情况所表现出的规律性,这种规律性在于:有一类思维形式结构在任意代入下都表达真实的思想内容,这类思维形式结构称为逻辑规律。

如前所述,逻辑形式结构是思维形式组成要素的联系方式,是各种具体思维形式中最一般、最共同的东西。而逻辑规律是思维的具体内容在联系方式上的必然性、强制性,是我们进行推理时必须遵守的。

三、常见的思维方法

要想把握好逻辑思维,将其自如运用到写作中,需要掌握常见的思维方法。

这里总结六种思维方法：头脑风暴法、逆向头脑风暴法、曼陀罗思考法、金字塔原理、思维导图法和三角思维法。

(一)头脑风暴法

头脑风暴法，又称脑力激荡法，由美国 BBDO 广告公司奥斯本(Osborn)1938 年所倡导，是人们最为熟悉的创意思维策略。该方法强调集体思考，注重互相激发思考，鼓励参加者在指定时间内，构想出大量的意念，并从中引发新颖的构思。脑力激荡法虽然主要以团体方式进行，但个人在思考问题和探索解决方法时也可运用此法激发思考。该法的基本原理是：只专心提出构想而不加以评价，不局限思考的空间，鼓励想出越多主意越好。此后的改良式脑力激荡法是指运用脑力激荡法的精神或原则，在团体中激发参加者的创意。

(二)逆向头脑风暴法

逆向头脑风暴法，又称质疑头脑风暴法，是由热点公司发明的，这是一种小组评价的方法，其主要用途是借以发现某种观念的缺陷，并预期如果实施这种观念会出现什么不良后果。

逆向头脑风暴法和头脑风暴法类似，唯一不同的是在逆向头脑风暴法中允许提出批评意见。头脑风暴法是用来刺激创造新观念、新思想，而逆向头脑风暴法则是以批判的眼光揭示某种观念的潜在问题。事实上，这种方法的基本点就是通过提问发现创意缺点。这种方法的基本步骤是：

第一步，要求参加者对每一个设想都要提出质疑，并进行全面评论。评论的重点是研究有碍设想实现的所有限制性因素。在质疑过程中，可能产生一些可行的新设想。这些新设想，包括对已提出的设想无法实现的原因的论证，存在的限制因素，以及排除限制因素的建议。其结构通常是："××设想是不可行的，因为……，如要使其可行，必须……。"

第二步，是对每一组或每一个设想，编制一个评论意见一览表，以及可行性设想一览表。逆向头脑风暴法禁止对已有的设想提出肯定意见，鼓励提出批评和新的可行性设想。在进行逆向头脑风暴法时，主持者应首先简明介绍所讨论问题的内容，扼要介绍各种系统化的设想和方案，以便把参加者的注意力集中在对所讨论问题的全面评价上。质疑过程要一直进行到没有问题可以质疑为止。质疑中提出的所有评价意见和可行性设想，应专门记录或录音。

第三步，是对质疑过程中提出的评价意见进行评估，以便形成一个为解决所讨论问题而设计的实际可行的最终设想的一览表。对于评价意见的评估，与对所讨论问题设想的质疑一样重要。因为在质疑阶段，重点是研究有碍设想实施的所有限制因素,而这些限制因素即使在设想产生阶段也是放在重要地位予以考虑的。

(三)曼陀罗思考法

曼陀罗思考法起源于佛教,由日本学者今泉浩晃博士"改造"而得,是一种有助于思维扩散的思考策略,利用一幅九宫格图,将主题写在中央,然后把由主题所引发的各种想法或联想写在其余的八个格子内,此法也可配合"六何法"从多方面进行思考。"六何"即"为何""何事""何人""何时""何地""如何"。

(四)金字塔原理

金字塔原理是由麦肯锡公司的芭芭拉·明托提出的,是一种从上往下的表达或者说理方式。首先,金字塔原理是一种重点突出、逻辑清晰、层次分明、简单易懂的思考方式、沟通方式。其次,金字塔原理的基本结构是结论先行,以上统下,归类分组,逻辑递进。先重要后次要,先总结后具体,先框架后细节,先结论后原因,先结果后过程,先论点后论据。金字塔原理的操作方法是:自上而下表达,自下而上思考,纵向总结概括,横向归类分组,序言讲故事,标题提炼思想精华。

自上而下的金字塔原理有以下两个特点。

①纵向上:上一层必须是下一层的思想的总结和概括。

②横向上:每一层的思想比较是在一个逻辑范畴,同时也是相互独立和完全覆盖的。

需要注意以下几点:

①善于理解逻辑和因果关系。

②善于分组归类。

③有了金字塔顶端的论点,听者很容易找到方向,将后续的表达按照前面的思路去理解,它就像给了我们一盏指路明灯一样,提高了听者的效率和沟通效率。

我们所有的思维过程,包括思考、记忆、解决问题等都是通过大脑将杂乱的信息进行分组归类,然后再逻辑概括的过程。所以,金字塔原理是一种顺其自然、有利于大脑快速理解和记忆的表达方式。

(五)思维导图法

思维导图法由英国心理学家托尼·博赞提出,又叫心智导图,是表达发散性思维的有效图形思维工具,它简单却又很有效,是一种具有较强实用性的思维工具。思维导图运用图文并重的技巧,把各级主题的关系用相互隶属与相关的层级图表现出来,将主题关键词与图像、颜色等建立记忆连接。思维导图充分运用左右脑的机能,利用记忆、阅读、思维的规律,协助人们在科学与艺术、逻辑与想象之间平衡发展,从而开启人类大脑的无限潜能。思维导图因此具有人类思维的强大功能。

思维导图在写作中被大量地应用,以朱自清的《春》为例:

盼望着,盼望着,东风来了,春天的脚步近了。

一切都像刚睡醒的样子,欣欣然张开了眼。山朗润起来了,水涨起来了,太阳的脸红起来了。

小草偷偷地从土地里钻出来,嫩嫩的,绿绿的。园子里,田野里,瞧去,一大片一大片满是的。坐着,躺着,打两个滚,踢几脚球,赛几趟跑,捉几回迷藏。风轻悄悄的,草软绵绵的。

桃树、杏树、梨树,你不让我,我不让你,都开满了花赶趟儿。红的像火,粉的像霞,白的像雪。花里带着甜味;闭了眼,树上仿佛已经满是桃儿、杏儿、梨儿。花下成千成百的蜜蜂嗡嗡地闹着,大小的蝴蝶飞来飞去。野花遍地是:杂样儿,有名字的,没名字的,散在草丛里,像眼睛,像星星,还眨呀眨的。

"吹面不寒杨柳风",不错的,像母亲的手抚摸着你。风里带来些新翻的泥土的气息,混着青草味儿,还有各种花的香,都在微微润湿的空气里酝酿。鸟儿将窠巢安在繁花嫩叶当中,高兴起来了,呼朋引伴地卖弄清脆的喉咙,唱出宛转的曲子,跟轻风流水应和着。牛背上牧童的短笛,这时候也成天嘹亮地响着。

雨是最寻常的,一下就是三两天。可别恼。看,像牛毛,像花针,像细丝,密密地斜织着,人家屋顶上全笼着一层薄烟。树叶儿却绿得发亮,小草也青得逼你的眼。傍晚时候,上灯了,一点点黄晕的光,烘托出一片安静而和平的夜。在乡下,小路上,石桥边,有撑起伞慢慢走着的人;还有地里工作的农民,披着蓑戴着笠。他们的草屋,稀稀疏疏的,在雨里静默着。

天上风筝渐渐多了,地上孩子也多了。城里乡下,家家户户,老老小小,他们也赶趟儿似的,一个个都出来了。舒活舒活筋骨,抖擞抖擞精神,各做各的一份事去。"一年之计在于春",刚起头儿,有的是工夫,有的是希望。

春天像刚落地的娃娃,从头到脚都是新的,他生长着。

春天像小姑娘,花枝招展的,笑着,走着。

春天像健壮的青年,有铁一般的胳膊和腰脚,他领着我们上前去。

运用思维导图的方式对这篇文章进行解读会更加清晰(图0-1)。

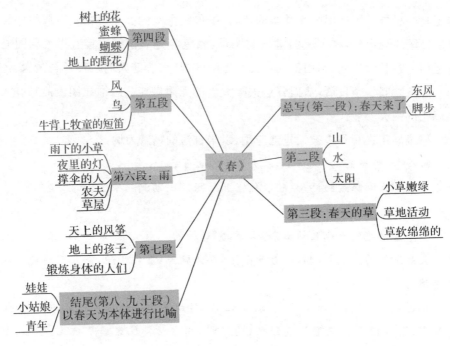

图0-1 《春》的思维导图

再如我们熟悉的戏剧《雷雨》的人物关系图就可以用思维导图清晰地表现出来(图0-2)。

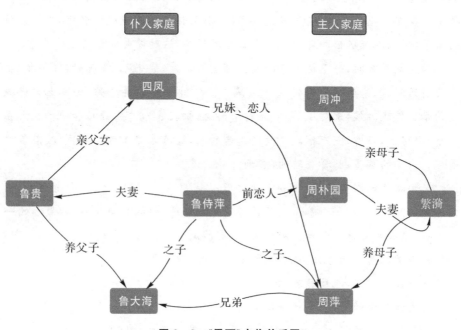

图0-2 《雷雨》人物关系图

(六)三角思维法

三角思维法(简称三角法)是一种高效思维框架,该方法的提出和直言命题的三段论相关。经大数据研究,在某一阶段,影响事物发展的主要因素基本不会超过三个,那么可以提取出该问题的关键词,然后将关键词进行逻辑关联,最后将具有逻辑层次感的内容表达出来。三角思维法的特点就是组织表达思维"短""平""快",应用于需要短时间内迅速作答的场景。

例如:如何看待大学生阅读量低下的状况?

用三角法的思路,我们可以从中提炼出3个关键词,"大学生""阅读量""低下",两两组合,可得:

"大学生"与"低下";

"大学生"与"阅读量";

"阅读量"与"低下"。

我们可以根据这三种组合设计思路:

(1)大学生是最有青春活力,最具有求知欲的群体,为何会出现"低下"的状况?

(2)大学生群体是最需要通过阅读来汲取知识、打好理论基础的,这与自身发展需要和学校规定等均有关系。

(3)造成阅读量低下的原因有哪些?网络诱惑、碎片化阅读时代的影响、大学生对自身要求不严格……

三角法是从已知的关键词中进行联想,具有思维缜密的特点。此外,还有在三角法的基础上升级而来的双向三角法,其复杂度略高于前者,主要说明两者是可以相互影响对方的逻辑。其具体方法就是,首先提取出该问题的关键词,然后将三个关键词进行逻辑关联,如关键词A、B、C,关联后是AB、AC、BC、BA、CA、CB六个联系表达结果。

第三节 思维与语言

思维对世界的反映是借助于语言来实现的,语言是表达思想的物质载体,具有符号性、指谓性与交际性的特征。思维的形式结构通过语言的合乎语形规则的构造得到体现。如从口语表达到语词的使用,再到语句的构建,从而产生语法规则,具备逻辑。人类的思维凭借语言的演化,逐步命名、定义,从而表达我们生存的世界。

一、思维与语言的辩证关系

思维与语言之间的联系十分密切,无论是思维的产生,还是思维活动的实现以及思维成果的表达,都离不开语言。

从西方哲学史层面看,语言是抽象的。亚里士多德的名言"人是逻各斯的动物",就是说人是语言的动物。思维与语言相互依存,构成语言的词汇和语法规则是思维的结果,因此语言也离不开思维。

马克思说:"语言是思想的直接现实。"斯大林说:"没有语言材料,没有语言的'自然物质'的赤裸裸的思想,是不存在的。"事实正是如此,人们在运用概念、命题进行推理的思维活动时,是一刻也离不开语言的。思维是人脑的机能,它看不见,听不到,也摸不着。思维必须借助于语言这个物质外壳才具有直接的现实性,也才能成为一门学科的研究对象。我们在日常生活中会说"你不懂我"。可是我们有没有真正地把自己的想法用语言阐释出来?如同夫妻之间、父母之间,可怕的是"我不说,你来猜"。没有言词、语句,句群也就没有概念、命题和推理。人类思维的高度发展与人类语言的高度发展是分不开的。没有无任何语言表达的赤裸裸的思维,也没有无任何思维内容的语言。

关于思维与语言的辩证关系,究竟是思维决定语言还是语言决定思维,是一个争论已久的问题。

瑞士语言学家费尔迪南·德·索绪尔(1857—1913)的观点是:语言是一种充满差异的符号系统。即符号是形式与意义的结合。形式,即能指,与声音相关。意义,即所指,与思维相关。关于这个争论,一种观点认为,人的思维决定他要讲的语言,语言只是为独立存在的思维提供表达方式。我国语言学家伍铁平就认为"先有思维后有语言"。劳动创造了语言,原始人类在劳动过程中,受到外界信息的刺激,形成看法或思维,在此基础上产生了交流或分享的需求,因此才产生语言。另一种观点则认为,我们用的语言决定我们的思维方式,即"语言决定论"。斯大林在20世纪50年代提出"语言是思维的工具",人的思维只有在语言的基础上,在语言术语和词句的基础上才能产生。例如汉语的表达,是语标的、单音节的,并且没有系统化的语法,印度语言是字母的、多音节的,有着高度严格的语法。

二、逻辑形式与语言形式

爱因斯坦认为科学产生的必要条件之一是演绎逻辑。他进一步提出主谓结构的语言是产生演绎逻辑的必要条件,因为逻辑命题也是主谓结构。汉语不同于印欧语的语法原理在于:句子结构以话题——说明为主,主谓结构只是其中一个特例;各层语法单位"词—短语—句子"同构;句子成分的主要功能是对比。这些语法原理规定了中国推理方式以同构、对比推理为主。

在西方的语言学中,语言学主要包括语音学、词汇学、语法学三方面内容;而在中国传统语言学中,语言学主要包括文字学、音韵学、训诂学。近代的符号学则认为应当包括语形学、语义学、语用学。这些不同的区分有其共通之处,如语音学与音韵学类似,文字学与语形学类似,训诂学既与语法学类似,又接近于语义学和语用学,此外,宏观上的语言学还涵盖了修辞学。

在言辞方面,脱离了真理,就没有,而且也永远不能有真正的艺术。

——《斐德若篇》①

作为一门学科的逻辑学则是通过研究语言的形式结构来实现对思维形式结构的研究,它对思维形式结构的认定必须借助于对相关语言形式的分析。而所谓"思维形式",实际上也只是语言形式的进一步抽象,逻辑中所谓的蕴涵式,只是自然语言中条件语句的抽象。人们将条件语句中前件、后件之间的别的因素予以排除,只剩下一种真值的关系,这就成了逻辑上的蕴涵式,用公式表示就是"p→q"。

一条很窄的、只能通过一个人的路,两个人相向而遇,甲趾高气扬地说:"我不会给不如我自己的人让路。"乙立马答道:"我恰好相反。"然后给甲让了路。

我们可以将该故事中乙的思维过程用逻辑语言整理如下:

甲不给不如自己的人让路;

乙与甲相反,给不如自己的人让路,并且给甲让了路;

所以,甲不如乙。

这个推理过程运用已有观点,进行观点转化,从而达到想要的效果。由已知的两个命题推出了一个新的命题,并且趣味十足。

语言学为逻辑学提供语言素材,逻辑学为语言学提供分析方法。相互影响之下,产生了两个交叉学科,一是逻辑语言学,它不仅使用现代逻辑的方法去分析语句的表层结构,而且去分析语句的深层结构,甚至在语义学派看来,这种深层结构就是逻辑结构,继而将语言学与逻辑学直接联系,逻辑语言学的主体部分是语言学。二是语言逻辑学,其主要研究自然语言中的推理关系,不仅有蕴

---

① 柏拉图.柏拉图文艺对话集[M].朱光潜,译.北京:人民文学出版社,2008:114.

涵推理,而且有预设推理、隐含推理等,语言逻辑学的主体是逻辑。

思维形式是思维在抽象掉具体内容之后所具有的共同结构。对于形式逻辑而言,关注更多的是这种推理的形式是否有效。因为逻辑形式与语言形式之间也是有区别的。逻辑形式是不同的思维内容所具有的共同结构。语言形式是某种语言的具体表达方式。二者不是等同的,主要区别有两点:

第一,同样一种逻辑形式可以用不同的语言形式来表达。例如:"有些 S 是 P"可以用"有些课本是关于生物的""并非所有课本都是关于生物的"等不同的语言形式来表达。

第二,同样一个语言形式在不同的场合却能表达不同的逻辑形式。例如:同样一个词语"白头翁",在有些场合下指一种鸟的名称,在另一些场合下指老年男性。语句也一样,我们观察下面这组语句:

今天妈妈买的菜十分新鲜。

人手一台智能机早都不是什么新鲜事了。

这组语句中"新鲜"在不同的语句中表达不同的内容。

逻辑与语言分属于不同的学科,但是,自亚里士多德为逻辑和语法奠定基础以来,这两门学科便紧密地联系在一起。直至 19 世纪末,以弗雷格《概念文字》为标志诞生的数理逻辑基于数学的目的对逻辑采用人工符号语言和形式化的处理,使逻辑走上了一条与自然语言相背离的道路,但是逻辑和语言的关系并未中断。20 世纪,一批语言学家为了增进人类对自然语言的逻辑理解纷纷进行有益尝试,例如,弗雷格分析澄清自然语言的模糊性,使语句的逻辑结构明晰。罗素侧重于语言表达式的指称问题研究。卡尔纳普用逻辑来分析科学概念和哲学问题。蒯因通过逻辑分析提出了"本体论承诺"概念。蒙太格语法将内涵逻辑引入语义学。

20 世纪,逻辑学和语言学被公认为是由两个学科通力合作、共同进步的两个领域,毫不夸张地说,当代语言学的进步在极大程度上是建立在逻辑学科取得的巨大发展基础之上的。

三、自然语言与人工语言

语言是形成、贮存和传递信息的表意符号系统,它是人们进行交际的主要工具。语言可以分为自然语言和人工语言。

自然语言是在社会长期发展中形成的、各个民族日常使用的语言,如汉语、英语、日语、德语等都是自然语言。自然语言十分丰富,并且具有极强的表达力。人类各种知识的记载、保存和传播主要是借助自然语言实现的。但是,自然语言有其缺陷,它带有一定程度的多义性和模糊性,从而造成自然语言有时是不精确的,人们难以把握其确切的含义。综上,自然语言有如下两个特点:

第一,自然语言是人们在长期社会实践中约定俗成的,语词或语句表达的意思常常多样而模糊。

第二,自然语言通常有歧义,同一语词、语句在不同语境下可以表达不同的意思,自然语言的这些特性,可能导致日常交际中的误会,也会给研究带来一些不便。

例如:

有人向楚怀王敬献了一种长生不老药,传达官捧着药走向楚王,一位侍卫随口问道:"可以吃吗?"传达官回答"可以吃",侍卫一把抢过药来吞下肚去,楚王大怒,命将其处死,侍卫申辩道:"我吃那药时明明问过传达官'可以吃吗',他说'可以吃'我才吃的,因此,罪不在我而在传达官。况且,别人献的是不死之药,我吃了药而被处死,这药岂不是成了送死之药?大王处死我这个无罪之人,只能证明献药人欺骗了您。"楚王只好赦免了他。

人工语言是为了达到某种目的而在自然语言的基础上人工构造的表意符号系统,又称为符号语言。在人工语言中,总是用特制的符号表达它所陈述的思想内容,用公式表达对象间的某种关系。人工语言具有单义性,虽然它没有自然语言那样丰富,也没有自然语言那么强的表达力,但是它避免了自然语言的多义性和模糊性,具有精确性、简洁性和直观性等优点。

同样一个命题或推理,其形式可以用自然语言表达,也可以用人工语言表达。例如:

如果认真复习课本知识,那么就能通过英语测试。

小明认真复习了课本知识。

所以小明能通过英语测试。

这样推理的形式可以表达为:

如果 p,那么 q;

p;

所以 q。

也可以表达为 $[(p\rightarrow q)\wedge p]\rightarrow q$

前者是用自然语言表达的,后者是用人工语言表达的。

第四节　逻辑思维在写作中的应用

本书的主题是"逻辑思维与写作",主要通过搭建逻辑基础知识和基础写作之间的关系,提高思维水平、写作能力。

关于写作,鲁迅先生说:"文章应该怎样做,我说不出来。"文章千古事,得失寸心知。文字工作者究竟什么最重要呢?换一种问法:好文章的标准是什么呢?

思想的深刻得以承载人类文明,语言的字字珠玑让人动容,而"我手写我口,古岂能拘牵?"的挥洒自如更让人向往。文章水准的高下依靠个人的知识积累、人生阅历和格局视野。当然,后天的学习和培训也是有一定的辅助的,我们的课程学习的是通过逻辑思维提高写作水平。

朱光潜把文学作品分为"偶成"和"赋得"两种。文学创作需要有思路,思如泉涌、兴会淋漓当然是好事,古人赋诗,标题常有"偶成"是灵感大发而作。但是没有思路时,李白说杜甫"借问别来太瘦生,总为从前作诗苦"。文章抽丝剥茧,乱麻中找头绪,这种"赋得"式的创作多需要训练。没有基本的"赋得"式训练,只靠灵感大发,最后只怕是一无所获。因此,每一篇文章都有相应的内容和形式,形式包括结构形式和语言形式。

一、文章的结构形式

结构构建对于写作来说是一项立骨架的环节,文章的结构因为精心设计而具有了美感。霍克斯说:"事物的真正本质不在于事物本身,而在于我们在各种事物之间构造,然后又在它们之间感觉到的那种关系。"写作也同样遵循这样的规律,不同的要素按照一定的关系结合起来,就产生了一定的结构形式,在这种结构形式的生成过程中,美感孕育其中。

文章结构如同一座建筑,段落、句子是构成这座建筑的部件,要想把这座建筑建得精美玲珑,就要精心设计段落、句子之间的关系,精密细致地构建每一个部件。当这些部件在轻重、因果、互补关系上完美结合时,文章就成了一座具有审美性的建筑。

英国小说家斯威夫特说过,"最好的字句在最好的层次"。文章的布局犹如兵家布阵。《孙子兵法》里提到的常山蛇阵:"击其首则尾至,击其尾则首至,击其中则首尾俱至",好的文章应该是脉络清晰、轻重有别、层次分明的。

二、文章的语言形式

关于语言形式逻辑与语言表达的关系,著名语言学家吕叔湘、朱德熙在《语法修辞讲话》中说:"把我们的意思正确地表达出来,第一件事情是要讲逻辑,一般人所说的'这句话不通',多半不是语法上有毛病,而是逻辑上有问题。"

语言学家王力曾指出:"语法,我们在中学里学的不少,但是,在语言实践中,有时不免写出一些病句来,这是不擅用逻辑思维的缘故。"言论的逻辑力量,来自严密的逻辑推理。写不明白,说不明白,归根到底就是想不明白。

一篇好的文章是一个经过严密思考和推理的过程,《文心雕龙》里有"事昭而理辨,气盛而辞断"之说。审题、立论、谋篇、布局、结尾,在整个行文的过程中,每个地方都会用到逻辑思维。

写作主体应具备的逻辑思维是舍弃具体的感性形象,运用概念、命题、推理,分析与综合、归纳与演绎等基本方法的一种思维形式。它是评论性、实用性文章写作时主要使用的思维形式。

三、逻辑思维在论说文中的应用

虽然写作是思维的产物,但是和一般的文学创作相比,论说文写作是一项高端的思维活动,它对创作者逻辑思维能力的要求要比其他任何方面的要求都高,只有具有这种能力,才能够把道理讲清楚,从而达到以理服人的效果。因此,论说文的写作能力是写作水平的体现。写作,尤其是综合性写作的基础是逻辑。

第一,从概念的角度,文体把握是否得当。报告和建议的写法不一样,通知和公示的写法也不一样。

第二,文章的概念有没有争议。第一章我们会学习到关于概念的知识,明白对概念的种差限定越多,漏洞就越少。如果所有种差都被毫无遗漏地举出,这个概念就是没有争议的。

例如"教育"这个概念,其来源于孟子的"得天下英才而教育之"。在狭义上,教育指专门组织的学校教育;而广义上指影响人的身心发展的社会实践活动。在生活中,我们经常会说经历了这个事情,算是被教育了。有所获得的过程均可以当作被教育的过程,教育究竟指教书育人的过程还是有所获得的过程,都需要根据实际情况来看,这与种差限定概念有很大关系。

第三,材料的选取是否得当。文章本来的意味是决定材料的标准。例如月亮在天文学中是月球,是地球的卫星,并且是太阳系中体积第五大卫星。但在文学作品中有着不同的意蕴,可以是"春江潮水连海平,海上明月共潮生",可以是"明月松间照,清泉石上流",可以是"当时明月在,曾照彩云归",也可以是"云散月明谁点缀?天容海色本澄清"。写作者需要根据不同的意蕴,选取不同的题材。

第四,文章讲述或者推理的方法是否可信,章节、段落之间是否有逻辑推演关系。议论文是对命题的证明。证明的方法有两个:一是直接摆出命题,使用各种逻辑方法加以证明。二是陈述相关材料或者事实,然后让读者根据这些材料和事实得出作者希望给出的命题,这种方式较少会引起反对者的反驳。目前,第二种证明的方法越被频繁地使用。

荀子在《劝学》这篇议论文中,首先就提出自己论述的观点:"学不可以已。"他说学习是不可以停止的,之后就围绕这个中心论点进行论述。而在《过秦论》中,贾谊把秦国兴衰的过程叙述了一遍,将秦始皇的暴虐无道深刻地揭露出来,从而指出强大的秦王朝迅速衰败的原因是"仁义不施而攻守之势异也",即不施行仁义,攻和守的形势就不同了,文章的论点在文章最后出现。

此外,演绎和归纳也是写作中常见的方法。韩愈《师说》一文中使用对比论证和演绎推理这种推理形式,以证明"古之学者必有师。师者,所以传道授业解惑也"这一论点。

归纳推理为个别到一般的推理,归纳证明要注意两点:一是有没有反例;二是现象与推出的命题之间是否有因果关系。

总之,逻辑关心的是真值和推理,也就是说,关心的是在什么条件下一个命题是真的,以及在什么条件下一个命题可以由另一个命题推导出来。这就要求前提真实,形式有效。前提真实由不同学科的知识基础决定,而形式有效的逻辑必然涉及语义分析,也就是说涉及判定自然语言的句子中表达了或者包含了什么命题。联系逻辑和写作,语义分析是逻辑学的基础性工作之一。在此大学术背景下,越来越多的借助逻辑学基本原理进行语法分析的必要性被体现出来。

思考题

1. 请联系实际,列举形象思维、灵感思维和逻辑思维的异同,以及它们在生活中的运用。

2.在事务文书、公务文书的写作中,逻辑思维、形象思维哪个更适用?

3.请给下面这篇公文做一个思维导图(要求清楚看到标题、文种、发文字号、收文机关、主要内容和落款)。

陕西省人民政府办公厅关于做好国家脱贫攻坚普查工作的通知

陕政办发〔2020〕14号

各设区市人民政府,省人民政府各工作部门、各直属机构:

为认真贯彻落实《国务院办公厅关于开展国家脱贫攻坚普查的通知》(国办发〔2020〕7号)精神,切实做好我省国家脱贫攻坚普查工作,经省政府同意,现将有关事项通知如下:

一、普查范围和对象

普查范围是全省56个国家扶贫开发工作重点县(区)和集中连片特困地区县(区),以及国家脱贫普查办抽取的4个有扶贫开发任务的非贫困县(市、区)(名单附后,此处略)。

普查对象为普查范围内的全部行政村(包括有建档立卡户的居委会、社区)和全部建档立卡户。

二、普查内容和标准时点

普查内容包括建档立卡户基本情况,"两不愁三保障"实现情况,主要收入来源,获得帮扶和参与脱贫攻坚项目情况,以及县(市、区)和行政村基本公共服务情况等。

普查标准时点为2020年12月31日。

三、普查组织实施

省脱贫攻坚普查领导小组负责组织实施和协调解决普查工作中的重大问题。省脱贫攻坚普查领导小组办公室(以下简称省脱贫普查办)设在国家统计局陕西调查总队,具体负责全省脱贫攻坚普查工作的组织和实施。各成员单位按照职能分工配合做好普查相关工作。

各市、县(市、区)、镇(乡、街道)相应设立脱贫攻坚普查领导小组及其办公室,负责组织本地区脱贫攻坚普查工作,及时研究解决工作中遇到的困难和问题,确保普查工作顺利开展。列入普查范围的村(居)委会要指定专人负责。

四、普查工作安排

7月15日前,普查集中培训。省脱贫普查办负责对各市师资进行培训;市级脱贫普查办负责对派出的普查工作组及市、县两级普查机构工作人员、督导员分批分类开展培训;县级普查办负责对乡镇普查机构人员、清查摸底人员进行培训;乡镇普查机构在县脱贫普查办指导下,对普查引导人员进行业务培训。参训人员培训结束后统一进行考试,合格后方可持证上岗。

7月16日—7月20日,登记准备。完成对各级普查人员的账号创建和权限分配工作。派驻普查工作组与被普查县做好工作对接和登记规划等工作。市、县、乡三级普查人员、工作经费、工作场所、必要设备落实到位。

7月21日—8月10日,开展普查登记,同步进行审核。派驻普查工作组实地开展普查登记,并及时对普查数据进行审核和问题反馈。省、市脱贫普查办组织对普查登记工作开展现场督导和数据审核验收。

8月11日—8月31日,数据集中审核验收。通过普查数据处理平台,采取随报随审和集中验收相结合的方式,逐级审核验收普查登记数据,审核发现的问题及时反馈申报机构核实。

9月1日—9月30日,数据汇总。依据建档立卡户普查表、行政村普查表、县普查表数据,汇总普查主要指标数据。

10月1日—10月31日,工作总结。各市、县(市、区)对普查工作进行总结,以市为单位报省脱贫普查办。省脱贫普查办对全省脱贫攻坚普查工作进行总结,按要求上报国家脱贫普查办。

11月1日—12月31日,数据分析报告。编印普查资料,利用普查数据对各级党委政府和社会各界所关心的热点问题进行分析研究。

五、普查工作保障

(一)保障普查经费。脱贫攻坚普查所需经费由中央和地方各级人民政府负担。省财政足额保障省级必要的设备购置、会议培训、印刷宣传、数据处理等方面的支出。各市、县(市、区)政府根据普查任务量安排本级经费。普查人员在工作期间产生的差旅费,由原单位按照出差标准报销。各市脱贫普查办参照《陕西省贫困村驻村工作队选派管理办法》有关规定,统筹协调解决普查人员外出工作期间人身意外伤害保险问题。

(二)做好工作保障。被普查的县(市、区)要按照公务接待有关规定,切实做好派驻普查工作组后勤保障工作。要为派驻普查工作组提供合适的集中办公场所、必要的办公设备,为普查数据及时稳定传输提供通信保障;要做好普查人员医疗卫生和安全保障,切实保障普查工作组人员健康。

六、普查工作要求

(一)加强组织领导。各地各部门要深入贯彻落实习近平总书记关于脱贫攻坚普查的重要指示精神,提高政治站位,把脱贫攻坚普查作为一项严肃的政治任务,扎实做好各项工作。各级普查工作领导小组组长是本地区普查工作的第一责任人,要切实负起责任,周密部署、精心组织,确保各项工作落实到位。各级普查机构要对标普查时间节点,分解任务、落实职责、合力攻坚,确保保质保量完成脱贫攻坚普查任务。

(二)依法开展普查。普查工作应当严格遵守执行《中华人民共和国统计法》《中华人民共和国统计法实施条例》和国家脱贫攻坚普查方案。普查对象要真实、准确、完整、及时地提供普查所需的资料,不得虚报、瞒报、迟报、拒报。普查机构和普查人员应当如实搜集、报送普查资料,不得伪造、篡改普查资料,不得以任何方式要求普查对象提供不真实的普查资料。各级各部门和单位不得自行修改普查机构和普查人员依法搜集的普查资料,不得以任何方式要求普查机构、普查人员及其他机构人员伪造、篡改普查资料。普查取得的资料严格限定用于普查目的,各级普查机构及其工作人员必须严格履行保密义务。

(三)确保普查质量。要充分利用先进信息技术直接采集上报源头数据,严格普查全流程数据质量管理,加强对普查指导员和普查员的管理和培训,建立数据质量保障和管理机制。加大统计执法和违纪违法行为惩戒力度,坚决杜绝人为干扰普查工作的现象。对于依纪依法应当给予党纪政务处分或组织处理的,由统计机构及时移送任免机关、纪检监察机关或组织(人事)部门处理。

(四)注重宣传引导。各级普查机构要会同宣传部门认真做好脱贫攻坚普查政策宣传和舆论引导,充分发挥新闻媒体和网络平台作用,教育普查人员依法开展普查,引导广大普查对象依法配合普查。各级脱贫普查机构要指派专人担任联系人,保持24小时通讯畅通,及时回应群众关切,收集、研判信息,加强舆情处理和引导,为普查工作顺利实施创造良好的舆论环境。

附件:陕西省开展脱贫攻坚普查县(市、区)名单(略)

陕西省人民政府办公厅
2020年7月13日

上 编

形式逻辑基本要素在写作中的应用

第一章 概念在写作中的应用

人类的思维通过概念、判断和推理等形式抽象地反映对象世界。概念是反映事物特有属性的思维形式。清晰准确的概念是进行有效思维的基础。

所谓"不积跬步,无以至千里;不积小流,无以成江海",概念的学习是整个逻辑学习的基础。准确无歧义的概念不仅是我们进一步学习命题和推理的基础,而且是人类日常沟通的基础。对于一篇规范的文章而言,核心概念的界定和使用准确并且前后一致非常重要。

第一节 概念概述

在中国传统文化中,有的概念是缺乏准确而又严格的定义的,什么是"仁",什么是"礼",什么是"道",一直众说纷纭。事实上,当我们讨论某个问题的时候,或者就某个主题写一篇文章时,首先要确定的是大家对所讨论问题涉及的概念是否有一致的看法。如果对于概念的理解都不一致,那么后面的问题就无法讨论了,讨论下去也是没有意义的,因为他们谈的是不同的东西。写作时也一样,写作者必须首先明确文体,要写一篇什么样的文章,这篇文章所要阐释的概念是否前后一致。

一、何为概念

概念是反映对象特有属性或本质属性的思维形式。

概念所反映的对象是一切能被思考的事物。客观世界存在着许许多多、形形色色的事物,如日月星辰、山川河流、商品货币、阶级国家、感觉表象等,这些事物一旦纳入人们的思考领域,就成了思维的对象。

事物与其属性是不可分离的,属性都是属于一定事物的属性,事物都是具有某些属性的事物,属性是指事物的性质特点以及事物与事物之间的关系,包括形式和关系,事物都具有一定的性质,如形象、颜色、气味、动作、好坏、美丑、善恶等,每一事物都要与其他事物发生一定的关系,如大于、小于、等于、战胜、在……之前等。

事物的属性包括本质属性和非本质属性。本质属性就是决定一事物之所以成为该事物并区别于他事物的属性,例如,"哺乳动物"这个概念,本质属性是胎生,而不是其他形体大小等,概念就是舍去对象的非本质属性,抽象地反映本质属性。例如,有人号称在城市建设动工时,发现了青铜器,上面清楚地标着年份"公元前六十八年造"。这个青铜器一定是假的,因为"公元"这个概念十六世纪才有。

概念的形成需要通过陈述、对比、抽象、概括几个阶段,最后给对象命名。必须指出的是,由于人对事物的认识是一个不断深化的过程,所以,认识过程中形成的概念所反映出来的对象本质属性也是不断深化的。

例如,人们对于"可持续发展"这个概念的认识就反映了这样的道理。20世纪60年代,由于环境污染严重,人类环保意识萌发,科学家意识到必须走一条"可持续发展"的道路,这时"可持续发展"的概念是为维持人类社会与地球生态环境所要走的道路。到了20世纪70年代,"可持续发展"概念提倡的重点是低成本、低环境压力,并与地方文化规范保持一致的适当技术和中间技术。1980年世界自然保护联盟(IUCN)发布的《世界自然保护大纲》提升了可持续发展概念的重要性,丰富了它的含义。《世界自然保护大纲》着眼于植物资源的保护,强调发展经济的同时要保护自然资源①。1987年布伦特兰夫人发表《我们共同的未来》,提到"既满足当代人的需求,又不对后代人满足其自身需求的能力构成危害的发展"就是可持续发展。

人类对事物本质认识得越深刻,形成的概念越准确。概念的特征是内涵和外延,它一旦用语词表达出来,这个语词就具有了实在的意义。因此,如果一个语词具有实在的确实的意义,那么这一语词就表达概念。而所谓实在意义,即结合具体的语境能分析出该语词所表达的概念的内涵和外延。

二、概念的内涵和外延

任何概念都有内涵和外延两个基本逻辑特征,明确一个概念就是要明确概念的内涵和外延。当我们需要明确概念的内涵或者外延时,可以使用定义和划

---

① 李强.可持续发展概念的演变及其内涵[J].生态经济,2011(07):87-90.

分这两种逻辑方法,本章第二、三节将分别介绍。

(一)内涵与外延

概念的内涵是指反映在概念中的对象的本质属性。它回答的是关于"what"(是什么)的问题。概念的外延是指具有概念所反映的特有属性或本质属性的对象。它回答的是关于"how"(如何)的问题。例如,概念"人"的外延就是它所指称的一个一个的生物学意义上的具体的人,例如李白、莫言、海明威等。而"人"的内涵是有语言、能思维、能制作和使用生产工具。再比如,概念"商品"的外延是所有用来交换的具有不同使用价值的所有劳动产品,例如篮球、肥皂、服装、零食等。而"商品"的内涵是为交换而生产的劳动产品。

同时,任何概念都是内涵和外延的统一。概念的内涵规定了概念的外延,概念的外延也影响着概念的内涵。一个概念的内涵越多,即一个概念所反映的事物的特性越多,那么,这个概念的外延就越少,即这个概念所指的事物的数量就越少;反之,如果一个概念的内涵越少,那么,这个概念的外延就越多。

确定核心概念是保证文章说服力和思维流畅性的关键。这在日常事务文书写作过程中亦是如此。面对庞杂的材料,在审读时,缺乏对核心概念的把握,缺乏对材料核心观点的正确阐述,就难以保证文章的立意准确。文章的核心概念通常就是对全文的思路起统领作用的一两个词语的概念。从概念的角度而言,就是把这个核心概念的内涵和外延描述清楚。确定这个概念,最重要也最常见的方式就是下定义,《李特-布朗英文写作手册》中也谈到过这个方法:"一定要给重要的抽象术语下定义,通常在论点陈述句中或就在论点陈述句的下一句下定义。"

具体写作过程中,将核心概念从众多可能意义中剥离出来,赋予它在写作文本语境下的意义,从而确定论说文的中心,这也是保证文章新颖和深刻的关键。

我们用内涵和外延的关系解读文学作品也是很有意思的,比如刘禹锡的《竹枝词二首·其一》中"东边日出西边雨,道是无晴却有晴"。关于这个"晴"字概念的界定:"东边日出"是"有晴","西边雨"是"无晴";"晴"又与"情"谐音,"有晴""无晴"是"有情""无情"的隐语。"东边日出西边雨",表面是"有晴""无晴"的说明,实际上却是"有情""无情"的比喻。一语双关,因此要读懂该"晴"丰富的意味,还要结合全诗,通过内涵和外延的限制与概括去分析。

概念的内涵和外延必须明确,否则在具体的工作中会出现歧义,例如某市的全年工作总结中有这样一句话:"全市召开政府信息公开工作会议或专题会议65次,举办各类培训班39次,培训1534人次"。这句话中的"全市"内涵不清楚,读者阅读时,不知道这个概念是市政府层面的工作,还是市政府、县区政府和乡镇政府三个层级。但是从文章反映的数量看,市一级层面开展这些工作显然是不可能的,显然是把全市三级政府层面信息公开会议和培训都放在一起总结的,这就是主管为了彰显政绩,而混淆了概念内涵。

必须指出的是,概念的外延是一个类。这是由于客观事物彼此相同或相异,每一个事物都属于一定的类。在逻辑学中把同一类的对象叫作"类",把从属于"类"中的每个对象叫作"分子",把一个"类"中包含的小类叫作"子类"。例如,"人"这个类中,"男人""女人"是子类,"刘翔""布什"是分子,类可以由几个或许许多多分子组成,也可以由一个分子组成,甚至可以不包括任何分子。例如"《共产党宣言》的作者"有两个分子,"自然数"有许许多多的分子,"中华人民共和国的首都"有一个分子。还有一种是在客观事物中不存在任何对应的事物,其外延为空,这就是空类。如"鬼""永动机"等。

这是一则关于"不喝酒、不抽烟、不赌博的男人"概念偷换的例子。一男乞丐向正在等红绿灯的男司机乞讨:"给我点钱。"司机说:"给你支烟吧。""不抽烟,要钱。"司机又说:"给你瓶酒喝吧。""不喝酒,要钱。"司机再说:"我带你去赌一把,赢了给你,输了算我的。""不赌博,要钱。"司机高兴地说:"伙计,你上车吧,我把你拉回我家,让我老婆看看,让世界上所有的女人都看看,不喝酒、不抽烟、不赌博的好男人是啥样子。"

在应用文体写作过程中也会出现概念使用错误的案例。比如"议案"与"提案"混淆,"代表提案"错用为"代表议案"。议案是人大的专门术语之一,由人大代表或法定机关按照法定程序提出;而"提案"一般由政协委员提出,二者是不同机关的术语,不能混用。

(二)内涵与外延间的反变关系

如前所述,具有属种关系的两个概念——内涵和外延之间具有反变关系。即一个概念的外延越大,内涵越小;反之,外延越小,内涵越大。

我们看这样三个概念,"学生""大学生""陕西籍的大学生",其中"学生"这个概念内涵最少,外延最大;"大学生"这个概念内涵较少,外延较大;而"陕西籍的大学生"这个概念的内涵最多,外延最小。

反变关系,是研究概念限制和概括的逻辑根据。

三、概念的限制和概括

概念的限制和概括是通过增加或减少概念的内涵或外延来实现的。掌握好概念的限制和概括，可以帮助我们认识事物从一般到特殊、具体到抽象或从特殊到一般、从抽象到具体的规律，对认识与思维的提高有很大帮助。

(一)概念的限制

概念的限制是通过增加概念内涵以缩小概念的外延，由一个外延较大的概念过渡到一个外延较小的概念。例如："工人"限制为"建筑工人"。

需要注意的是，仅仅增加了附加词语并不是概念的限制情况。例如，"中国共产党"与"伟大、光荣、正确的中国共产党"。有时概念的限制不是通过增加限制词来实现的，例如"动物"限制为"人"。同时限制只适用于普遍概念，不适用于单独概念。

概念的限制作用是：有助于人们对事物的认识从一般过渡到特殊，使认识越来越具体。例如国务院发布的《国内航空运输旅客身体损害赔偿暂行规定》(已废止)中对概念的限制："前款所称国内航空旅客运输，是指根据航空运输合同，运输的始发地、约定经停地和目的地都在中华人民共和国领域内的航空旅客运输。"这里，对"国内航空旅客运输"做了严格的限制，使这一概念表意更加严密准确。

通过对概念的限制，我们在写作的过程中，还可以完成对讨论对象的界定。例如，鲁迅先生在杂文手稿《死》中，告诫他的儿子"万不可去做文学家或美术家"。这句话显然是有问题的，不够准确和严密，也与鲁迅先生的本意相违背。后来，鲁迅先生修改手稿时，在"文学家或美术家"这一概念之前加了"空头"两个字的限制，这样便增加了"文学家或美术家"的内涵，同时缩小了这一概念的外延。这样就把"文学家或美术家"与"空头文学家或美术家"区分开来了。原来鲁迅先生要告诫他的儿子万不可去做空头的文学家或美术家，这句话对后人具有极大的教育意义。

在具体的写作中，运用概念的限制明确概念有两种形式：一是在被限制的概念前面直接加上一个或几个限制词；二是在被限制的概念之后通过一定的强调词，使概念的外延缩小从而达到明确概念的目的。例如，"我们的领导干部，尤其是党的领导干部要以身作则"这句话就是在被限制的概念之后，通过"尤其"一词的强调，由"领导干部"这一外延较大的属概念限制为"党的领导干部"这一外延较小的种概念的。

(二)概念的概括

概念的概括是通过减少概念的内涵以扩大概念的外延,由一个外延较小的概念过渡到一个外延较大的概念。例如"中国民族资产阶级"概括为"民族资产阶级","民族资产阶级"再概括为"资产阶级"。

再如"楚王失弓"的故事:楚恭王出游丢了弓,他的手下要求去把弓找回来,楚恭王说:"止,楚王失弓,楚人得之,又何求之!"(不必去了,楚人丢失弓,捡到的仍是楚人,何必去找?)孔子闻之曰:"惜乎其不大也,不曰人遗弓,人得之而已,何必楚也。"(可惜楚王的胸襟还不够广阔,说人丢失弓,人捡到弓就行了,何必加个"楚"字呢?)这个故事里,"楚人"又概括为"人"。

同样需要注意的是,仅仅减少了附加词语并不是概括的情况。例如,"雄伟壮丽的天安门广场"与"天安门广场",有时概念的概括并不是通过减少词语来实现的,例如"人"概括为"动物"。

概念概括的作用是:有助于人们对事物的认识从特殊过渡到一般,把认识提高到应有的高度。

(三)限制和概括的规则

在对概念进行限制或概括时,必须注意以下三点:

第一,概括或限制得到的概念与原概念之间必须具有属种关系。由于概括是要得到一个概念的属概念,限制则是要得到其种概念,如果所得到的概念与原概念之间不具有属种关系,那么一定是错误的概括或限制。

例如,把"圆桌"概括为"圆形"就是错误的,因为"圆桌"指称的是桌子,是形状为圆形的桌子,显然桌子是实体。而"圆形"指称的是一种形状,形状是属性,实体与属性是完全不同的对象,因此概念"圆桌"与"圆形"之间不具有属种关系,把"圆桌"概括为"桌子"则是正确的。

第二,概括和限制可以连续进行,但并不是可以无限地进行。例如这样一个连续进行的限制:

作品—文学作品—小说—后现代主义小说—《局外人》

限制最后得到的概念"《局外人》"是一个单独概念,它指称的就是一个单独的个体,不存在一个比它指称范围还小的概念,因此不能够对它进行限制,这意味着单独概念不能限制。

第三,哲学范畴是不能概括的概念。

哲学范畴如"属性""存在"等,它指称的是最普遍的东西,一般来说,没有比它们指称范围还要广的概念。

四、概念与语词的关系

语词,即狭义上的语言表达式,它是短语和词的合称。在写作过程中,我们要求"概念明确"或者"用词准确",没有任何东西能够完全取代语词在写作中的作用。

概念和语词既有联系又有区别。其中二者的联系是非常密切的,概念是语词的思想内容,语词是概念的表达形式。概念的形成和存在必须依赖于语词,不依赖语词的赤裸裸的概念是不存在的,概念和语词的区别是很大的。

第一,概念是思维形式,语词是语言形式,反映客观事物的是概念,语词只是用来表达概念,只是一个符号。

第二,任何概念都必须通过语词来表达,但不是所有语词都表达概念。反映一定事物、具有实在意义的实词一般表达概念,如山、水、虫、鸟等表达概念。而不能反映一定事物、没有什么实在意义的虚词,如的、地、得、吗等一般不表达概念。具体来说,名词、动词、形容词、数词、量词、代词(包括人称代词和指示代词)表达概念,副词、介词、连词、助词、叹词一般不表达概念。

第三,同一个概念可以用不同的语词来表达。例如,土豆又叫洋芋、洋山芋、山药蛋、马铃薯等,玉米又叫苞谷、棒子、玉蜀黍等。

汪精卫去世时,时人作文说道:"一九四四年,汪精卫在严酷的冬天,一命呜呼。"其感情色彩通过表达死亡的语词"一命呜呼"鲜明地表达出来。而恩格斯在《在马克思墓前的讲话》中写道:"3月14日,当代最伟大的思想家停止思想了,让他一个人留在房里还不到两分钟,等我们再进去的时候,便发现他在安乐椅上睡着了。"表达死亡的语词"睡着了"把自己沉痛的心情、庄严郑重的态度委婉含蓄地表达出来了。

在鲁迅先生的小说《孔乙己》中,孔乙己是个与众不同的人物,他满口之乎者也却穷困潦倒。他明明偷了人家的东西,却死要面子,不肯承认是"偷",还说:"你怎么这样凭空污人清白……窃书不能算偷,窃书!……读书人的事,能算偷吗?"他的回答引得众人哄笑。如果我们将概念"窃书"和"偷书"进行分析,可知是不同语词反映的同一概念。

2004年日本厚生劳动省决定在日常文件中将"痴呆症"改称为"认知症",比如将"老年痴呆症患者"改称为"老年认知症患者"。因为"痴呆"一词含有轻蔑之意,容易被理解为"什么都不懂",让病人感到不快并从心里厌恶这一用语。同一个概念,在语词表达上把"痴呆症"改为"认知症",目的是消除"痴呆"一词带来的上述消极影响。

但是对于写作者而言,更重要的任务是根据语境选择合适的语词表达概念,在现代汉语中,很多近义词是要分析其适用的语境的。例如"请领导讲话"和"请领导发言","讲话"和"发言"是近义词,但是前者更为庄重,多用在正式有准备的场合,而后者相对自由,类似"漫谈"。

利用相同的逻辑结构和不同的语言符号,千百年来的写作者创作出很多文字精品。如篇式、句式有一定规格,音韵有一定规律的格律诗。

第四,同一个语词可以表达不同的概念。例如"青"这个语词,和"铜"组合为"青铜"时,表达的是"黄"的概念,"青铜"就是黄铜;和"砖"组合为"青砖"时,表达的是"灰"的概念,"青砖"就是灰砖;和"草"组合为"青草"时,表达的是"绿"的概念,"青草"就是绿色的草;和"天"组合为"青天"时,表达的是"蓝"的概念,"青天"就是蓝天;和"衣"组合为"青衣"时,表达的是"黑"的概念,"青衣"就是穿黑衣的女人,在个别情况下,同一个语词甚至还可以表达相反的概念,例如,"沽"这个语词可以作买讲,也可以作卖讲,"沽酒""沽名钓誉"中的"沽"就作"买"讲,"待价而沽"的"沽"就作"卖"讲。

我们再看一个三段论:

辩证法是马克思主义的精髓,

黑格尔的方法是辩证法,

所以,黑格尔的方法是马克思主义的精髓。

"辩证法"在大小前提中各出现了一次,但表达的却是不同的概念,前者特指"马克思主义辩证法",后者是"一般意义上的辩证法"。

有这样一段诗坛佳话。汪伦仰慕李白诗名,写信请李白来做客。他在邀请信里利用"同一个词语可以用不同的概念来表达"的现象,给李白开了一个善意的玩笑:"先生好游乎?此地有十里桃花,先生好饮乎?此地有万家酒店。"这里,明明是十里桃花潭,他偏偏写成"十里桃花";明明是有一家姓万的人开的酒店,他却写作"万家酒店"。所谓桃花者,潭水名也,并无桃花。万家者,店主人姓万也,并无万家酒店。由于主人的盛情款待,李白倒也尽欢而去,临走时还写了一首绝句赠给汪伦:"李白乘舟将欲行,忽闻岸上踏歌声。桃花潭水深千尺,不及汪伦送我情。"

正是由于概念和语词的关系,在具体的写作过程中,写作者要能用语词恰如其分地反映概念,根据语境准确地使用语词。概念是语词符号所负载的一种社会群体观念。人类的历史大约起始于几百万年到一千四百万年前,但语言的产生则不过三万年的历史。社会群体观念是客观存在的,而选用何种语词符号作载体,则是由社会约定的。就语词使用者而言,词义是同一语言区的人们经过一代代的语言实践而形成的群体意识。因此内涵是客观的,表达形式语词则具有相对确定性、稳定性,可独立于具体话语语境之外。对于使用语词进行写作的人必须尊重词义的客观性、确定性、稳定性。

当然要指出一种写作中遇到的情况,就是"模糊语词"的使用,虽然"模糊语词"往往被视为贬义词,好像与写作,尤其是与对概念的表述要求高度准确的公文写作无缘。但事实上,写作中离不开模糊语词。换言之,"模糊"与"准确"并不相悖。

例如这样一句话,"本年度商场销售额环比平均增幅为10%左右",其中"10%左右"既可能未到10%,也可能超过10%。10%本身是精确的数量概念,明确肯定,但是加上"左右"外延就不明确、不肯定了,也变成了模糊语词。公文中之所以大量存在模糊语词,是由于客观世界不仅仅具有精确性特征,还具有模糊性特征。现实工作生活中,存在大量模糊现象。例如在经济领域中生产力水平的高低、产品的优劣常常是模糊的、相对的。

第二节 定 义

给事物下定义是我们日常交流中不能避免的事。要想使用精确的语言对事物进行表述,就要掌握该事物精确的定义。对同一事物下不同的定义会导致交流与认识的障碍,因此要想说话有逻辑,就要把概念定义清楚。

一、定义及定义的结构

定义是明确概念内涵的逻辑方法。例如:

(1)商品就是用来交换的劳动产品。

(2)《墨经》是中国战国时期后期墨家的著作,今指《墨子》中的《经上》《经下》《经说上》《经说下》《大取》《小取》6篇。《墨经》亦称《墨辩》,主要讨论的是认识论、逻辑和自然科学的问题。

一个完整的定义是由三部分组成的,即被定义项、定义项和定义联项。

被定义项是其内涵有待明确的概念。如上文(1)中的"商品"和(2)中的"《墨经》"。被定义项既可以是关于事物本身的概念,也可以是反映事物的性质和关系的概念,通常用 D_s 来表示。

定义项是用来明确被定义项内涵的概念。如上文(1)中的"用来交换的劳动产品"和(2)中的"中国战国时期后期墨家的著作,今指《墨子》中的《经上》《经下》《经说上》《经说下》《大取》《小取》6篇。《墨经》亦称《墨辩》,主要讨论的是认识论、逻辑和自然科学的问题"。定义项既可以是表达事物、性质、关系的词语或符号,也可以是一个语句,通常用 D_P 来表示。

定义联项是联结被定义项和定义项的语词。在一般情形下,其左方是被定义项,右方是定义项,但有时为了突出被定义项的特点,也会把定义项放在前面,而把被定义项放在后面。定义联项通常由"是""就是""即""称为""是指"等语词来表达。

定义的公式是:

$$D_S 就是 D_P$$

定义的作用体现在方方面面,例如在理论研究过程中,每个理论都是用语言来描述的,它必有自己的理论概念,通过对理论概念的定义揭示该理论所研究对象的本质属性,从而确定理论的研究范围,奠定理论研究的基础;再比如在日常认识活动中,人们不可能认识所有对象,而往往是通过定义所描述的概念来明确其所指。还有,在思维的过程中,定义是巩固人们认识成果的重要方式,有助于人们学习知识,检查自己对于概念的使用是否正确。

在写作过程中,无论是对方针、政策的贯彻执行,还是对规章制度的起草、制定,其中一个最基本的写作要求就是对一些至关重要或易于混淆的概念加以明确。否则,就可能产生不同的理解,失去文件的指导意义,不利于贯彻执行。明确概念的方法很多,其中最常用的一种方法就是给概念下定义。例如 2012 年《党政机关公文处理工作条例》:"党政机关公文是党政机关实施领导、履行职能、处理公务的具有特定效力和规范体式的文书,是传达贯彻党和国家方针政策,公布法规和规章,指导、布置和商洽工作,请示和答复问题,报告、通报和交流情况等的重要工具。"该条例第三条就是通过下定义揭示了"党政机关公文"这一概念的含义,使之与其他的公务文书区别开来,概念内涵显得十分明确。

但是,对于文学创作而言,文学作品的价值绝对不是建立在对于一些艰涩难懂的抽象概念的解读基础上的,因此不用对文学作品涉及的概念做出清晰准确的定义。

二、定义的种类及下定义的方法

定义是对以往认识成果的总结,又是对新知识行为的规范。定义通常分为两大类,即真实定义和语词定义。真实定义直接揭示概念所反映的对象的特有属性,即概念的内涵。语词定义则是通过揭示表达概念的语词的含义来间接明确概念的内涵。但是,从这个角度而言,定义只能解释事物的某方面特征,不可能解释全部、丰富的内容,因此,概念总是不完全的。

(一)定义的种类

1.真实定义

真实定义也称本质定义,它是明确概念所反映对象的特有属性的定义。

基本的真实定义方法是属加种差定义,即定义项由被定义项的邻近属概念和种差构成,可用公式表示为:

$$被定义项=种差+邻近属概念$$

属加种差定义方法的具体步骤为:

第一,找到被定义项邻近的属概念。

第二,找到种差,即可以将被定义项所反映的对象与包含在同一属中其他种事物区别开来的特有属性或本质规定。

第三,用种差限制邻近属概念以构成定义项。

第四,用适当的定义联项将被定义项和定义项联结,形成一个完整的定义。如我们给"法律"下定义时,首先要找到其邻近属概念"规范";其次找到其与同属于"规范"的道德、宗教以及风俗习惯等种概念的区别——种差,即"由统治阶级制定或认可的,由国家强制力保证实施的,具有普遍约束力的";然后用"种差+邻近属概念"构成定义项,即"由统治阶级制定或认可的,由国家强制力保证实施的,具有普遍约束力的规范";最后,用适当的定义联项将被定义项和定义项联结,形成对"法律"的完整定义,即"法律是统治阶级制定或认可的,由国家强制力保证实施的,具有普遍约束力的规范"。

使用属加种差的方法下定义,需要考虑几个问题:

第一,为什么是邻近属概念?

必须是邻近属概念,属概念的确定根据下定义的目的确定,不是所有概念都有属概念,因此不是所有的定义都可以用属加种差的方法。前面讲过一些哲学范畴,如物质、意识等没有属概念,自然不能使用这种方法。

换言之,所有概念都有邻近属概念吗?当然,这个问题的起因不来自文学本身,而来自哲学和美学,其源头应追溯到英国哲学家路德维希·维特根斯坦的早期作品《逻辑哲学论》,维特根斯坦认为世上事物有两种,一种是"可说"的,一种是"不可说"的。譬如,他认为关于人生、理想这类"不实在"的事物,即使你巧舌如簧，也难说得清楚明了。

第二，选择什么样的邻近属概念？

一个概念的属概念往往是多层次的，用属加种差的定义方法给概念下定义时，要求先找出被定义项的邻近属概念，但"邻近属概念"是相对而言的，究竟应选择哪一个作为属概念，要根据下定义时解决问题的实际需要而定。例如"人"这一概念的属概念有"生物""动物""脊椎动物""哺乳动物""灵长动物"等，而"人是能够制造和使用生产工具的动物"这一定义则是以"动物"作为邻近的属概念，其原因在于定义的目的是把人和其他动物区别开来。

第三，定义好了概念就完成了下定义的全部工作吗？

定义不是僵化的，它会根据时代的发展进行调整。例如我国 2011 年修正的刑法第二百三十七条规定："以暴力、胁迫或者其他方法强制猥亵妇女或者侮辱妇女的，或者有其他恶劣情节的，处五年以下有期徒刑或者拘役。聚众或者在公共场所当众犯前款罪的，或者有其他恶劣情节的，处五年以上有期徒刑。"2015 年修正案（九）草案第十二条对上述规定作出修改，将妇女改为"他人"，意味着男性也将被认可为猥亵罪的对象，可以适用此条款进行保护。

研究视角不同，人们对同一事物的定义也不尽相同。例如，不同学者采用的定义方法不同，对于同一个概念可以进行不同种差的定义。下面是不同学者对"越轨"这一概念的界定。

阿尔伯特·柯亨：简言之，要无赖、诈骗、撒谎、不端、犯罪、偷窃、装病、投机取巧、不道德、不诚实、陷害人、贪污、腐化、心怀恶意和过失即是越轨。柯亨采用列举法的定义方式对越轨进行定义，这显然是一种封闭的研究视角，现在很少会使用这种定义方式。

杰克·道格拉斯：越轨是被某一个社会群体的成员判定为违反其行为准则或价值观念的任何思想、感受或行为。道格拉斯采用经验观察法来定义。

戴维·波普诺：越轨是指那些违反群体或社会重要规范的行为，对越轨的定义会随着社会环境的不同而发生变化。他站在相对主义视角上，认为研究者不能简单从功能上区分越轨行为。

申平华：针对中国来说，越轨就是指参与我国社会生活的社会成员违反我国现时社会中占统治地位的生活准则和价值观念，并且实际上无助于社会主义社会向前发展的一切行为。他根据越轨行为的差异性进行定义。

正是由于种差的多样性，使得用属加种差方法做出的定义也是多种多样的，其主要的表现形态有以下几种。

(1)发生定义。种差是被定义项所反映的对象产生或形成情况的定义即为发生定义。

例如：

月食，又称月蚀，是一种当月球运行进入地球的阴影（阴影又分本影和半影两部分）时，原本可被太阳光照亮的部分，有部分或全部不能被直射阳光照亮，使得位于地球的观测者无法看到普通的月相的天文现象。

(2)性质定义。种差是被定义项所反映的对象的性质的定义即为性质定义。前面所举的例子大多为此种定义。

例如：

人是能够生产和使用工具的动物。

(3)功用定义。种差是被定义项所反映的对象的功能作用的定义即为功用定义。

例如：

温度计是用以测量温度的物理仪器。

(4)关系定义。种差是被定义项所反映的对象与另一对象之间的关系，或者它与另一对象对第三者的关系的定义即为关系定义。

例如：

奇数是自然数中不能被2整除的数。

必须指出，属加种差的定义方法虽然是常用的给概念下定义的方法，但它也有一定的局限性，因为凡是可以定义的词项都应有其属词项，而有些词项没有属词项，对于最大类概念就不能用这种方法下定义，这是因为最大类概念由于其外延最广，没有比它外延更广的属概念可言，因此也就不能通过属加种差的方法给其下定义。例如，哲学范畴就没有属词项，因此对它们不能用属加种差的方法下定义。

此外，用属加种差方法给概念下定义时，可以把定义项中众所周知、显而易见的属概念省略。例如我们前面所定义的"温度计"，也可以表示为"温度计是用以测量温度的"。

2.语词定义

语词定义是明确语词确切含义的定义，并不揭示概念的内涵。语词定义可分为说明的语词定义和规定的语词定义两种。

说明的语词定义是对某个语词的已有的、并得到社会承认的意义做出解释、说明的定义，词典中对词的解释基本上是说明的语词定义。例如：

①"双规"是指纪检、监察机关责令有违纪嫌疑的人员在规定的时间、规定的地点对调查事项涉及的问题作出解释和说明。

②"偏方"就是民间流传不见于古典医学著作的中药方。

这两个例子里面,定义只是对被定义项作出简单明了的说明,没有解释它们的内涵。

规定的语词定义是人们通过约定对某个原有的或新出现的词赋予特定意义的定义。例如:

①"三资企业"是指在我国境内依据中国法律成立的中外合资企业、中外合作企业和外资企业。

②"四有公民"是指中国特色社会主义文化领导下以马克思主义为指导,培养的有理想、有道德、有文化、有纪律的"四有"公民。

这两个例子里面,定义只是对被定义项"三资企业""四有公民"进行明确的规定,也只是从语词到语词,没有解释它们的内涵。

另外,规定的语词定义所定义的词在一定时期内可以看作一定约定,经过一定时期的使用后往往变成了新的通用语。如"粉丝""普大喜奔"等。

说明的语词定义因其是否符合该语词的既定意义而有真假之分,而规定的语词定义则只有规定是否合理的问题,而没有真假之分。

(二)定义的规则

给概念下一个正确的定义,不仅需要掌握概念所反映对象的相关知识,以及下定义的一般方法,而且必须遵守下定义的有关规则。下定义须遵守的规则主要有以下四点。

1. 定义概念的外延和被定义概念的外延必须完全相等

正确的定义项即解释被定义项概念所反映的本质属性,所以,定义项和被定义项所表示的对象必须完全相同,如果定义违反这条规则,就会出现"定义过宽"或"定义过窄"的逻辑错误。所谓定义过宽,是指定义项的外延大于被定义项的外延,即把本来并不属于被定义项所反映的对象纳入到了定义项之中,而定义过窄则是指定义项的外延小于被定义项的外延,即把本应属于被定义项所反映的对象排除在了定义项的外延之外。

例如,有一条关于新闻的定义是这样的:"新闻就是关于多数人感兴趣而带有刺激性的事件。"由于新闻报道的内容并不都是具有刺激性的。可见这个定义犯了"定义过窄"的逻辑错误。

2.定义项中不得直接或间接地包含被定义项

定义项中不得直接或间接地包含被定义项,是因为被定义项本身是有待明确的概念,如果定义项中直接或间接包含了被定义项,也就意味着包含了本身尚不明确的概念,从而也就达不到通过定义明确概念的目的。

违反定义的这一规则就会犯两种逻辑错误:如果定义项与被定义项只是在语言形式上有所不同,从而在定义项中直接包含被定义项,即为"同语反复"的逻辑错误;如果定义项中间接地包含了被定义项,就犯了"循环定义"的逻辑错误。

例如,我们把"乐观主义"定义为以乐观主义的方式对待生活,就犯了"同语反复"的逻辑错误,因为它的定义项中直接包含了被定义项。

再如,我们把"生命"定义为"生命是有机体的新陈代谢"就犯了"循环定义"的逻辑错误,因为定义项中包含了"有机体"这个概念,而"有机体"这一概念又需用生命来说明,从而也就意味着上述定义对"生命"并未给予确切的说明。

同语反复的逻辑错误在日常写作中也经常出现,例如某单位在关于评选学雷锋先进模范的通知中写道"学雷锋先进模范,是指像雷锋同志一样品德高尚、助人为乐的同志",这就犯了同语反复的逻辑错误。

又如,下文中"电子公文与信息交换系统"出现了两次,也属于同义反复现象:

××市政府电子公文与信息交换系统,是运行在电子政务内网上,供各级单位进行电子公文与信息交换的系统。

3.定义应当用肯定的语句形式和正概念

定义的这一规则要求定义项一般不能包含负概念,或定义不能是否定命题,而应当用肯定命题来表达。这是因为给概念下定义的目的在于揭示概念的内涵,即揭示被定义项所反映的对象具有何种特有属性或本质属性。而负概念只能说明被定义项不具有何种属性,否定命题只能说明被定义项不是什么,并不能说明被定义项具有什么属性或是什么,从而达不到定义的目的。

例如,"商品"定义为"商品就是不供生产者本人消费的产品",定义项使用了"不供生产者本人消费的产品"这个负概念,只说明商品不具有供生产者本人消费的属性,但是商品到底有什么属性并没有交代清楚。

值得注意的是,定义的这一规则是就一般情况而言的。在一些特殊情况下,如对于某些事物来说,缺乏某种属性正是它的特有属性,或被定义项本身就是负概念,在下定义的时候,就可以用否定的语句形式或负概念,例如,"非婚生子女是指没有合法婚姻关系的男女所生的子女""无机物就是不含碳的化合物""无脊椎动物就是没有脊椎的动物"。

4. 定义必须明确,不可以用比喻代替定义

定义的这一规则要求定义项应当清楚确切,不能使用晦涩含混或者包含比喻的语词。如果定义项使用的语言含混不清,就会导致"定义含混"的逻辑错误;如果定义中运用了比喻,就犯了"以比喻代定义"的逻辑错误。

例如,把"犯罪"定义为"对统治阶级统治秩序的最大蔑视",把"书籍"定义为"人类进步的阶梯",就犯了"定义含混"的逻辑错误。再如,把"教师"定义为"人类灵魂的工程师",或者把"孩子"定义为"祖国的花朵",则犯了"以比喻代定义"的逻辑错误,这些比喻虽然富于形象性、生动性,但并没有陈述被定义概念"教师""孩子"所反映的本质属性。

欧布利德是古希腊麦加拉派哲学家。他提出了著名的诡辩论"谷堆论证",即一颗谷粒不能形成谷堆,再加一颗也不能形成谷堆,如果每次都加一颗谷粒,而每增加一颗又都继续增加,就能形成谷堆,所以,一颗谷粒不成谷堆又成谷堆。概念在范围上不确定,或者没有明确使用的边界,这个概念也是含混的。

概念含混出现在写作中是指不能明确表达概念内涵和外延的词语造成表意模糊不确定的情况。一般问题出现在一些表达时间、数量、对象、范围等概念的句子中。我们看两个案例。

某报刊登了一组吐鲁番的照片,其中一幅照片的说明如下:

新疆著名的葡萄产地吐鲁番市,今年虽然遭受到十二级风灾,但由于专业户加强了田间的科学管理,葡萄的产量仍然比去年有较大幅度的增长……

在该段文字中,作者用了"十二级风灾"这个概念,那么相应地也会存在一级、二级、三级、四级、五级等风灾,但按照常识来看,起码一至四级的风是不会成灾的,所以该说明可以修改为"遭受十二级大风袭击,风灾严重,但因科学管理产量未受到影响……"究竟几级风才算"风灾",作者那样表述容易给读者带来概念误解,这是范围上概念表述不清楚。

再如,某招聘会公告:"22岁以下的应届毕业生可享受免费入场。"

这句话中,在我国,凡高中、本科、研究生三类学生中都有应届毕业生,文中并未说明是哪类应届毕业生,对应届毕业生的概念并未加以限制。这是对象上的概念表述不清晰的问题。

第三节　划　分

概念的使用，不仅需要明确其内涵，而且需要明确其外延，即明确概念所反映的对象是什么，包含哪些分子（或子类），其范围有多大。由于不同类型概念外延的大小不同，因而其明确方法也不同，单独概念可以通过指出其外延包含单一对象的方法来明确。对于普遍概念，尤其是当其外延相当多，以至于难以列举或没有必要列举时，就可以运用划分的方法对这类概念的外延予以明确。划分是常见的逻辑方法，尤其是遇到大的研究对象时，要么做个案研究，如写作时可以用"以……为个案"的表述方式；要么用划分的方法，如研究古代文学时可以分时期，研究外国文学时可以分国别，研究方言时可以分方言区。

一、划分及划分的结构

所谓划分，是以对象的一定属性为标准，将一个属概念分成若干个种概念，以达到明确其外延的逻辑方法。例如下面这个划分：

中国饮食中的菜肴流派可划分为鲁菜、川菜、粤菜、苏菜、闽菜、浙菜、湘菜、徽菜这八大菜系。

在这个例子中，划分由三部分构成：划分的母项、划分的子项以及划分的根据。

划分的母项是指被划分的概念。如上例中的"中国饮食的菜肴流派"。

划分的子项是指划分后得到的概念，即代表小类的概念。如上例中的八大菜系。

划分的根据是指把母项划分为子项所依据的标准，如上例是依据地域、口味等差距进行的划分。

划分的这三个构成部分缺一不可，没有母项划分就没有对象，就不可能进行划分；没有子项划分就没有结果，也就等于没有划分；没有根据划分就没有标准，就无法进行划分。

运用划分法可以揭示一个概念反映了哪些事物，包含了哪些对象，适用于多大的范围，使人一目了然。因此，在写作过程中人们常用划分的方法从外延的角度来明确一些重要的概念。例如："行政处分分为警告、记过、记大过、降级撤职、开除。"该例以"处分的轻重程度"为标准，将"行政处分"这一属概念分成了"警告""记过""记大过""降级""撤职""开除"这样六个具体的种概念。文章中运用了划分法对概念进行明确,使人读后一目了然。

同时,划分的方法在写作中还用于揭示概念反映的对象有多大范围,如1920年蔡元培先生在《美术的进化》的一文中谈道:"美术有静与动两类:静的美术,如建筑、雕刻、图画等,占空间的位置,是用目视的。动的美术,如歌词、音乐等,有时间的连续,是用耳听的。"这段话中,蔡元培将美术分为"静的美术"和"动的美术",在划分后又列举其外延,看上去非常清晰。

有些概念其实是很难去划分到某一类的,比如关于海外华文文学的学科归属问题,这些年来学术界莫衷一是,有人赞成将其划分到现当代文学范畴,那么1917年之前的华文文学该属于哪个范畴?还有人建议将其划分到比较文学与世界文学学科下。需要注意的是,海外华文文学并不是世界文学意义上的一个学科。世界文学学科或比较文学学科通常指称的是欧洲文学、亚洲文学、非洲文学。华文文学和世界文学是两回事。海外华文文学当然更不可能属于中国文学了,因此,该如何去界定其学科归属仍旧是一个难题。

再如,某些交叉学科的划分也存在这样的问题,像文学人类学这样的学科,它到底是属于文学还是属于人类学?假如我们把文学人类学看成是文学和人类学派生出来的新学科的话,那么这样的划分尽可以不断地延伸下去,比如哲学人类学、历史人类学、民俗人类学、艺术人类学等,一门学科真到了无所不包含的程度,那么它的存在价值也就值得商榷了。再像民俗学,究竟将其划分在社会学还是文学?在我国高等院校中,中山大学将其作为社会学下的一个分支学科,而北京师范大学则是将其作为中国语言文学下的二级学科。还有,新闻学在美国是属于法学门类,而在中国属于文学门类……

二、划分的类型

如何对事物进行划分,这里提供三种常见的划分类型:一次划分、连续划分以及二分法。

(一)一次划分和连续划分

这是日常思维中最常用的两种划分方法:

一次划分是对母项一次划分完毕的划分方法,这种划分只有母项和子项两层。这是最基本的划分方法。

连续划分是把一个词项划分为若干子项,再对子项进行划分。例如,自然物可以划分为有机物和无机物;而有机物又可以划分为生物和非生物;生物又可以划分为动物、植物和微生物。这就是一个进行了两次划分、包含三个层次的连续划分。

(二)二分法

二分法是一种特殊的划分方法,是以对象有无某种属性作为划分标准,将母项中具有该种属性的对象划分为一类,表现为一个正概念,将不具有该种属性的对象划分为另一类,表现为一个负概念,二者为矛盾关系。如将"子女"划分为"婚生子女"和"非婚生子女"两类,将"战争"划分为"正义战争"和"非正义战争"两类。二分法在我们只对一个词项的一部分外延感兴趣时使用。

三、划分的规则

要对一个概念做出正确的划分,除了掌握划分对象的相关知识以及逻辑上的划分方法外,还必须掌握以下划分的规则。

(一)划分所得各子项的外延之和必须全同于母项的外延

用子项来明确母项外延的,如果子项之和大于母项,说明子项中包含有不是母项外延的东西;如果子项之和小于母项,说明漏掉了外延。违反划分的这一规则将导致划分不全或多出子项的逻辑错误。若子项的外延之和小于母项的外延,即将本应属于母项的子项遗漏,就是划分不全;若子项的外延之和大于母项的外延,即将本不属于母项的对象当作子项,就是多出子项。

例如,把"燃料"划分为"固体燃料"和"液体燃料",显然漏掉了子项"气体燃料",犯了划分不全的错误。

再如,把"直系亲属"划分为"父母""祖父母""子女",由于祖父母不属于直系亲属,所以这个划分犯了多出子项的错误。

某公司的广告词如下:

本公司批发供应各类农机,包括拖拉机、抽水机、马达、喷雾器、农药……

这里可以明显看出"农药"并不属于"农机",这犯了多出子项的错误。

(二)每次划分的标准必须同一

划分的规则就是要求每一次划分的标准只能是同一个,不允许对一部分子项的划分采用一个标准,而对另一部分子项的划分又采用其他标准,如果划分同时使用多个标准,划分出来的子项一定会犯子项相容的错误。违反划分的这一规则将导致多标准划分的逻辑错误。

例如,把"小说"划分为"中国小说""外国小说""言情小说"和"武侠小说"等,由于同时使用了多个标准,以致子项相容。

每一次划分的标准只能有一个,仅仅要求同一次划分中不能改变标准,并不意味着在一次划分中只能用事物的一个属性作标准,我们可以根据实践的需要,将事物的多种属性综合为一个统一的标准进行划分。如我们可以将人划分为:中国男人、外国男人、中国女人、外国女人,这就是依据国籍和性别两个属性综合为一个统一的标准而对人进行的划分。

再如,某市卫生扶贫方案写道:"推进贫困地区基本公共卫生服务均等化,逐步提高人均基本公共卫生服务经费补助水平,以老年人、孕产妇、儿童、残疾人和慢性病、严重精神障碍患者等为重点,推动基层医疗卫生机构优先为贫困人口提供基本医疗、公共卫生和健康管理等签约服务。"

"老年人、孕产妇、儿童、残疾人和慢性病、严重精神障碍患者"是根据不同标准划分出来的概念,是以年龄为标准和以身体健康状况为标准划分出来的两个标准的概念。

此外,划分的这一规则也仅仅要求每次划分的标准应该是同一的,而在连续划分中不同层次的划分标准可以是不同的,即连续划分的不同层次可以改变划分标准。例如,哲学划分为唯物主义哲学和唯心主义哲学,然后唯物主义哲学又划分为朴素唯物主义哲学、机械唯物主义哲学和辩证唯物主义哲学,唯心主义哲学又划分为客观唯心主义哲学和主观唯心主义哲学。

(三)划分的各子项外项之间必须互不相容

划分将母项的外延分为若干个小类,以明确词项的外延。子项则指称表达这些小类。只有当子项相互间不相容时,母项外延中的每个分子归属于哪一类才是确定的,才能达到明确母项外延的目的。划分的这一规则就要求划分后所得的各子项外延之间必须是不相容的全异关系。

相反,如果子项是相容的,母项外延中的分子就可能同时归属若干个类,导致其归属不确定,我们就不能通过子项来明确母项的外延。只有遵守划分的这一规则,才能保证把属于母项的每一个对象划分到一个子项中去,而且也只能划分到一个子项中去。反之,如果子项不是互不相容的,就使得一些对象既属于这一子项,又属于那一子项,从而导致混乱。

违反划分的这一规则将导致"子项相容"的逻辑错误。

例如,把大学生划分为爱好音乐的、爱好书法的、爱好舞蹈的和没有任何爱好的。

这一划分就犯了子项相容的逻辑错误,因为这几个子项可能是交叉关系。可能有的大学生既爱好音乐,又爱好书法。

经常有文章在划分上出现子项兼容(子项重叠)的错误,再如:

某文写道:"该患者组 55 例,近年可划分为 3 组。小于 10 岁者 20 例为第一组,10~20 岁者 31 例为第二组,20~30 岁者 4 例为第三组。"这种划分错在 20 岁患者即可划分到第二组,又可划分到第三组。这样,不同人员统计的数据肯定是不相同的,若依据这样不确切的数据按组别进行疗效、分析、讨论或得出结论显然也是不正确的。因此,对这 55 例患者按年龄正确划分应为小于 10 岁、10~19 岁以及 20~30 岁三个组。只有在这一正确划分的基础上进行结论、疗效统计、分析讨论等才可能得出正确的结论。

四、划分、分解与列举

分解与划分不同,划分是将一个词项所指称的对象分为若干个小类,分解是把一个具体事物分为若干个组成部分,分解前的具体事物与分解后的组成部分之间是整体与部分的关系,分解后的部分不具有整体的属性;而划分是把一个属概念分为几个种概念,即把属概念所指称的对象分成若干个小类,其母项和子项是属种关系,子项具有母项的属性。例如,命题"树分为树叶、树枝和树干"中运用的是分解,而不是划分,如果是划分,母项与子项之间就一定具有属种关系,显然,"树"与"树叶""树枝"以及"树干"之间不具有属种关系。

例如,将我国的行政机关分为国务院及地方各级人民政府是划分,因为国务院及地方各级人民政府都是行政机关,都具有行政机关的属性。但如果将行政机关分为办公室、法制局等则为分解,因为办公室等并不具有行政机关的属性。

明确概念的外延,就是要说明所反映的对象有哪些,适用什么范围。这里,由于单独概念外延只有一个,故而不能对其进行划分,但仍可以进行分解。如"地球"不能再划分,但可分解为南半球和北半球。

列举是划分的省略形式,是一种特殊的划分。划分一般要求明确概念的全部外延,而这在有些场合是不可能也没有必要的,因而可根据需要将概念的部分外延予以明确,而将其余部分在已明确的子项后面用等、等等、其他或省略号代替,这种划分的特殊形式即为列举。

例如,中国的 56 个民族包括汉族、回族、土家族、蒙古族、藏族等。

列举应遵守这样两个规则:第一,每一次列举的标准只能是一个;第二,列举的各子项外延之间应当互不相容。

第四节 概念的种类

根据不同的标准,概念可以分成不同的种类,普通逻辑根据概念内涵与外延的一般特征,把概念分成若干种类,研究概念的种类及其特征,有助于我们搞清楚概念的内涵和外延,有助于我们准确地使用概念。

一、集合概念和非集合概念

根据概念所反映的对象是否为同一种事物个体组成的群体,可以把概念分为集合概念和非集合概念。

(一)具体阐释

客观事物中,存在着两种不同的联系:一是类与分子的联系;二是群体与个体的联系。事物的类是由分子组成的,属于这个类的每一个分子都必定具有该类的属性;事物的群体是由同样的许多个体构成的,作为群体的个体并不具有该群体的属性,因此,事物的类与事物的群体是不相同的。

集合概念就是以事物的群体为反映对象的概念,例如森林、丛书、舰队、群岛等。非集合概念就是不以事物的群体为反映对象的概念,例如树、书、军舰、岛屿等。

(二)在写作中的运用

在文章写作中,正确地运用概念、准确地用词至关重要。掌握集合概念与非集合概念的区别,对于准确地使用概念是很有帮助的。

(1)在实际思维中,一个普通名词既可能表达集合概念,也可能表达非集合概念,有时容易把二者混淆。例如:"人是由猿进化而来的,李华是人,所以,李华是由猿进化而来的。"在这个推理中就混淆了这两类不同的概念。

"人"在第一句话中表达集合概念,在第二句话中表达非集合概念。这样就导致了错误的结论。

集合词项和非集合词项的判定要依据一定的语境。

(2)集合概念所反映的事物的属性,是从整体上反映一个集体的共性,集合概念所反映的属性只适合于集合体,而不适合于该集合体的个体。如"文学作品具有思想性",这个集合概念反映的属性是"文学作品"这个整体,但并不代表每一部文学作品都具有思想性。比如网络上的"梨花体""口水诗"等按照现在的划分也属于文学,其是否具有思想性还值得探讨。

非集合概念所反映的属性,既可以适用于它所反映的类,也适用于该类中的分子。如:"猫是动物,这是一只猫,所以,这是动物。"

(3)集合概念不具有传递性,在三段论中不能做中项。例如:

中华人民勤劳勇敢。

我是中国人。
―――――――――――
所以,我勤劳勇敢。

在后面直言命题中学习了概念的"周延性"后,我们会发现,这个三段论中的"中国人"是不周延的,也就是外延没有被全部断定,不能充当中项。

再如:

晏子出使楚国,楚王刁难羞辱晏子说:"齐无人耶?使子为使?"晏子回答说:"齐之临淄三百闾,张袂成荫,挥汗成雨,比肩继踵而在,何为无人?"

在这段话中,"人"这个概念什么时候是集合概念,什么时候是非集合概念?

楚王说的"人"是比晏子更有才能的人,而晏子所说的"人"是一般意义上的人、正常人,楚王犯的是偷换概念的逻辑错误。

二、单独概念、普遍概念和空概念

根据概念所反映的对象数量的不同,概念分为单独概念、普遍概念和空概念。

单独概念是指反映某一个事物的概念,它的外延仅有一个单独的对象。如"黄河""西安""世界上最高的山峰""中华人民共和国文化和旅游部"……这些概念的外延只是由一个单独的对象构成,因而都是单独概念。

普遍概念是指反映某一类事物的概念,它的外延不是由一个单独的分子构成,而是由两个乃至许许多多的分子组成的类。如"学校""国家""细胞"等。

从概念外延反应的数量上看,还有一种特殊的概念,叫空概念。空概念反映的对象是一个空类,也就是实际不存在的概念。如"天堂""地狱"等。

从语言角度看,用专有名词和摹状词表达单独概念,而用普通名词、形容词、动词表达普遍概念。其中摹状词是指通过对某一个别事物某方面特征的描述而指称该事物的语词。例如"世界人口最多的国家""文学院个子最高的男生"。

三、正概念和负概念

根据概念所反映的事物是否具有某种属性,概念可分为正概念和负概念。

(一)具体阐释

在思维中反映对象具有某种属性的概念叫作正概念(或叫肯定概念)。例如:正义战争、红色、金属、正常死亡等。

在思维中反映对象不具有某种属性的概念叫作负概念(或叫否定概念)。例如:非正义战争、非红色、非金属、非正常死亡等。

从语言角度看,表达负概念的语词往往带有"非""不""无"等字样,但带有"非""不""无"字样的并不都是负概念,例如,"非洲""无锡""不列颠"等,这要看是否把这些词当作否定词来使用。

负概念总是相对于某个特定的范围而言的,这个特定的范围,逻辑上称之为论域,论域实际上是指一个负概念与其相对应的正概念所指称的对象组成的类。例如,非红色的论域就是非红色和红色组成的类——颜色。"未成年人"的论域就是未成年人与成年人组成的类——人。由此也可以说,一个负概念的论域恰好是这一负概念同与其相对应的正概念的外延之和,明确负概念的论域十分重要,因为只有弄清其论域,才能明确负概念的内涵与外延,才能避免诡辩。

(二)在写作中的运用

正概念和负概念刚好是二分法划分后的结果。二分法在本章第三节已经讲过。二分法是以对象有无某种属性作为划分标准,将概念划分为正概念和负概念。

在具体的写作中,常用二分法对概念进行划分。其优点是简明、方便,而且符合划分的规则,一般不会出现逻辑错误。运用二分法进行划分,知道了正概念,也就可以由此推知负概念,因此在写作时通常只列出正概念而省略负概念。例如:"新调整的领导班子,具有研究生以上文化程度的占23%,具有专业职称的占31%,中青年占57%。"这句话中,分别以"学历""职称""年龄"三个不同的标准对"新调整后的领导班子"进行了划分,在每次划分的具体表述中,所列举的都是正概念,负概念则被省略。这不仅使概念的外延非常清晰明确,而且突出强调了概念的某个方面,使表达显得非常简洁、精练。

上述概念的各种分类,是从不同角度来划分的,目的在于了解概念各个方面的特征,一个概念不只是属于某种划分中的一个种类,而是可以分别属于几种不同划分中的一个种类。

四、实体概念和属性概念

根据所反映的对象是否是具体事物,概念分为实体概念和属性概念。

实体概念是反映具体事物的概念。例如"学校""故宫"等都是实体概念,可以用名词或者名词词组表示。

属性概念是反映事物属性的概念。它包括事物本身的性质和事物之间的关系。

实际运用中,不可以混淆,例如,"关羽的性格是忠义的化身"这一提法有误,"忠义的化身"是实体概念,不可以用表示属性概念的"关羽的性格"。

再如,"现实主义都是关注社会现实的人"这一提法有误,因为"现实主义"是属性概念,"关注社会现实的人"是实体概念。

对概念不同种类的掌握及其辨别和应用,能帮助我们准确界定概念,这对提高我们的写作能力有很重要的作用。在写作中,尤其是在论述文的写作中,写作者对于概念的界定一定要精确无误,这样才能增强文章的可接受性和说服性。

第五节　概念间的关系

普通逻辑讲的概念的关系仅仅是其概念外延间的关系。根据两个概念的外延有无重合部分或重合部分的多少,概念间的关系可分为全同关系、真包含于关系、真包含关系、交叉关系、全异关系,下面依次说明,并用欧拉图表示。

欧拉(Leonhard Euler,1707—1783),瑞士数学家、逻辑学家,他使用圆圈表示概念的外延。这种表示概念外延关系的方法的图表被称为欧拉图。

一、全同关系

全同关系是指两个概念的外延完全重合的关系。即如果"S""P"两个概念,"S"全部外延都是"P"概念的外延;"P"概念的全部外延都是"S"的外延,则这两个概念之间的关系就是全同关系。具有全同关系的两个概念是从不同方面反映同一类对象的。例如:

S:土豆　　　　P:马铃薯

S:北京　　　　P:中华人民共和国的首都

S:鲁迅　　　　P:《彷徨》的作者

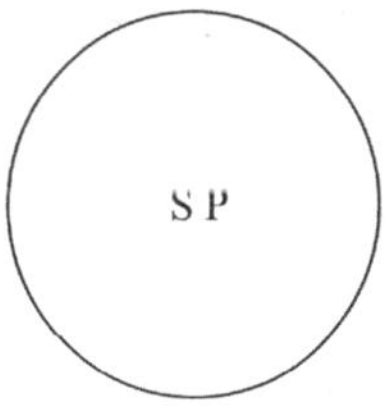

图1-1　全同关系图

上列各行概念之间的关系,就是全同关系,它们的外延是完全重合的。就"土豆"和"马铃薯"这两个概念来说,所有的土豆都是马铃薯,所有的马铃薯都是土豆,它们是同一事物的两种叫法,外延是完全重合的。

概念的全同关系可用图1-1表示,图中S和P表示两个概念。

使用具有全同关系的概念,有助于我们从不同的方面加深对对象的认识,并能把概念使用得更确切,语言表达得更生动,需要指出的是,具有全同关系的两个概念,尽管外延一样,但是内涵是不同的。例如"北京"反映的是地名的属性,"北京的首都"反映的是行政的属性。如果内涵和外延都一样,那就是同一个概念了。

二、真包含于关系

真包含于关系是指一个概念的全部外延与另一个概念的部分外延重合的关系。即"S""P"两个概念,"S"概念的外延小,"P"概念的外延大,而且"S"概念的全部外延包含在"P"概念的外延之内,则S与P之间就具有真包含于关系。例如:

S:哺乳动物　　P:动物

S:学生　　　　P:人

S:教师　　　　P:知识分子

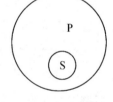

概念间的真包含于关系可用图1-2表示,图中S表示外延小的概念,P表示外延大的概念,而且所有的S都包含在P中。

图1-2　真包含于关系图

综上,"教师"和"知识分子"这两个概念,前者的外延就包含着后者的全部外延。这属于一种从属关系,教师属于知识分子的一部分。

三、真包含关系

真包含关系是指一个概念的部分外延与另一个概念的全部外延重合的关系。即如果"S""P"两个概念,"S"概念的外延大,"P"概念的外延小,并且"S"概念的部分外延与"P"概念的全部外延重合,即"S"概念的外延包含了"P"概念的全部外延,则"S"与"P"之间的关系就是真包含关系。例如:

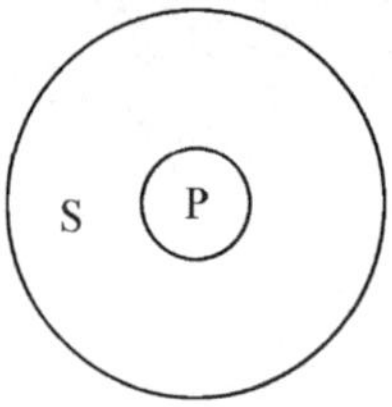

S:学生　　　　P:大学生

S:规律　　　　P:经济规律

S:恒星　　　　P:星球

图1-3　真包含关系图

概念间的真包含关系可用图1-3表示,图中S表示外延大的概念,P表示外延小的概念,而且P包含在S中。

在传统的逻辑中把真包含关系与真包含于关系统称为属种关系。其中,外延大的概念叫作属概念,外延小的概念叫作种概念。这种属概念和种概念的区分不是绝对的,而是相对的。例如,"学生"对于"人"来说是种概念,但相对于"大学生"来说又是"属概念"。再比如,社会主义国家对于"国家"是种概念,对于"中华人民共和国"是属概念。

从概念的外延关系来看,概念的属种关系是一个类与它的子类之间的关系;从概念所反映的对象来看,具有属种关系的两个概念所反映的对象是一般与特殊的关系、类与子类的关系、一般与特殊的关系,这都不同于事物整体和部分关系,因为每一个子类都具有类的属性,每一个特殊也都具有一般的属性,而事物整体的属性却不必然为部分所具有,所以,不能把事物的整体和部分的关系与属种关系相混同。

思考:

某雕塑展的门票上备注有:"本次展览不得携带任何动物入场。"

请问这个备注错在哪里?怎么修改比较合适?

四、交叉关系

交叉关系是指一个概念的部分外延与另一个概念的部分外延相重合的关系。即如果"S""P"两个概念,"S"概念只有部分外延与"P"概念的外延重合,而"P"概念也只有部分外延与"S"概念的外延重合,则"S""P"这两个概念之间的关系就是交叉关系。例如:

S:共青团员　　P:大学生

S:党员　　　　P:干部

S:食物　　　　P:植物

概念的交叉关系可用图1-4表示,图中S、P两个概念的外延有一部分相同,也各有一部分不相同。

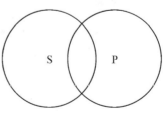

图1-4　交叉关系图

某机关通知写道:"今天下午三点召开全局党员干部大会,希望全体党员和干部届时参加",这句话中"党员"和"干部"两个概念在外延上是交叉的,重合部分为"党员干部"。通知把二者并列,导致概念不清。

五、全异关系

全异关系是指两个概念的外延没有任何一部分重合的关系。即如果"S""P"两个概念,"S"概念的全部外延不与"P"概念的外延重合,"P"概念的全部外延也不与"S"概念的外延重合,则"S""P"两个概念之间的关系就是全异关系。例如:

S:学生　　　　P:生菜
S:正义战争　　P:非正义战争
S:社会主义国家　P:资本主义国家

概念间的全异关系可以用图1-5表示,图中S、P表示两个概念,它们的外延都各不相同,毫无共同之处。

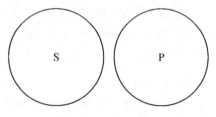

图1-5　全异关系图

具有全异关系的两个概念,有的是属于同一论域的,如"正义战争"与"非正义战争""社会主义国家"与"资本主义国家"等,有的不是属于同一论域的,如"学生"与"生菜"等。

就同一论域来说,概念的全异关系又可以分为两种:矛盾关系和反对关系。

(一)矛盾关系(图1-6)

S:正义战争　　P:非正义战争
S:无产阶级　　P:非无产阶级
S:白色　　　　P:非白色

(二)反对关系(图1-7)

S:无产阶级　　P:资产阶级
S:白色　　　　P:黑色

矛盾关系和反对关系都属于全异关系,它们的区别在于:

(1)具有矛盾关系的两个种概念的外延之和等于它们的属概念的外延。具有反对关系的两个种概念的外延之和小于它们的属概念的外延。

(2)从语言形式上看一般是:

　　　"S"—"非S"　　　　　　　反义词

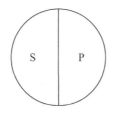
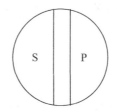

图1-6 矛盾关系图　　　　图1-7 反对关系图

例如"导体""非导体"不是矛盾关系,而是反对关系,因为还有"半导体"的存在。又如"唯物主义哲学"和"唯心主义哲学","重工业"和"轻工业",它们不是反对关系,而是矛盾关系。

一般来说,正词项与负词项之间具有矛盾关系。"非合法行为"是"合法行为"的负词项,"非生物"则是"生物"的负词项,它们都是矛盾关系。

综上所述,我们把概念间的关系总结如下表1-1。

表1-1　概念间关系

名称	关系	分类	异同
概念间关系	相容关系	全同关系	
		真包含于关系	
		真包含关系	
		交叉关系	
	不相容关系	反对关系	全异关系
		矛盾关系	

关于概念间关系在写作中的运用,我们看下面几组例子。

第一组:"父亲"和"爸爸",这是全同关系,但是表达的场合不同,我们可以视为等义词。

第二组:"实施""实行"和"执行"也是全同关系,但是外延不同,我们可以视为近义词。

第三组:"党员"和"干部"是交叉关系,表示这两个概念部分重合的关系。

第四组:"上级"和"上一级"即两个概念外延上有属种关系。

思考题

1. 说明连续划分法在报告或者总结写作中如何运用。
2. 请解析华文文学、民族文学、汉语文学这三个概念。

3. 根据以下阅读材料分析,"文学"这个概念是否可以被定义?如若可以,怎样定义?

甲:文学不能被定义。

也许在考虑"文学能不能定义"这个问题之前,我们首先要了解的是当代社会对它的"定义":"文学是一种语言艺术,是话语蕴藉中的审美意识形态。诗歌、散文、小说、剧本、寓言、童话等不同体裁,是文学的表现形式。"那么我们以"文学是一种语言艺术"为切入点(而语言艺术其实就是艺术的一个门类,它是运用语言的手段创造审美的形象的一种艺术形式,文学的一个特点便是审美性)。但有趣的是,与它密切相关的"艺术",却恰好是定义相争的一个典型,而人们的选择也大都倾向于不能被定义的一方,艺术界对艺术是随性的,是不能被定义的。维特根斯坦便明确地提出"艺术天生排斥定义"。那么既然文学是一种语言艺术,它是否应该具有不可定义这一特性?文学也是靠着不断创新才得以发展的,我们对它的定义,是否会限制它的特点与感情?艾丽丝·默尔多也说:"虽然我们大略地知道什么是文学,但要给它下定义,却恐怕需要很长时间。"这其实便是对给文学下定义的一种规避。

文学是不断发展的,形式也是不断演变的。虽然王国维认为"凡一代有一代之文学,楚之骚,汉之赋,六代之骈文,唐之诗,宋之词,元之曲,皆所谓一代之文学,而后世莫能继焉者也"。"此可谓一代有一代之文学也"也是对文学另一种下定义的形式,但我们从中也可以看出文学其实是不断发展与扩充的,文学形态的演变和发展总是把它曾经没有的东西容纳进来,以丰富它的存在形态。因此,我们也可以进一步推断出文学的定义其实是众说纷纭的,是具有明显的时代局限性的,文学永远不会有一个准确的不能被推翻的定义。例如新文化运动以前,文言文是文学的主要表现形式,许多人围绕着它的体裁与形式展开定义,但新文化运动后,白话文逐步取代了文言文的地位,由此所延伸出的各种内容又成了新的定义宠儿。过往的文学无法限制未来的文学,我们今天的文学(例如网络与新媒体文学)是过去的某些定义所无法包含的。

文学定义的众说纷纭,表明了文学作为一个认知对象的复杂性,而这种复杂性无论是规避也好,反对也好,却恰恰是现在无法彻底解决的。综上,我认为文学不能被定义。

乙:文学可以被定义。

首先面对这个命题,我认为先要明晰以下几个概念,即命题中的三个组成要素"文学""可以""被定义"。但由于我们要讨论的就是"文学是什么"这一问题,即"文学"是变量,故不能将其定性化处理,因此我们现在要将剩下的"是否可以"与"被定义"这两个部分的概念阐明才能进行下一步的讨论。

一方面,"文学是否可以被定义"这一命题中的"是否可以"有两种含义,第一种即字面意义上的"人们可不可以对文学这个概念进行定义"这一主观活动,对这一种含义的回答是不存在争议的,也就是任何有完全行为能力的人都有其生理基础对文学这一概念进行定义,因为这一层面的定义是没有门槛的,只要你有思考问题的能力并愿意将其以你自己的话表达出来,不论你说的是对是错,这都可以被认定为"你有能力对文学这一概念进行定义。第二种含义即更深层次的"人们能不能给文学这一概念下一个具有普适性的正确的定义",而人们对其的争论也大多在这一层面,所以这是我们要探讨的第一个要点。

另一方面,"文学是否可以被定义"这一命题中的"被定义"有以下两种:第一种是语词定义,即明确语词并不揭示其概念的内涵的定义,而对这一层次含义的回答也是没有太大出入的,即文学是"用语言文字形象化地反映客观现实的艺术,包括小说、散文、戏剧、诗歌等"。第二种是真实定义,即明确概念所反映对象的特有属性的定义。而在明确地阐释文学特有属性这一层面,人们的回答可谓五花八门,角度也各不相同,因此这是我们要探讨的第二个要点。

于是现在问题就被明确为"人们能不能给文学这一概念下一个具有普适性且能反映其特有属性的定义",对于这一命题我的回答也是肯定的。我们可以定义文学,而且也不会只有一种定义,对文学的定义会是多样的,不存在什么绝对的一成不变的终极定义,因为"文学"这一被定义项的临近属概念是无限多个,而临近属概念的选择是根据下定义的目的决定的,所以想对文学下定义的人的侧重点与目的不同,其对文学所下的定义也就不同,比如在马克思主义的世界观里"文学"就是一种生产方式,而在近代一些知识分子眼里"文学对现实的反映是审美的反映,而非认识的反映"。这两种说法大相径庭却不能说谁对谁错,确切地说,两者的定义都是正确的,只是侧重点与表达目的不同而已。

综上所述,我认为无论从哪个角度,哪种方面,"文学"这一概念都是可以被定义的。

丙:最近我读了几篇文献,根据目前学界对文学的定义做了个简单归纳,并在此基础上思考了我对文学定义的一些看法。

(1)童庆炳教授认为:文学是一种审美意识形态。

(2)马克思主义文学理论家伊格尔顿认为:文学是一种特殊的意识形态生产。

(3)华东师范大学教授钱谷融认为:文学是人学。文学应体现人文精神和审美性。

(4)美国文艺理论家希利斯·米勒认为:文学是世俗魔法。

(5)萨特认为:文学是一种呈现为客观形式的主观性。

根据以上观点,我得出自己的思考,我认为文学是一种特殊的、以艺术化的语言文字为载体、比较形象化地反映客观现实、表现作家心灵世界、表现人类审美属性的意识形态生产的产物,包括诗歌、小说、散文、剧本等题材。

其他的艺术载体或许是色彩、声音、动作……文学的载体是语言和文字,即使它也描绘了色彩、声音和动作,但文学是通过语言文字来呈现这些元素的。

中国古代最初的"文"字,意思是彩色交错、纹饰的意思,"物相杂,故曰文"。随后方有文雅、文字、文教诸义。《论语》始将"文""学"合用,意为"文章博学"。此后"文学"的含义不断发展演变,到清时已成了所谓"辞章之学",强调"文辞""藻饰",这正把文学的本质特征总结为语言文字艺术。

故而我认为,语言和文字的艺术加工便是文学之所以成为"文学"的原因,是把文学同其他意识形态形式区别开的依据,这正是文学概念的种差。

所以我得出上述结论:文学是一种特殊的、以艺术化的语言文字为载体、比较形象化地反映客观现实、表现作家心灵世界、表现人类审美属性的意识形态生产的产物。

第二章
命题与论题在写作中的应用

命题是表达判断的语句,是体现概念之间关系的工具,是潜藏于概念的特殊关系之下的意义。命题之间形成网络,来自外界的言语刺激和非言语刺激,在结果感觉分析后激活概念网络中的不同结点。命题能够被用来描述各种关系,许多命题又可以组合以表示更复杂的关系表象和系列字词。论题在逻辑学上指真实性需要证明的命题,应用在文章写作中,指论述者所主张并加以辩证的命题,论述题目中观点。因此,熟悉命题的规范表达至关重要。

第一,先具体来看什么叫命题。

客观事物有各种各样的情况。各种事物的性质,一事物与其他事物的关系等都是事物的情况,当人们认识了事物的情况,并通过语句把这种认识陈述和表达出来,就形成了命题。

例如:

(1)实践是检验真理的唯一标准。

(2)要么在沉默中爆发,要么在沉默中死亡。

(3)主题指文本通过形象或形象体系传达出来的某种审美意识。

以上各例都是命题,它们分别陈述了不同的事物情况,从中我们可以看出命题有如下特征:

一是断定性,任何命题都有所断定,就是肯定或者否定对象具有或者不具有某种属性,如果对事物情况无所陈述,就不能称之为命题。例如,"这个周末我们去博物馆吗?"这个疑问句,既没有说明周末确实要去博物馆,也没有说明周末不去博物馆,即没有对"这个周末我们是否去博物馆"这一事物情况做出陈述,而只是提出一个问题,所以,它不是命题。又例如,"这个周末我们做什么?"这也是提出一个问题,而没有作明确的陈述,因而也不是命题。

二是真假性,这是命题的主要特征。命题既然是对事物情况的陈述,它就应该有真假,如果一个命题所陈述的内容与客观实际情况相一致,这个命题就是真的;如果一个命题所陈述的内容与客观实际不一致,这个命题就是假的。

例如,"地球绕着太阳转"就是一个真命题;"苏轼是唐朝诗人"则是一个假命题。

任何命题或者真,或者假,但不能既真又假。命题的真、假二值,逻辑上统称为命题的真值,又称为命题的逻辑值。真命题的真值为真(本教材用"＋"表示),假命题的真值为假(本教材用"－"表示)。

命题有内容和形式两个方面,它们既相互联系,又相互区别。仅从逻辑学的角度,其并不研究命题的具体内容,各个命题的具体内容属于各门具体科学所研究的对象,而是只从命题形式方面研究它的特征、种类,以及各种形式的命题之间的真假关系。

第二,再来看命题的形式及种类。

1.命题形式

任何命题都有内容和形式两个方面:命题内容是指命题所反映的事物情况,命题形式是指命题内容的联系方式,即命题的逻辑形式。

例如:

(1)鲁迅是文学家。

(2)包法利夫人之死与其自身性格脱不了关系。

(3)文章分两类:或者说理,或者抒情。

(4)如果我们不懂诗歌涉及的典故知识,那么我们对于文本的理解也会有障碍。

以上都是不同形式的具体命题,它们的逻辑形式分别为:

$$\text{所有的 S 都是 P}$$
$$a \text{ 与 } b \text{ 有 R 关系}$$
$$P \text{ 或者 } Q$$
$$\text{如果 } P,\text{那么 } Q$$

2.命题形式的种类

命题形式的种类有两种划分方法:

第一种划分是根据命题是否有模态词,将命题分为模态命题和非模态命题。

第二种划分是以逻辑变项是概念还是命题为标准,分为简单命题和复合命题。由于同一种命题形式,变项可以带入不同的内容,根据变项的成分不同,可以将命题分为简单命题和复合命题。所谓简单命题,又称原子命题,是命题的最小单位,不含其他命题,其变项是概念。简单命题包括性质命题和关系命题。而复合命题指的是包含其他命题的命题,它的变项还是命题。复合命题包括联言命题、假言命题、选言命题和负命题,见图 2-1。

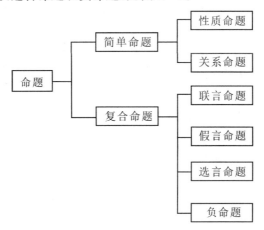

第三,什么是论题?

论题是指在论述中,其真实性需要确定的基本观点或基本思想,这个基本观点或基本思想是以命题或判断的形式出现,需要使用逻辑证明的方法来确定其真实性。

论题与命题的关系在于,通过了真实性论证的命题叫作论题,例如在《荀子·劝学》篇中,文章首句提出,"学不可以已",这是一个性质命题,表达学习是不能停止的。接着下文就分别从学习的重要性、学习的态度、学习的内容和方法以及学习应当善始善终的方面,来深刻地论证说明"学不可以已"这个观点,因此"学不可以已"就是文章的论题。

文章的论题具有非常重要的作用。首先,论题的提出便于展开论证。论题是全文被论证的对象,开头提出论题,可为迅速展开论证打下基础。其次,论题使得文章内容鲜明醒目。论题是一个确切的命题,这使阅读者很快抓住全文精要,便于掌握全文的论证脉络。最后,论题可以吸引阅读者的注意和思考。先提出论题,可以很快吸引阅读者的注意力,使其对下面的论证有思想准备;而且能引起阅读者的思考,增强论证效果。

论题在文章中至关重要,提出好的论题可以帮助增强文章的论证力量。那么如何能提出合理的论题呢?这就要求把握好命题的基本知识。

第一节　性质命题及其规范表达

性质命题又称直言命题,是断定对象是否具有某种性质的命题。对于日常思维而言,首先强调的就是要会从阅读材料的信息中提炼出性质命题的信息。

一、性质命题及其结构

性质命题是一种简单命题。简单命题前面有提到,是指结构最简单的命题,从其表达的形式结构上分析,它的逻辑变项是概念,是不能再分解为其他命题的命题。

如"所有金属是导电的"就是一个性质命题。

所以,性质命题就是直接陈述对象具有或不具有某种性质的简单命题。

首先,看下面一组命题:

(1)所有的诗歌都不是散文。

(2)有些学者不是精通外语的。

(3)西安是陕西的省会。

(4)文学是有思想性的。

在这里,命题(1)直接陈述了诗歌都不具有散文的性质;命题(2)直接陈述了有些学者不精通外语;命题(3)直接陈述了西安是陕西省省会;命题(4)直接陈述了文学具有思想性。可见,它们都是性质命题。

而性质命题由主项、谓项、联项和量项四部分构成。

主项是表示被陈述对象的词项。如命题(1)中的"诗歌"、命题(2)中的"学者"、命题(3)中的"西安"、命题(4)中的"文学"。主项用字母"S"表示。

谓项是表示被陈述对象具有或不具有的性质的词项。如命题(1)中的"散文"、命题(2)中的"精通外语"、命题(3)中的"省会"、命题(4)中的"思想性"。谓项用字母"P"表示。

联项是表示主项和谓项之间的联系的语词。性质命题的联项有两种:"是"和"不是"。"是"是肯定联项,"不是"是否定联项,在语言表达中,肯定联项有时可以省略,例如,命题(4)可以省略为"文学有思想性",否定联项则不能省略。

联项肯定则说明命题的主项和谓项之间是相容关系,就是说主项所指称的对象与具有谓项指称属性的对象至少有部分是相同的,即主项指称的对象具有谓项表达的属性。如果命题的联项是否定的,说明主项和谓项之间具有不相容关系,即主项指称的对象不具有谓项指称的性质。

量项是表示主项所指称的对象的数量语词,量项有三种:全称量项、特称量项和单称量项。如果一个性质命题的量项是全称或者单称的,说明命题表达了主项全部外延,如果量项是特称的,命题则只表达了主项的部分外延。

全称量项表示该命题陈述了主项所指称的对象的全部,即陈述了主项的全部外延。表示全称量项的语词通常有"所有""一切""任何""凡"等。全称量项可以省略,如命题(1)就可省略量项"所有的"变为"诗歌都不是散文",省略全称量项后,其含义不会改变。

特称量项表示该命题至少陈述了主项所指称的对象中的一个,即对主项做了陈述,但未陈述主项的全部外延,表示特称量项的语词通常有"有的""有些""有"等。

特称量项不能省略,应当特别说明的是,特称量项"有的"等的含义与我们日常用语中所说的"有的"的含义有所不同,日常用语中,当我们说"有的是什么"时,往往意味着"有的不是什么";当说"有的不是什么"时,也往往意味着"有的是什么"。即是说,日常用语中的"有的"的含义是"仅仅有一些而不是全部"。

而作为特称量项的"有的"等,只是陈述在某一类事物中有对象具有或不具有某种性质,至于有多少对象具有或不具有这种性质则没有做出明确的陈述,少者可以是一个,多者可以是全部,因此,当一个具有特称量项的命题陈述某类中有对象具有某种性质时,并不必然意味着该类中有对象不具有这种性质,反之亦然。这就说明,特称量项的含义是"至少有一个",它并不排斥全部。

在写作过程中,可以用来表达比较准确的特称量项的常用语词有:个别的、少数的、极少数的、半数以上的、绝大多数的等。用这些语词来作限定,就可以使特称判断的量项更加准确,从而有助于正确地运用命题。

在性质命题的逻辑结构中,主项和谓项是逻辑变项,分别用"S"和"P"来表示;联项和量项分别表示性质命题的质和量,它们都是逻辑常项。由此,我们说,任何传统性质命题都具有如下形式结构:

所有(有)S 是(不是)P

当我们将这个命题形式中的 S 和 P 都代之以具体概念时,我们就得到一个具体的性质命题。例如,当量项全称,联项肯定时,如果将"S"代之以"宗教","P"代之以"科学",我们就得到具体命题"所有宗教都不是科学"。

通常,在议论文、申论写作中,文章的主旨都用性质命题来表达。性质命题以文章论题的形式出现,在其表达上,一般有以下几个要求:首先,要保证命题表达的清晰明了,便于读者接受。其次,保证命题表达无歧义,围绕逻辑要求。最后,命题表达必须准确无误,这样可以增强文章的说理性。

二、性质命题的种类

在性质命题的逻辑形式中,只有量项和联项的含义是确定的,因此我们就只能根据量项和联项的不同来区分性质命题的逻辑类型。根据不同的标准,可以将性质命题分为不同的种类。按质可分为:肯定命题和否定命题。按量可分为:全称命题、特称命题和单称命题。按质和量的结合,可分为以下六种。

(一)全称肯定命题

全称肯定命题是陈述主项所指称的全部对象都具有某种性质的命题。例如:

(1)所有的荷花都可以被叫作菡萏。

(2)所有的小说都是文学作品。

全称肯定命题形式为:所有 S 都是 P。

用符号表示为 SAP。简记为 A。

注:A 是拉丁文"affirmo"的第一个元音字母的大写。

在自然语言中,A 命题有多种表达方式,如"无一 S 不是 P""没有不是 P 的 S""凡 S 皆 P"等。

从主项同谓项外延间的关系看,全称肯定命题陈述了 S 的全部外延都和 P 的外延相重合,但没有陈述 S 的全部外延是否和 P 的全部外延相重合。而当 S 和 P 具有全同关系或真包含于关系时,S 的全部外延都和 P 的外延相重合。

因此,全称肯定命题陈述了 S 和 P 之间是全同关系或真包含于关系,但具体其主、谓项间究竟是哪一种关系,SAP 并未陈述。从另一个角度说,当 S 与 P 所表示的具体词项之间具有全同关系(如"所有的荷花都可以被叫作菡萏")或真包含于关系(如"所有的小说都是文学作品")时,SAP 都是真的。

(二)全称否定命题

全称否定命题是陈述主项所指称的全部对象都不具有某种性质的命题。例如:

(1)所有的文化产品都不属于物质文明。

(2)所有的山药蛋派作品都与城市生活无关。

全称否定命题形式为:所有 S 都不是 P。用符号表示为 SEP,简记为 E。

注:E 是拉丁文"否定"一词"nego"的第一个元音字母的大写。

在自然语言中,E 命题也有多种表达方式,如"无一 S 是 P""没有是 P 的 S""凡 S 皆非 P"等。

从主项同谓项外延间的关系看,全称否定命题陈述了 S 的全部外延都排斥在 P 的全部外延之外,而只有当 S 和 P 具有全异关系时,S 的全部外延才排斥在 P 的全部外延之外。

因此,全称否定命题陈述了 S 和 P 之间是全异关系。从另一个角度说,当 S 和 P 所表示的具体词项之间具有全异关系时,SEP 总是真的。

(三)特称肯定命题

特称肯定命题是陈述主项所指称的对象至少有一个具有某种性质的命题。例如:

(1)有的小说属于意识流小说。

(2)有的作品是茅盾文学奖获奖作品。

特称肯定命题的形式为:有 S 是 P。用符号表示为 SIP。简记为 I。

注:I 是拉丁文"affirmo"的第二个元音字母的大写。

从主项同谓项外延间的关系看,特称肯定命题陈述了至少有一部分 S 的外延和 P 的外延相重合,但没有陈述究竟有多少 S 的外延和 P 的外延相重合,也没有陈述这些 S 的外延是否同 P 的全部外延相重合。而当 S 和 P 具有相容关系,即全同关系或真包含于关系或真包含关系或交叉关系时,都有至少一部分 S 的外延和 P 的外延相重合,如图 2-2 所示。

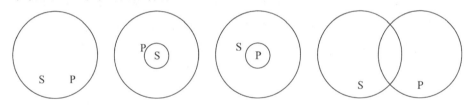

图 2-2 S 和 P 相容关系图

因此,特称肯定命题陈述了 S 和 P 之间是全同关系、真包含于关系、真包含关系或交叉关系,但并未陈述 S 与 P 究竟是其中的哪一种关系。从另一个角度说,当 S 与 P 所表示的具体概念之间具有全同关系,或真包含于关系,或真包含关系,或交叉关系时,SIP 都是真的。

(四)特称否定命题

特称否定命题是陈述主项所指称的对象至少有一个不具有某种性质的命题。例如:

(1)有的文学团体不是有组织的。

(2)有的带有倾向性的作家群体创作没有引起文艺思潮。

特称否定命题的形式是:有 S 不是 P。用符号表示为 SOP。简记为 O。

注:O 是拉丁文"nego"的第二个元音字母的大写。

从主项同谓项外延间的关系看,特称否定命题陈述了至少有一部分 S 的外延与 P 的全部外延是相排斥的,但没有陈述究竟有多少 S 的外延排斥在 P 的全部外延之外。而当 S 和 P 具有真包含关系或交叉关系或全异关系时,都有至少一部分 S 的外延排斥在 P 的全部外延之外,如图 2-3 所示。

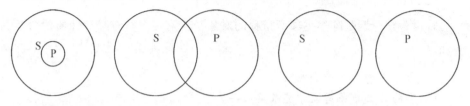

图 2-3　S 和 P 排斥关系图

因此,特称否定命题陈述了 S 和 P 之间是真包含关系或交叉关系或全异关系,但并未陈述 S 与 P 究竟是其中的哪一种关系,从另一个角度说,当 S 与 P 所表示的具体词项之间具有真包含关系,或交叉关系,或全异关系时,SOP 都是真的。

(五)单称肯定命题

当性质命题的主项是单独词项时,其指称的对象是独一无二的,因此它不需要量项来刻画主项的数量,这种主项是单独词项的命题叫单称命题。

单称肯定命题是陈述主项指称的单个对象具有某种性质的命题。

例如:

(1)珠穆朗玛峰是世界最高峰。

(2)文艺学是中国语言文学下属的二级学科。

(3)《战争与和平》的作者是列夫·托尔斯泰。

单称肯定命题的形式是:这个 S 是 P。

从主项同谓项外延间的关系看,由于单称肯定命题所陈述的是主项所指称的对象的全部具有某种性质,因而单称肯定命题陈述的主项和谓项外延间的关系,与全称肯定命题陈述的主项和谓项外延间的关系完全相同。单称肯定命题也陈述其主项和谓项外延间的关系是全同关系或真包含于关系。正因为如此,在传统逻辑中,特别是在三段论中,都将单称肯定命题作为全称肯定命题处理。其命题形式也用符号表示为 SAP。简记为 A。

(六)单称否定命题

单称否定命题是陈述主项指称的单个对象不具有某种性质的命题。

例如:

(1)文学创作不是脱离实际的活动。

(2)《等待戈多》不是现实主义小说。

单称否定命题的形式是:这个 S 不是 P。

从主项同谓项外延间的关系看,由于单称否定命题所陈述的是主项所指称的对象的全部(某单个对象)不具有某种性质,因而单称否定命题陈述的主项和谓项外延间的关系,与全称否定命题陈述的主项和谓项外延间的关系完全相同,单称否定命题也陈述其主项和谓项间的关系是全异关系,正因为如此,在传统逻辑中,特别是在三段论中,都将单称否定命题作为全称否定命题处理,其命题形式也用符号表示为 SEP。简记为 E。

由于在传统逻辑中,特别是在三段论中,单称命题是作为全称命题处理的,因此,在讨论性质命题的逻辑性质及性质命题间的逻辑推演时,一般只讨论 A、E、I、O 四种。

在写作过程中,需要注意量项的使用必须准确,否则会导致被判定对象的数量范围模糊或出现歧义。即全称命题不得表述作特称命题,特称命题不得表述作全称命题。而且"特称"的范围有"绝大部分""大部分""半数""小部分""极少部分"等的不同,不可等量齐观,也不能混淆。例如《马克思主义思想史》一书写道:"一切生物只有在空气流通的优良环境下才能繁殖,科学文化的发展也需要一定的政治自由的空气。"这里的"一切"就用得不妥帖,因为有的生物在空气不流通的环境下反而繁殖得更快。

三、性质命题词项的周延性

性质命题词项的周延性问题,是指在一个具体命题中主项和谓项的全部外延是否被断定。如果某种形式的命题陈述了一个词项的全部外延,那么,在这种形式的命题中,该词项就是周延的;如果某种形式的命题没有陈述一个词项的全部外延,那么,在这种形式的命题中,该词项就是不周延的。例如:

"所有的玫瑰都是植物"这个命题中,主项"玫瑰"的全部外延通过全称量项"所有"而得到断定,因此,它在该命题中就是周延的;谓项"植物"的全部外延在命题中并没有得到断定,因此,它在该命题中就是不周延的。再如:

"所有的电视机都不是植物"这个命题中,谓项"植物"不是以它的部分外延,而是以它的全部外延与主项"电视机"相排斥,即只要是电视机,就不会是植物,因此,谓项"植物"在该否定命题中就是周延的。

据此,各种形式的性质命题的主项和谓项的周延情况如下。

(一)全称肯定命题的主项周延,谓项不周延

如前所述,A命题陈述了S的全部外延都和P的外延相重合,但没有陈述S的全部外延是否和P的全部外延相重合。这就是说,A命题陈述了S的全部外延,但没有陈述P的全部外延。因而,在A命题中,主项S是周延的,谓项P是不周延的。

(二)全称否定命题的主项周延,谓项也周延

如前所述,E命题陈述了S的全部外延都排斥在P的全部外延之外。这就是说,E命题既陈述了S的全部外延,也陈述了P的全部外延。因而,在E命题中,主项S和谓项P都是周延的。

(三)特称肯定命题的主项不周延,谓项也不周延

如前所述,I命题陈述了至少有一部分S的外延和P的外延相重合,但没有陈述这些S的外延是否同P的全部外延相重合。这就是说,I命题既未陈述S的全部外延,也未陈述P的全部外延。因而,在I命题中,主项S和谓项P都是不周延的。

(四)特称否定命题的主项不周延,谓项周延

如前所述,特称否定命题陈述了至少有一部分S的外延排斥在P的全部外延之外。这就是说,O命题没有陈述S的全部外延,但陈述了P的全部外延,因而,在O命题中,主项S是不周延的,谓项P是周延的。

A、E、I、O四种性质命题的主、谓项的周延情况可见表2-1。

表2-1　A、E、I、O四种性质命题的主、谓项的周延情况表

命题种类	主项	谓项
SAP	周延	不周延
SEP	周延	周延
SIP	不周延	不周延
SOP	不周延	周延

从表2-1可以看出,全称命题的主项都是周延的,特称命题的主项都是不周延的;否定命题的谓项都是周延的,肯定命题的谓项都是不周延的。

我们总结为这样一句话方便学习者记忆:

全称的主项和否定的谓项周延,其他词项都不周延。

这里需要再强调一下,我们分析一个具体性质命题中词项的周延情况时,

只能依据这一性质命题的形式。因为一个性质命题中的主项或谓项是否周延,只是就这一性质命题的形式对其的陈述情况而言的,与内容无关。换言之,脱离了命题的词项,无所谓周延与否。

第二节 复合命题及其规范表达

复合命题指的是逻辑变项是命题的命题,即自身包含其他命题的命题。本节的学习,不仅需要掌握各种不同复合命题的逻辑特征,而且要培养对于复合命题逻辑连接词的敏感度。这种命题之间的关系,对写作中的语句关系、段落关系的把握非常重要。如朱熹在《活水亭观书有感二首·其二》中写道:"昨夜江边春水生,艨艟巨舰一毛轻。向来枉费推移力,此日中流自在行。"把知识内化才是最重要的。

一、复合命题概述

所谓复合命题是包含了其他命题的一种命题,一般来说,它是由若干个(至少一个)简单命题通过一定的逻辑联结词组合而成的。

(一)复合命题的结构

以下四个例子是复合命题:

(1)如果所有人都注重文化继承与创新,那么人类文明的发展就会更进一步。

(2)或者选择苟活于世,或者选择英勇赴死。

(3)鲁迅既是文学家又是思想家。

(4)只有坚持中国共产党的领导,中华民族才能走向光明的未来。

这里的(1)由"所有人都注重文化继承与创新"和"人类文明的发展就会更进一步"构成,(2)由"选择苟活于世"和"选择英勇赴死"构成,(3)由"鲁迅是文学家"和"鲁迅是思想家"构成,(4)由"坚持中国共产党的领导"和"中华民族才能走向光明的未来"构成。这些构成复合命题的命题叫作该复合命题的支命题。它们可以是任意命题,因此被称为复合命题的逻辑变项,用 $p,q,r,\ldots$ 表示。

虽然复合命题是由命题构造而成的,但并不是任意命题组合在一起就可构成复合命题。在上面的命题中,(1)通过连接词"如果……那么……"连接两个命题得到,(2)则是通过连接词"或者"而得到。如果仅仅把两个命题摆在一起而没有连接词,那么"鲁迅是文学家"和"鲁迅是思想家"仍然只是两个命题。因此,支命题必须通过连接词的组合作用才能构成复合命题。连接词是复合命题的逻辑常项,因为连接词有确定的逻辑含义,有什么样的连接词决定了一个复合命题有什么样的逻辑形式。

因此,从逻辑结构上分析,复合命题有两个基本构成要素:支命题和连接词。

(二)复合命题的逻辑特征

命题有真假性。一个命题所描述的内容如果符合事实就是真的,如果不符合事实就是假的。因此一个命题要么是真的,要么是假的,无所谓真假的语句不表达命题。而符合事实的命题是真的就不可能是假的,是假的就不可能真,因此一个命题不可能既真又假。我们把真假叫作命题的逻辑值,又称作命题的真值。显然,一个命题或者是真的,或者是假的,它必须且只能在真假中取一个为值,这就是命题的逻辑特征。

对一个简单命题而言,它描述的是一个简单事件,如果描述符合事实它就是真的,不符合就是假的。因此,我们是直接以事实为根据来判定简单命题的真假的。而复合命题是由连接词连接支命题而构成的,从这个意义上讲,复合命题描述的是支命题之间的逻辑关联。尽管复合命题同简单命题一样,也是要么为真要么为假,但是复合命题的真假是由支命题的真假决定的。支命题之间的逻辑特征就表现为一种支命题的真假对整个复合命题真假的制约关系。根据连接词的不同,复合命题可以分为联言命题、选言命题、假言命题和负命题。其中,选言命题又包括相容选言命题和不相容选言命题,假言命题又包括充分条件假言命题、必要条件假言命题和充分必要条件假言命题。

二、联言命题

联言命题是陈述若干事物情况同时存在的命题。例如:联言命题"刘华不仅是院学生会主席,而且是班级学习委员",就断定了"刘华是院学生会主席"和"刘华是班级学习委员"这两种情况同时存在。

(一)联言命题的结构

以下三个命题是联言命题:

(1)前途是光明的,道路是曲折的。

(2)小说创作可以虚构社会环境,也可以再现真实社会。

(3)《包法利夫人》不仅是西方现实主义小说的代表作品,而且还是现代主义小说的滥觞。

联言命题由连接词"并且"等和支命题构成。联言命题的支命题称为联言支,一个联言命题的联言支至少有两个。在自然语言中,联言命题的逻辑连接词还可以用"既是……又是……""……又……""不但……而且……""虽然……但是……""……也……""……而……"等表示,有时还可以省略连接词。例如:"起草气象规范性文件,应当根据规范的具体内容确定名称,可以使用'办法''规定''规程''规则'等名称,但不得称'法'或者'条例'。"这句话中,就是用"但"表示联言的事物情况。

联言命题又称为合取命题。联言命题的逻辑连接词"……并且……",可用合取词"∧"(读作"合取")表示。一个二支的联言命题的形式为:p 并且 q。也可以表示为合取式:

$$p \wedge q$$

(二)联言命题的逻辑特征

联言命题是陈述若干事物同时存在的命题,因此,一个联言命题的真假,归根结底取决于它的各个联言支是否同时都是真的,也就是说,只有在各个联言支都为真的情况下,联言命题才为真。如果联言支有一个为假,那么,联言命题就一定是假的。

例如,左丘明在《烛之武退秦师》中这样描述:

晋侯、秦伯围郑,以其无礼于晋,且贰于楚也。晋军函陵,秦军氾南。

其中郑国"无礼于晋,且贰于楚"就是一个联言命题。"(郑)无礼于晋"和"(郑)贰于楚"是两个联言支,倘若任一联言支为假,这个联言命题就不成立了。

联言命题"p∧q"的逻辑性质可以用真值表表 2-2 表示如下(真值表中"+"表示真,"-"表示假):

表 2-2 联言命题"p∧q"的逻辑性质的真值表

p	q	p∧q
+	+	+
+	-	-
-	+	-
-	-	-

因为联言命题"p∧q"有两个变项,根据p、q的真假,所有的真假情况为2×2＝4。这四种情况为:p真q真时,p∧q为真;p真q假时,p∧q为假;p假q真时,p∧q为假;p假q假时,p∧q为假。

"真值表"是形式逻辑用以规范思维形式而制定的形式规则。形式逻辑把正确的思维过程形式化,抽象成为逻辑规则,形成了一整套精密的用以规范命题、推理的思维规则体系。思维过程的形式化,势必脱离具体的内容。这些形式逻辑的特点使得规则简单易把握,只要思维形式符合逻辑规则,这个思维形式就是正确的。

三、选言命题

选言命题是陈述若干事物情况中至少有一种情况存在的命题。例如,司马迁所言,"人固有一死,或重于泰山,或轻于鸿毛。"

(一)选言命题的结构

以下两个例子是选言命题:

(1)要么在沉默中爆发,要么在沉默中灭亡。

(2)人生总有独特的轨迹,或者平淡一生,或者名垂青史。

选言命题由连接词"或者"或"要么"和支命题构成。选言命题的支命题称为选言支。选言支可以有两个,也可以有两个以上。在自然语言中,选言命题的逻辑连接词,还可以用"可能……也可能……""或许……或许……"等。一般认为有两种选言命题,即相容的选言命题和不相容的选言命题。

(二)相容选言命题

相容的选言命题是指其支命题可以同时为真的选言命题。例如"某甲或者是诗人,或者是作家。"就是相容选言命题,因为每个命题的选言支都可以同时为真。某甲可能既是诗人又是作家。再如,"在对外交往中,严禁公开示意或暗示对方赠予礼品,或以托对方代购物品为名变相敲诈勒索。"反映的也是相容的事物情况。

我们用"∨"(读作"析取")表示相容的选言连接词,p和q表示支命题,则一个二支的相容选言命题的形式是:p或者q,也可以表示为析取式:

$$p \vee q$$

相容选言连接词表达的含义是:各支命题描述的现象情况至少有一种是存在的。因此,一个相容选言命题是真的,当且仅当它的支命题至少有一个为真。

如果选言命题的每一个支命题都是假的,则意味着没有那个支命题所描述的情况存在,即并非至少有一个支命题所描述的情况是存在的,因此该选言命题就是假的。

选言命题"p∨q"的逻辑性质可用真值表表 2-3 表示如下：

表 2-3　选言命题"p∨q"的逻辑性质的真值表

p	q	p∨q
+	+	+
+	-	+
-	+	+
-	-	-

人们在使用选言命题时,经常会遇到选言支是否穷尽的问题。所谓选言支穷尽与否,就是指选言命题是否反映了事物的全部可能情况。如果一个选言命题的选言支是穷尽的,就能保证至少有一个选言支是真的,反之,如果一个选言命题的选言支不是穷尽的,那么就不能保证至少有一个选言支为真,这样的选言命题就可能为假。例如,某福利院今日收到一笔巨额匿名捐款,由于张三和李四均今日到福利院进行了善款捐济,福利院某工作人员就得出这样的结论："张三是巨额捐款人或者李四是巨额捐款人。"但其实,这笔巨额款项捐款主另有其人,既不是张三也不是李四。这说明福利院某工作人员并没有穷尽所有的选言支,因而是一个假命题。

(三)不相容选言命题

不相容的选言命题是指其支命题不可以同时为真的选言命题。例如上面的命题"要么在沉默中爆发,要么在沉默中灭亡。"就是不相容选言命题,因为每个命题的选言支不可以同时为真。沉默中不可能既爆发又灭亡。

我们用"⊙"(读作"不相容析取")表示不相容的选言连接词,p 和 q 表示支命题,则一个二支的相容选言命题的形式是:p 要么 q,也可以表示为析取式：

$$p⊙q$$

不相容选言连接词表达的含义是:各支命题描述的现象情况有且只有一种是存在的。因此,一个不相容选言命题是真的,当且仅当它的支命题有且只有一个为真。如果一个不相容选言命题的每个支命题都为真,或每个支命题都为假,则该命题是假的。

选言命题"p⊙q"的逻辑性质可用真值表表 2-4 表示如下：

表 2-4　选言命题"p⊙q"的逻辑性质的真值表

p	q	p⊙q
+	+	−
+	−	+
−	+	+
−	−	−

例题：

请分析命题"他或者周一完成任务，或者周二完成任务"和"他既不周一完成任务，也不周二完成任务"之间的关系是等值的还是矛盾的。

第一步：设值。

设他周一完成任务为 p，他周二完成任务为 q。

第二步，写出逻辑表达式。

将"他或者周一完成任务，或者周二完成任务"表示为 p∨q，将"他既不周一完成任务，也不周二完成任务"表示为 -p∧-q。

第三步，画真值表（见表 2-5）。

表 2-5　例题逻辑关系的真值表

p	q	p∨q	-p∧-q
+	+	+	−
+	−	+	−
−	+	+	−
−	−	−	+

由表 2-5 可知，题干两个命题是矛盾关系。

四、假言命题

假言命题是指连接词是假言连接词的复合命题。

假言连接词表达的是一个支命题所描述的事件是另一个支命题所描述事件存在的条件。两个事件之间的条件联系有三种，即充分条件联系、必要条件联系和充分必要条件联系。因此，假言命题也有三种，即充分条件假言命题、必要条件假言命题和充分必要条件假言命题。

（一）假言命题的结构

假言命题由两个支命题构成。其中表示条件的支命题叫作假言命题的前件；表示依赖条件而成立的命题叫作假言命题的后件。例如：

(1)如果胡乱排放污水,那么就会造成环境污染。

(2)只有勤于思考,才能做出好文章。

(1)和(2)都是假言命题。其中,"胡乱排放污水"和"勤于思考"是假言命题的前件,"环境污染"和"做出好文章"是假言命题的后件。

(二)充分条件假言命题

充分条件假言命题是连接词是充分条件连接词的命题。它是反映某事物情况是另一事物情况充分条件的命题。

充分条件连接词描述的是两个事件之间的充分条件联系。事件 p 与事件 q 之间有充分条件联系,如果有 p 必有 q,而没有 p 有无 q 不确定。例如,命题"如果胡乱排放污水,那么就会造成环境污染",在这里,事件"胡乱排放污水"与"造成环境污染",一旦胡乱排放污水,就一定会造成环境污染;但是造成环境污染,却不一定是胡乱排放污水的原因。因此事件"胡乱排放污水"与"造成环境污染"之间有充分条件联系,"如果胡乱排放污水,那么就会造成环境污染"是一个真的充分条件命题。

因此,充分条件命题的逻辑含义是:有前件就一定有后件,没有前件不一定没有后件。这样的前件就是后件的充分条件。有之必然,无之未必不然。

例如:"一个人拥有友情的陪伴",就是"活得幸福快乐"的充分条件。拥有友情的陪伴,就一定活得幸福快乐;没有友情的陪伴,不一定不会活得幸福快乐。

我们用"→"("→"读"蕴涵")表示充分条件连接词,充分条件命题的逻辑形式是:

如果 p,那么 q

用符号表示为:

$$p \to q$$

在自然语言中,充分条件假言命题还可以用以下这些关联词来表达:"只要……就……""倘若……则……""一旦……就……""假使……那么……""当……使……"等。

例如,一旦不制定保护珍稀动物的法律,就有人任意捕杀珍稀动物;一旦任意捕杀珍稀动物,许多动物就会灭绝;一旦许多动物灭绝,生态平衡就被破坏;一旦生态平衡被破坏,人类的生存就受到威胁。所以,一旦不制定保护珍稀动物的法律,人类的生存就受到威胁。

由于一个充分条件假言命题的真假,取决于其前件所反映的事物情况是不是后件所反映的事物情况的充分条件,如果前件是后件所反映事物情况的充分条件,那么,该充分条件假言命题就是真的;否则,就是假的。

因此,一个充分条件假言命题当其为真时,其前件与后件就有如下三种真假情况:前件真并且后件也真;前件假并且后件真;前件假并且后件假。若要充分条件假言命题为假,只有一种情况,即前件真并且后件假。用一句话概括,就是"一个充分条件假言命题,只有当前件真而后件假时,它是假的,其余情况下都为真"。其用真值表表2-6表示如下:

表2-6 充分条件假言命题的真值表

p	q	p→q
+	+	+
+	−	−
−	+	+
−	−	+

(三)必要条件假言命题

必要条件假言命题是连接词是必要条件连接词的命题。它是反映某事物情况是另一事物情况必要条件的命题。

必要条件命题描述的是两个事件之间的必要条件联系。事件 p 与事件 q 之间有必要条件联系,如果没有 p 就没有 q,而有 p 时有无 q 不确定。例如,命题"只有控制人口增长,才能解决资源短缺问题",在这里事件"控制人口增长"与"解决资源短缺问题",一旦没有控制人口增长,一定不能解决资源短缺问题;而解决资源短缺问题,有没有控制人口增长则不一定。因此事件"控制人口增长"与"解决资源短缺问题"之间有必要条件联系,"只有控制人口增长,才能解决资源短缺问题"就是一个真的必要条件命题。

《诗经》"山无棱,江水为竭,冬雷震震,夏雨雪,天地合,乃敢与君绝"中,"与君绝"的必要条件是"山无棱,江水为竭,冬雷震震,夏雨雪,天地合"。足见感情之坚不可摧。

因此,必要条件命题的逻辑含义是:没有前件,就一定没有后件,有前件不一定有后件,这样的前件就是后件的必要条件。无之必不然,有之未必然。

例如:"考试成绩达标",就是"学校录取"的必要条件。要是某人考试成绩达标,就一定会被学校录取;没有被学校录取,不一定考试成绩没达标。

我们用"←"("←"读"逆蕴涵")表示必要条件连接词,必要条件命题的逻辑形式是：

$$只有\ p,才\ q$$

用符号表示为：

$$p \leftarrow q$$

在自然语言中，必要条件假言命题还可以用以下这些关联词来表达："没有……就没有……""必须……才……""不……就不……"等。

同时，由于一个必要条件假言命题的真假，取决于其前件所反映的事物情况是不是后件所反映的事物情况的必要条件，如果前件是后件所反映事物情况的必要条件，那么，该必要条件假言命题就是真的；否则，就是假的。

因此，一个必要条件假言命题当其为真时，其前件与后件就有如下三种真假情况：前件假并且后件也假；前件真并且后件也真；前件真并且后件假。若要必要条件假言命题为假，只有一种情况，即前件假并且后件真。用一句话概括，就是"一个必要条件假言命题，只有当前件假而后件真时，它是假的，其余情况下都为真"。其用真值表表2-7表示如下：

表2-7 必要条件假言命题的真值表

p	q	p←q
＋	＋	＋
＋	－	＋
－	＋	－
－	－	＋

在写作环节中，必要条件分为直接表达和间接表达两种。直接表达如：

(1)共产党必须善于吸收知识分子，才能组织伟大的抗战力量。（毛泽东《大量吸收知识分子》）

(2)只有坚决地系统地进行改革，城市经济才能兴旺繁荣。（中共中央《关于经济体制改革的决定》）

这两个命题分别直接表达了"善于吸收知识分子"是"组织伟大的抗战力量"的必要条件，"坚决地系统地进行改革"是"城市经济兴旺繁荣"的必要条件。

间接表达如：

(1)所有的员工都有本次赴外学习的机会，除非没有通过入职测试。

(2)若要人不知，除非己莫为。

第(1)个命题间接表达了"只有通过了入职测试，才能赴外学习"。第(2)个命题是"如果想要人不知,那么就得己莫为",虽然用的是充分条件的逻辑连接词,但是从语义关系上看,"人不知"是果,"己莫为"是因,没有前件就没有后件,间接表达的则是必要条件假言命题。

(四)充分必要条件假言命题

充分必要条件假言命题是连接词是充分必要条件连接词的命题。它是反映某事物情况是另一事物情况充分必要条件的命题。

充分必要条件命题描述的是两个事件之间的充分必要条件联系。事件 p 与事件 q 之间有充分必要条件联系,如果没有 p 就没有 q,而有 p 时一定有 q。

因此,充分必要条件命题的逻辑含义是:有前件,就一定有后件,没有前件,就一定没有后件,这样的前件就是后件的必要条件。有之必然,无之必不然。

我们用"↔"("↔"读"等值")表示充分必要条件连接词,充分必要条件命题的逻辑形式是:

当且仅当 p,才 q

用符号表示为:

$$p \leftrightarrow q$$

在自然语言中,充分必要条件假言命题还可以用以下这些关联词来表达:"如果……则……""并且……""只有……才……""没有……就没有……""必须……才……""不……就不……"等。

一个充分必要条件假言命题的真假,取决于其前件所反映的事物情况是不是后件所反映的事物情况的充分必要条件。如果是,则真;不是,则假。

因此,一个充分必要条件假言命题当其为真时,其前件与后件就有如下的逻辑特征:当 p 和 q 同真或者同假时,充分必要条件命题为真;如果两个支命题的真假不同,充分必要条件命题就是假的。充分必要条件命题的特征可用真值表表 2-8 表示如下:

表 2-8 充分必要条件命题的特征真值表

p	q	p↔q
+	+	+
+	−	−
−	+	−
−	−	+

第三节　负命题及其规范表达

负命题就是用命题连接词"并非"联结支命题所构成的复合命题,它陈述了某个命题不成立,也就是否定某个命题的复合命题。要想在写作中用好负命题,就要掌握好否定词语的使用。

一、负命题

负命题就是陈述某个命题不成立的命题,也就是否定某个命题的命题。例如:

(1)并非所有的自然数都是整数。
(2)如果刮风就会下雨,这是错的。
(3)并非一切天鹅都是黑色的。
(4)并非有的金属不是导体。

负命题由支命题和连接词"并非"构成。负命题的逻辑连接词"并非"可以用否定词"¬"来表示。在日常用语中,负命题的连接词还可以表达为"没有""不""这是假的""这是错误的"等。被否定的命题称为支命题,它可以是简单命题,也可以是复合命题。

负命题的形式是:

$$并非\ p$$

也可表示为否定式:

$$\neg p$$

一个否定命题是真的,当且仅当它的支命题假;如果它的支命题是真的,则否定命题为假。否定命题的逻辑特征用真值表表2-9表示为:

表2-9　否定命题的逻辑特征的真值表

p	¬p
+	−
−	+

由于负命题"¬p"只有一个支命题 p,它有真假两种情况,因而负命题的真值表只有两行。

直言命题的负命题实质上即为对当关系中的相应矛盾命题。例如:SAP 的负命题是 SOP,SOP 的负命题是 SAP,SEP 的负命题是 SIP,SIP 的负命题是 SEP;而直言命题的否定命题是否定事物具有某种性质的命题。因此,直言命题的否定命题是一个简单命题,例如,"象征不是修辞手法";而直言命题的负命题则是一个复合命题,例如,"并非象征不是修辞手法"。

负命题有一种常见的语言表达形式:

否定词语＋语句(简单命题或复合命题)

世界著名绘画大师毕加索毕生反对侵略战争。第一次世界大战期间,德军官兵经常出入于巴黎的毕加索艺术馆。有一次,在艺术馆的出口处,毕加索发给每个德国军人一幅他的名画《格尔尼卡》的复制品,这幅画描绘了西班牙城市格尔尼卡遭德军飞机轰炸后的惨状。一个德国盖世太保头目指着画问毕加索:"这是你的杰作吗?"毕加索严峻地说:"不,这并非是我毕加索的杰作!"

毕加索回答说并非是他的杰作,引人思考。这里的"杰作"在德军官兵看来是作品本身,是毕加索的画作。而在毕加索的回答中的"杰作"指的是作品内容所反映的德军罪行。毕加索的回答属于负命题,文章中应用负命题有时可达到警醒或讽刺效果。

二、复合命题负命题

复合命题负命题就是支命题是复合命题的负命题。它包括负联言命题、负相容选言命题、负不相容选言命题、负充分条件假言命题、负必要条件假言命题、负充分必要条件假言命题以及负命题的负命题。

(一)联言命题的负命题的等值命题

联言命题的负命题的等值命题,就是否定一个联言命题得到一个相应的选言命题:

$$\neg(p \land q) \leftrightarrow (\neg p \lor \neg q)$$

(二)相容选言命题的负命题的等值命题

相容选言命题的负命题的等值命题,就是否定一个相容选言命题得到一个相应的联言命题:

$$\neg(p \lor q) \leftrightarrow (\neg p \land \neg q)$$

(三)不相容选言命题的负命题的等值命题

不相容选言命题的负命题的等值命题,就是否定一个不相容选言命题得到一个两个支命题同真或者两个支命题同假的选言命题:

$$\neg(p \lor q) \leftrightarrow (p \land q) \lor (\neg p \land \neg q)$$

(四)充分条件假言命题的负命题的等值命题

充分条件的假言命题的负命题的等值命题,就是否定一个充分条件假言命题得到一个前件真、后件假的联言命题。只有当其前件真,而后件假时,充分条件假言命题才是假的。所以,一个充分条件假言命题的负命题可以表述为一个相应的联言命题:

$$\neg(p \to q) \leftrightarrow (p \land \neg q)$$

(五)必要条件假言命题的负命题的等值命题

必要条件的假言命题的负命题的等值命题,就是否定一个必要条件假言命题得到一个前件假、后件真的联言命题。只有当前件假后件真时,命题才是假的。所以一个必要条件的假言命题的负命题也可表述为一个相应的联言命题:

$$\neg(p \leftarrow q) \leftrightarrow (\neg p \land q)$$

(六)充分必要条件假言命题的负命题的等值命题

充分必要条件假言命题的负命题的等值命题,就是否定一个充分必要条件假言命题得到一个前件真、后件假或者前件假、后件真的选言命题:

$$\neg(p \leftrightarrow q) \leftrightarrow (p \land \neg q) \lor (\neg p \land q)$$

(七)负命题的负命题的等值命题

负命题的负命题的等值命题就是否定一个负命题又得到一个原命题又称为双否引入式,即在任何一个命题的前面加上双重否定词的推理形式:

$$\neg\neg p \leftrightarrow p$$

三、负命题在写作中的表达

在汉语写作中,出现在句子前面构成负命题的否定词语主要有"并不是""并非""不是"等,例如:

(1)并不是所有的人都能辩证地思维。

(2)并非班里所有的学生都是中共党员。

(3)不是所有的谎言都是恶意的。

用"不是"开头的句子,往往后面紧跟着"而是……",或者紧跟在"是"后面构成完整的命题结构,从整体看,这是一种联言命题,但其中有一个支命题是个负命题。前负后正,或前正后负,互相对立,也互相补充,互相制约。例如:

(1)不是一个人的悲剧,而是一个时代的悲剧。

(2)挫折是我们前进的动力,不是高不可攀的高山。

分析负命题的语言形式,要注意它与简单命题中的否定命题的区别。一般说来,否定词出现在句子前面的是负命题,否定词出现在句中(主语后面)的是否定命题。下面是否定命题的例子:

(1)造成这次洪水泛滥的结果不是因为村民们没有保护好环境。

(2)在旧时代苦难的日子里,劳动人民自然不是都能欢乐地过年。

此外,陈述句和反问句都可以表达命题。反问句表达负命题是逻辑学界公认的,在写作和口语交际中,反问句中有许多是表达负命题的。例如:

(1)难道工作不是为了解决好问题或者优质完成任务,甚至为企业创造良好的信誉的吗?

(2)这寂静无声的冬季,怎能让我不陶醉呢?

反问句中的"难道""怎能"等是表示反问的词语,其逻辑意义相当于"并非""并不是",而语气更为强烈,有时还会带有明显的反驳性质。

第四节 模态命题及其规范表达

模态逻辑是逻辑学的一个分支,它研究必然、可能及其相关表示事物发展状态的概念的逻辑性质。在写作过程中,要考虑这些模态词的适用语境和使用范围。

一、何为模态命题

模态命题历史悠久,亚里士多德的《解释篇》中就曾讨论过各种模态命题及其真假情况,在《前分析篇》中还研究了模态词和模态三段论,之后的欧洲经院逻辑学家在模态三段论上取得了新的成果。但是,总体而言,在亚里士多德之后的很长一段时间,模态逻辑没有得到应有的重视。直到19世纪末至20世纪初才有一位叫H.麦科尔的逻辑学家迈出了近代模态逻辑研究的第一步,他在他著作中第一次指出了所谓"蕴涵佯谬",但是,麦科尔没有提出任何公理。因此,他的系统和当代的研究是迥然不同的。现代模态逻辑的公认奠基人是C.I.刘易斯,他用数理逻辑的方法对模态逻辑进行了系统的研究,使得模态逻辑进入了崭新的阶段。

模态命题,有广义和狭义之分,广义是指一切包含有模态词的命题,狭义主要是指其中包含有"必然"和"可能"这类模态词的命题,换言之,模态命题是反映事物可能性或必然性的命题。

"模态"一词译自英文的"modal",而"modal"又来自"modes of truth"(真的

方式)中的"modes"一词。它有"形式的、情态的,语气的或模式的"等含义。从字面上看,模态词是一些表示情态、语气等的特殊语词。例如:

(1)正义必然会战胜邪恶。

(2)现阶段的大学生对未来迷茫是可能的。

在上面两个命题中出现的"必然"和"可能"就是模态词。(1)表示正义战胜邪恶具有必然性。(2)表示现阶段的大学生对未来迷茫有可能性。

"必然"和"可能"这两个模态词也是重要的哲学概念,它们的哲学含义直接关系到对"必然性"和"可能性"这两个哲学范畴的解释。

从逻辑的角度分析,上面两个命题如果没有模态词,它们都表达一个完整的命题,这些命题都有确定的逻辑值,它们或者为真,或者为假。但是,模态词的出现则使这些命题的逻辑值发生了变化。如果去掉模态词,它们就成为:

(1)正义会战胜邪恶。

(2)现阶段的大学生对未来迷茫。

很明显,"正义会战胜邪恶"这个命题是真的,因为它所表达的符合事实。但是"现阶段的大学生对未来迷茫"却未必为真,并不是所有现阶段大学生都对未来迷茫。

在分析模态命题的形式时,把模态词放在命题的变项的前面。本教材用符号"◇"表示"可能","□"表示"必然"。这样"◇""□"的符号称为模态算子。据此,模态命题的逻辑形式表示为:

可能 P

必然 P

或者用符号表示为:

◇P

□P

二、模态命题的种类

根据命题所反映的是事物可能性还是必然性,可以把模态命题分为可能命题和必然命题;可能命题和必然命题又可以根据质的不同分为肯定命题和否定命题。

(一)可能命题

可能命题是反映事物情况可能性的命题。规范算子"可能"通常可以用这样一些语词来表达:"或许""也许""大概"等。可能命题又分为肯定可能命题和否定可能命题。

肯定可能命题:反映事物情况可能存在的命题。

公式:"S 可能是 P"或"S 是 P 是可能的",也可简化为:
$$可能 \rightarrow P$$

用符号表示为:
$$\Diamond \rightarrow P$$

否定可能命题:反映事物情况可能不存在的命题。例如:

日复一日地封闭式钻研可能不会带来技术的革新,要多出去和外界交流。

在这个例子中,"日复一日地封闭式钻研而带来技术的革新"这种情况可能不存在。

公式:"S 可能不是 P"或"S 不是 P 是可能的",也可简化为:
$$可能 \rightarrow P$$

用符号表示为:
$$\Diamond \rightarrow P$$

(二)必然命题

反映事物情况必然存在的命题是必然命题。例如:"这些弊端使培养出的本科毕业生必然难以适应在信息技术迅速发展条件下,面对创新创业＋、互联网＋、文化＋的形势。"规范算子"必然"通常可以用这样一些语词来表达:"必定""一定"等。必然命题又分为肯定必然命题和否定必然命题。

肯定必然命题:反映事物情况必然存在的命题。例如:

在一个半殖民地、半封建的东方大国里进行革命,必然遇到许多特殊的复杂问题。(中共中央《关于建国以来党的若干历史问题的决议》)

这反映出"遇到许多特殊的复杂问题"的必然性。

公式:"S 必然是 P"或"S 是 P 是必然的",也可简化为:
$$必然 P$$

用符号表示为:
$$\Box P$$

否定必然命题:反映事物情况必然不存在的命题,例如:

经济规律必然不依人的意志为转移。

这反映出经济规律依人们意志为转移这个情况是必然不存在的。

公式:"S 必然不是 P"或"S 不是 P 是必然的,"也可以简化为:
$$必然 \rightarrow P$$

用符号表示为：

$$\Box \rightarrow P$$

综上，我们把模态命题分类表示如下图2-4：

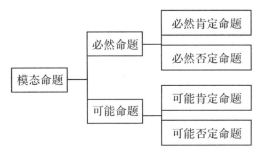

图2-4 模态命题分类图

三、模态命题的真假

命题的真假特性考察在欧洲近代哲学产生了一个跳跃。德国哲学家莱布尼茨最先发现，真假评判所对应的命题不止一种。由于真的性质的不同，人们所面对的命题可以分作两类，这就是必然获得的命题和由事实来支持的命题。真由此可以分为必然的真和事实的真两种：必然的真，依据完备的演绎推理规则，从一个命题出发必然获得另外一个命题；事实的真，按照莱布尼茨的断定，一定要给其一个充足理由。

从这个角度上来说，莱布尼茨是最早表述逻辑规律中的充足理由律的逻辑学家。他认为模态命题有真假，但是其真假和一般命题逻辑中的命题的真假是不同的。在命题逻辑中，命题的真假可以用真值表来刻画，而模态命题由于有模态词，所以不能用真值表来表示其真假。在模态命题中引进了"可能世界"来确定其真假。所谓"可能世界"是指能够为人们合乎逻辑地设想出来的各种场合。现实世界只是许许多多可能世界中的一个可能世界。例如，"西方极乐世界""世外桃源"都是可能世界。我们生活着的现实世界只不过是可能世界的一种。莱布尼茨用可能世界的概念去界定模态词"必然"和"可能"。"必然"意味着"在所有可能世界为真"；"可能"意味着"在有的可能世界为真"。

根据命题P在每个可能世界中的真假就可以确定模态命题"必然P"和"可能P"的真假：

当P在所有可能世界里都真时，"必然P"就是真的，否则就是假的。

当P在所有可能世界里都假时，"必然→P"就是真的，否则就是假的。

当 P 至少在一个可能世界里为真时,"可能 P"就是真的,否则就是假的。

当 P 至少在一个可能世界里为假时,"可能→P"就是真的,否则就是假的。

各种模态命题的真假情况可见表 2-10。

表 2-10　各种模态命题的真假情况表

命题种类	可能世界真假		
	P 在所有可能世界里为真	P 在所有可能世界里可真可假	P 在所有可能世界里为假
□P		+	
□→P		+	
◇P	+	+	−
◇→P	−	+	+

例如,命题"偶数能被 2 整除"在所有可能世界里为真,所以"凡是偶数必然能被 2 整除"和"偶数可能会被 2 整除"为真,而"偶数必然不能被 2 整除"和"偶数可能不会被 2 整除"为假。

又如,命题"张三会通过这次外语考试"在所有可能世界里可真可假,所以"张三必然会通过这次外语考试"和"张三可能不会通过这次外语考试"为真。

需要指出的是,模态命题中的"事实"是很宽泛的,既可以是外在的事实,即客观事实,也可以是人们的心理世界。

而事实命题和价值命题的区分,最先是由英国哲学家休谟提出来的。休谟在其出版的《人性论》一书中,在讨论推理问题时,阐释了这样的一个观点:

可是突然之间,我却大吃一惊地发现,我所遇到的不再是命题中通常的"是"与"不是"等联系词,而是没有一个命题不是由一个"应该"或一个"不应该"联系起来的。这个变化虽是不知不觉的,却有着极其重大的关系。因为这个应该或者不应该既然表示一种新的关系或肯定,所以就必须加以论述或说明;同时对于这种似乎完全不可思议的事情,即这个新关系如何能由完全不同的另外一些关系推出来,也应当举出理由加以说明。不过作者们通常既然不是谨慎从事,所以我倒想向读者们建议要留神提防;而且我相信,这样一点点的注意就会推翻一切流俗的道德学体系,并使我们看到,恶和德的区别不是单单地建立在对象的关系上,也不是被理性所察知的[①]。

---

① 休谟.人性论[M].北京:商务印书馆,1983:509-510.

四、事物的模态和认识的模态

对于模态命题,还必须注意区分事物的模态和认识的模态。

一方面,人们使用模态命题是用以如实反映事物本身确实存在的可能性和必然性。例如我们前面所举出的"正义必然会战胜邪恶""现阶段的大学生对未来迷茫是可能的"这两个模态命题,它们就分别反映了客观事物确实存在的必然性和可能性,是客观事物在其发展过程中必定遵循的规律或者可能显现出来的趋向,可以说这是一种事物的模态,又叫客观的模态。

另一方面,由于我们对事物是否确实存在某种情况,一时还不确定,因而只好用可能命题来表示自己对事物情况反映的不确定的性质。例如:"王某可能是医生""改革可能会失败",这些可以说是一种认识的模态,只表示人认识的确定程度,又叫主观的模态。

思考题

1. 在议论文、学术论文以及申论写作中,如何确定论题?
2. 在假言命题中,如何避免条件关系的错误使用?
3. 利用模态词对事物进行断定时,怎么区分程度?举例说明。

第三章
推理在写作中的应用

推理是人类思维的重要形式。不论是我们的日常思维还是科学思维,都离不开用推理来表达客观事物的本质和规律,运用在写作中亦是同理。

第一,先具体介绍推理及其结构。

推理是一个命题序列,它是从一个或几个已知命题推出一个新命题的思维形式。例如:

(1)所有金属都是导体,所有铁都是金属,所以,所有铁都是导体。

(2)中华人民共和国公民有受教育的权利和义务,他是中华人民共和国公民,所以他有受教育的权利和义务。

再比如我们把《孟子·告子章句上》里面的"死亦我所恶,所恶有甚于死者,故患有所不辟也。"整理成推理形式为:

我讨厌死亡,
有比死亡还让我厌恶的事情,
所以,这件事就算可能致死,我也不能逃避。

谈到推理的结构,任何推理都由两部分组成,其中,推理所依据的命题叫前提,推出的新命题叫结论。推理不是命题的任意组合,在推理中,作为前提的命题与作为结论的命题之间必须有推论关系,其逻辑标志是"所以"。

第二,再介绍推理的种类。

推理的划分有三种:

第一种是根据前提与结论之间是否有蕴含关系,可以把推理分为必然性推理和或然性推理。其中,前提与结论之间有蕴涵关系的是必然性推理,演绎推理、完全归纳推理就属于必然性推理;而前提与结论之间没有蕴涵关系的是或然性推理,不完全归纳推理、类比推理就属于或然性推理。

第二种是根据思维进程方向的不同,可以把推理分为演绎推理、归纳推理和类比推理。从一般到特殊的是演绎推理,从特殊到一般的是归纳推理,从特殊到特殊的是类比推理。

写作过程中对这两种思维的应用通常有四种情况：一是纯粹的归纳思维，即先写个别的现象，再由此归纳上升到一般规律；二是纯粹的演绎思维，即先摆出一般事物情况或基本规律，然后写个别现象，这在写作论证中用得比较多；三是先归纳再演绎，在评论性写作中通常用到这种思维模式；四是先演绎后归纳，这种思维模式使用较少。在具体写作过程中思维方法的使用通常是比较复杂的，应根据写作的实际需要加以灵活选择。

第三种是根据前提数量的不同，把推理分为直接推理和间接推理。

第一节　三段论在写作中的应用

三段论是性质推理的一种，性质推理是其前提和结论都是性质命题，并且根据性质命题的逻辑性质进行的推理。

一、三段论的概念及结构

三段论是以两个包含着共同项的性质命题为前提，推出一个性质命题为结论的推理。

例如：　　　　　所有的艺术都源于生活，
　　　　　　　　所有文学作品都是艺术，
　　　　　　　　所以，所有文学作品都源于生活。

表示为：

$$MAP$$
$$SAM$$
$$\overline{SAP}$$

在一个三段论中有且仅有三个不同的词项，这三个词项分别叫作小项、大项和中项。

结论的主项叫小项，通常用"S"表示。结论的谓项叫大项，通常用"P"表示。两个前提共有的词项叫中项，通常用"M"表示。中项是结论中部出现的词项。

任何一个三段论都由三个命题组成，这三个不同的命题分别叫大前提、小前提和结论。

含有大项的前提叫大前提。含有小项的前提叫小前提。推出的新命题叫结论。

如上例中三段论的结构式就可以写为：

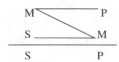

例如,下面这首诗:

请为父老歌,艰难愧深情。

歌罢仰天叹,四座泪纵横。

——杜甫《羌村三首》

利用上面的这个结构式,我们可以推导出:

四座之人眼泪纵横,

杜甫是四座之人,

杜甫眼泪纵横。

再如鲁迅先生在《纪念刘和珍君》中这样写道:

真的猛士,敢于直面惨淡的人生,敢于正视淋漓的鲜血。这是怎样的哀痛者和幸福者?然而造化又常常为庸人设计,以时间的流逝,来洗涤旧迹,仅使留下淡红的血色和微漠的悲哀。在这淡红的血色和微漠的悲哀中,又给人暂得偷生,维持着这似人非人的世界。我不知道这样的世界何时是一个尽头!

结合全文,我们可以总结出这样一个三段论:

真的猛士,敢于直面惨淡的人生,敢于正视淋漓的鲜血,

刘和珍君、杨德群君等人是真的猛士,

所以,刘和珍君、杨德群君等人敢于直面惨淡的人生,敢于正视淋漓的鲜血。

二、三段论的规则

使用三段论进行写作时,要注意其规则,下文分基本规则和导出规则两部分论述。

(一)基本规则

第一,一个三段论有且只能有三个不同的词项。

前面讲过,三段论由三个直言命题构成。两个包含共同项的命题是前提,推出的新命题是结论,但是并非任意的三个直言命题相组合就能构成三段论。作为三段论的前提和结论的直言命题,必须有并且只能包含有三个项。凡是在三段论推理中出现了四个项的,被叫作"四词项错误"。例如:

群众是真正的英雄,

我是群众,

所以我是真正的英雄。

这个推理的前提真而结论假,显然是无效的,推理无效的原因在于在两个前提中出现的相同语词"群众"具有不同的含义,在大前提中"群众"是集合概念,而在小前提中它又是非集合概念,因此,两次出现的"群众"是两个不同的词项。该推理犯了"四词项错误"。

再比如古希腊的诡辩家欧布利德的"你头上有角"的诡辩:"你没有失去的东西,就还在你那里;你没有失去角,所以,你就是有角的人。"我们把它整理成如下三段论:

凡是你没有失去的东西就是你具有的东西,
角是你没有失去的东西,
所以,你有角。

在这个三段论中,"你没有失去的东西"虽然在字面上相同,但其所表达的实质含义却不同,它在大前提指"原来有这种东西",在小前提指"原来没有的东西",语词一样,但是也犯了"四词项错误"。

第二,中项在前提中至少要周延一次。

三段论要通过中项的连接作用确定大项和小项之间的关系,如果中项在两个前提中都不周延,则就意味着它有一部分延项同大项有某种关系,一部分外延同小项有某种关系,至于究竟是哪部分外延同大项有关系,哪部分外延同小项有关系,这在直言命题的表达中是无法确定的。以这种不确定的关系显然无法确定大小项之间的关系,中项也就不能发挥中介连接作用而推出必然性的结论。违反这条规则就会犯"中项不当周延"的逻辑错误。

例如:

《将进酒》是李白的作品,
《长干行》也是李白的作品,
所以,《将进酒》是《长干行》。

在这个三段论中,"李白的作品"是中项,它在大前提中是肯定的谓项,在小前提中也是肯定的谓项,前面讲过,肯定的谓项不周延,所以这个推理违反了第二条规则,犯了"中项不当周延"的逻辑错误。

再如:

有些大学生是中共党员,
这个班级里全都是大学生,
所以,这个班级里都是中共党员。

在这个推理中,大、小前提中的中项均不周延,因为有些大学生不是中共党员,大学生也远不止这个班级里的学生,因此这是一个无效的三段论。

第三,在前提中不周延的项,在结论中不得周延。

一个有效的三段论,前提必须蕴涵结论。从外延方面看,就是要求结论的大项或小项所断定的范围不能超出前提中大项或小项所断定的范围,否则,结论就不是必然的。违反第三条规则所犯的逻辑错误有两种。

凡是大项在前提中不周延而在结论中周延的,被称作"大项不当周延"的错误。例如:

齐怀远笑嘻嘻地说:"今天先不谈你的问题,留待以后你的缺点好改,都不用你费心,我就能帮你克服了。不算事不算事……"

"可我根本就不爱你。"马林生一咬牙嚷出来。

"哪个要你爱我了?"齐怀远纳闷地看马林生,扑哧一笑,"你可真有意思,都想到哪去了?"

她看到马林生十分苦恼的样子,笑吟吟地走过去,抚着他的头发关切地说:"你就是为这事苦恼啊?你可真傻,像个孩子。我根本就没打算让你爱我。我有自知之明,我已经不年轻了,早超过会让人爱的年龄。不讨厌我就行了,或者心里讨厌嘴上不说能跟我和和气气地把日子过下去也可以……用不着自欺欺人。不会让你为难的。"

——王朔《我是你爸爸》

这段文本中隐含的三段论为:

年轻的人是有人爱的,

齐怀远不是年轻的人,

所以,齐怀远是没有人爱的。

这个三段论中的大项"有人爱"在前提中没有周延,而在结论中周延了,所以这个推理的逻辑错误为"大项不当周延",导致推理无效。

而凡是小项在前提中不周延在结论中周延的,被称作"小项不当周延"的错误。例如:

小李爱玩电子游戏,

小李是年轻人,

所以,所有年轻人都爱玩电子游戏。

这里"年轻人"在小前提中是肯定的谓项不周延,在结论中作为全称的主项周延了。这就犯了"小项不当周延"的逻辑错误。

第四,两个否定的前提不能得出结论。

否定命题(E 命题或 O 命题)是反映一个类的全部或一部分被排斥在另一个类之外。如果两个前提都是否定的,则 S 类的全部或部分被排斥在整个 M 类之外,P 类的全部或部分也被排斥于整个 M 类之外。不能通过 M 类在 S 类和 P 类之间建立任何确定的关系,不能得出必然性的结论。例如:

老虎不是食草性动物,
狮子不是老虎,
————————
所以,?

这里,既不能确定狮子是食草性动物,也不能确定狮子不是食草性动物。

第五,如果有一个前提是否定的,则结论是否定的。如果结论是否定的,则必有一个前提是否定的。

在一个三段论中,如果有一个前提是否定的,则另一个前提必须是肯定的,因为两个否定前提不能得出结论。如果大前提否定,则中项和大项互相排斥;如果小前提否定,则中项和小项互相排斥。大项与小项之间的关系是依靠中项确立的,如果有一个否定前提,则大项与小项通过中项所建立起来的关系必然是互相排斥的,所以结论是否定的。

例如:

客观规律都不是以人们的意志为转移的,
经济规律是客观规律,
————————————
所以,经济规律不是以人们的意志为转移的。

同时,既然结论是否定的,说明大项和小项之间是互相排斥的,必然有一个词项与中项之间是相互排斥的。这样就有一个前提是否定的。因此,这一规则实际是说:两个肯定前提不能得出否定结论。

三段论的上述五条基本规则,对于检验三段论的有效性来说,既是必要的,又是充分的,这就是说,遵守了这五条规则,三段论就是有效的,违反了其中任何一条规则,三段论都是非有效的。但是,需要指出的是,上述五条基本规则是在传统逻辑不考虑空类的情况下建立起来的。

(二)导出规则

第一,两个特称的前提不能得出结论。

证明:两个前提如果都是特称的,则两个前提的组合有三种情况。

(1)II 组合。假如两个前提都是 I 命题,则在这两个前提中没有一个项是周延的。这样,不论哪一个项做中项,都是不周延的,这就违反规则二,所以,不能得出必然结论。

(2)OO组合。假若两个前提都是O命题,根据基本规则四"两个否定的前提不能得出结论",不能必然地得出结论。

(3)IO(或 OI)组合。假若两个前提一个是I命题,另一个是O命题,则两个前提中只有一个词项即O命题的谓项周延。这个唯一周延的项如果做中项,则大项在前提中不周延,但是,因有一个前提是否定的,则根据规则五,结论必然是否定的;而结论否定,则结论中的大项周延,这就违反了基本规则三,犯了"大项不当周延"的逻辑错误。如果两个前提中唯一周延的项做大项,则又违反基本规则二,犯了"中项不周延"的逻辑错误。这样或者违反基本规则三,犯"大项不当周延"的逻辑错误,或者违反基本规则二,犯"中项不周延"的逻辑错误,二者必居其一,因此不能得出结论。

第二,如果有一个前提是特称的,则结论只能是特称的。

证明:根据导出规则一,两个特称的前提不能得出结论,所以前提中如果有一个是特称的,则另一个必是全称的。这样两个前提的组合共有四种情况:

(1)AI组合。在这种情况下,只有一个词项即A命题的主项周延。这个唯一周延的项必须做中项,否则,就不能得出结论。其余三个不周延的项中有一个做小项,这样小项在前提中不周延。根据基本规则三,小项在结论中也不能周延,所以结论是特称的。

(2)AO组合。在这种情况下,有两个周延的项即A命题的主项和O命题的谓项。这两个周延的项,根据基本规则二,一个必须做中项,另一个必须做大项(根据基本规则五,结论否定,大项在结论中周延,根据基本规则三,大项在前提中也必须周延)。这样小项在前提中不能周延,根据基本规则三,小项在结论中也不能周延,所以结论是特称的。

(3)EI组合。在这种情况下,只有E命题的主项和谓项这两个项周延。根据基本规则二,中项必周延;又根据基本规则五,前提否定结论必否定,大项在结论中周延。因此按基本规则三要求大项在前提中必周延。这样,两个周延的项必须一个做中项,一个做大项,而剩下的两个项无论哪个做小项都是不周延,即结论总是特称的。

(4)EO组合。根据基本规则四,两个否定的前提不能得出结论。

三、三段论的格

三段论的格就是由中项在前提中的不同位置,所构成的不同三段论的形式。三段论的中项在两个前提中都出现,它在大前提中既可以是主项,也可以是谓项,在小前提中亦是如此,中项在前提中的位置不同,三段论的形式就不同。我们把这种由中项在前提中的不同位置所决定的三段论形式叫作三段论的格。

(一)三段论的格有哪些

中项在前提中的位置有四种,由此决定了三段论有四个格。

第一格:

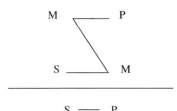

中项做大前提的主项和小前提的谓项。此格又称为完善格。

例如:　　凡绿色植物都能进行光合作用,

　　　　　　柳树是绿色植物,

　　　　　　所以,柳树能进行光合作用。

第二格:

中项同时做两个前提的谓项。此格又称为区别格。

例如:　　凡是参加本次会议的都有参评权,

　　　　　　他没有参评权,

　　　　　　所以,他没有参加本次会议。

第三格:

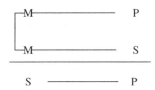

中项同时做两个前提的主项。此格又称为反驳格。

例如:　　《红楼梦》是优秀小说,

　　　　　　《红楼梦》是古典小说,

　　　　　　所以,有些古典小说是优秀小说。

第四格：

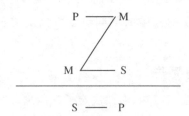

中项做大前提的谓项和小前提的主项。

例如：　　　　　所有的中学教师都是教师，

　　　　　　　所有的教师都是脑力劳动者，

　　　　　　所以,有的脑力劳动者是中学教师。

(二)各格的特殊规则

1.第一格的规则

1)小前提必肯定

证明：

(1)如果小前提否定,则大前提必肯定,因为两个否定的前提不能得出结论(基本规则四)。大前提肯定,则大项在前提中不周延。

(2)如果小前提否定,则结论否定,大项在结论中周延。如此,大项在前提中不周延,而在结论中周延,这就违反了基本规则三,犯了"大项不当周延"的错误。这种错误是由于小前提否定造成的。所以小前提必肯定。

2)大前提必全称

证明：

(1)小前提肯定,则中项在小前提中不周延。

(2)根据基本规则二"中项在前提中至少要周延一次",中项在大前提中必须周延。而在第一格中,中项是大前提的主项。所以,大前提必全称。

(3)结论可以是 A、E、I、O 四种命题。

当大小前提均为 A 命题时,结论可以是 A 命题;当大小前提分别为 E、A 命题时,结论可以是 E 命题;当大小前提分别为 A、I 命题时,结论是 I 命题;当大小前提分别为 E、I 命题时,结论是 O 命题。

2.第二格的规则

1)必有一个前提否定

在第二格中,中项在两个前提中都处于谓项的位置。根据基本规则二,中项在前提中要周延一次,而只有否定命题的谓项才周延。因此,第二格形式的有效三段论必有一个前提是否定,否则将犯中项不周延的错误。

2)大前提必全称

既然第二格形式的三段论必有一个前提否定,根据基本规则五,结论也必否定,因此大项在前提中必须周延。而大项在大前提中处于主项的位置,主项周延的命题是全称命题。所以第二格形式的三段论大前提必全称。

3)结论只能是否定命题

由于在第二格中必有一个前提否定,所以结论也只能是否定的。

3. 第三格的规则

1)小前提必肯定

同第一格形式的三段论一样,第三格三段论的大项在前提中处于谓项的位置,如果小前提否定,结论必否定,大项在结论中周延,这就要求它在前提中也周延,由此推出大前提也须否定,否则就要犯大项不当周延的错误。因此,当第三格三段论的小前提否定时,它或者要犯大项不当周延的错误,或者将因前提否定而不能推出结论。

2)结论必特称

在第三格形式中,小项处于小前提谓项的位置,既然小前提必肯定,作为肯定命题谓项,小项在前提中是不周延的,根据基本规则三,小项在结论中也不得周延。小项是结论的主项,主项不周延的命题是特称命题。所以第三格形式的三段论结论必特称。

4. 第四格的规则

(1)如果有一个否定前提,则大前提全称。

(2)如果大前提肯定,则小前提全称。

(3)如果小前提肯定,则结论特称。

(4)任何一个前提都不能是特称否定命题。

(5)结论不能是全称肯定命题。

以上四格规则,读者可作为练习自行证明。

四、三段论的式

三段论是由包含三个项的三个直言命题构成的,这些直言命题可以是任意的 A、E、I、O 四种形式的命题。A、E、I、O 四种命题通过前提和结论中的不同组合,构成了三段论的不同形式。所谓三段论的式,就是由 A、E、I、O 四种命题通过前提和结论中的不同组合所形成的三段论形式。

如：　　　　　所有的诗歌都是文学作品，(A)

　　　　　　　《再别康桥》是诗歌，(A)
　　　　　　─────────────────────
　　　　　　　所以,《再别康桥》是文学作品。(A)

这个三段论就是：AAA式。

由于在一个三段论中，大、小前提和结论都可能是 A、E、I、O 四种命题，因此，按照前提和结论的质、量不同排列，可能有：4×4×4＝64 种组合方式。

根据中项在前提中的不同位置，每个式的三段论可以是第一格，第二格，第三格或者第四格。三段论的可能式就有：64×4＝256 种。

在 256 个可能式中，绝大多数是无效式，如：EEE 式、OIO 式等。四个格共有 24 个有效式。

第一格：AAA　AII　　EAE　EIO　(AAI)　(EAO)

第二格：AEE　EAE　　EIO　AOO　(AEO)　(EAO)

第三格：AAI　AII　　EAO　EIO　IAI　　OAO

第四格：AAI　AEE　　EAO　EIO　IAI　　(AEO)

其中 5 个带括号的是弱式。弱式仍然是有效式，因为根据对当关系，全称命题真时，特称命题必真。

五、三段论的省略式

一个标准的三段论必须有大小前提和结论，缺一不可。但在日常思维活动中，这三个部分并不都被完全地表达出来。三段论的省略式就是指在语言表达中，省略了三段论中的某一个命题，只保留了两个命题。

(一)省略三段论的种类

1.省略大前提的三段论

例如：

这个推理是虚假的。所以,这个推理是无效的。

这就是一个省略了大前提的三段论。

2.省略小前提的三段论

例如：

这部电影不是优秀作品，因为优秀作品是思想性与艺术性相结合的作品。

这就是一个省略了小前提的三段论。

3.省略结论的三段论

例如：

我们必须坚持真理,而坚持真理必须旗帜鲜明。

这就是一个省略了结论的三段论。

在新闻写作中,工作人员往往采用省略结论的三段论来表述。一般来说,新闻是通过报道事实向读者阐明某种思想和观点,即所谓"用事实说话",作者的倾向性通过事实自然而然地显示出来,而不是特意将它指出来。即提供大前提和小前提,省略结论,主要起导向性的作用。

(二)省略三段论的恢复

在进行省略三段论的恢复时,首先要确定省略了哪一部分,省略形式的三段论并不意味着三段论的逻辑结构的减少,而仅仅是语言表达上的简练。对于一个正确的三段论来说,大小前提及结论这三个部分缺一不可,否则就不是三段论。因此,当我们具体分析一个省略形式的三段论时,第一步就是确定省略了哪一部分。

这里有两种方法可以遵循:一是看连接词,如有"所以""因此""可见""由此可知"等连接词,说明省略的是前提;如有"且""而"等连接词,说明省略的是结论。二是分析句子之间的语义关系,如果没有连接词就要分析句子之间的语义关系。如果两个句子之间是并列关系,省略的就是结论;如果两个句子之间是因果关系,说明省略的是前提。

接下来,根据结论确定大项和小项,然后再看被省略的是大前提还是小前提,最后把省略的部分恢复出来。前面的三个省略三段论我们恢复如下:

所有虚假的推理都是无效的,

<u>这个推理是虚假的,</u>

所以,这个推理是无效的。

优秀作品是思想性与艺术性相结合的作品,

<u>这部电影不是优秀作品,</u>

所以,这部电影不是思想性与艺术性相结合的作品。

坚持真理必须旗帜鲜明,

<u>我们必须坚持真理,</u>

所以,我们必须旗帜鲜明。

最后,用三段论的规则检验其是否有效。例如:

"石墨不是金属,怎么能导电呢?"

这个三段论显然是错的，把这个三段论补全了，就是：

所有金属都是导电的，
石墨不是金属，

石墨不能导电。

这就是一个错误的三段论，违反了基本规则三，"能导电"这个大项在大前提中是不周延的，但在结论中周延，犯了"大项不当周延"的错误。

在省略三段论中，这样的错误容易被掩盖。

在阅读和日常写作中，我们经常会应用到三段论。请阅读下面这个例子：

烛之武退秦师

晋侯、秦伯围郑，以其无礼于晋，且贰于楚也。晋军函陵，秦军氾南。

佚之狐言于郑伯曰："国危矣，若使烛之武见秦君，师必退。"公从之。辞曰："臣之壮也，犹不如人；今老矣，无能为也已。"公曰："吾不能早用子，今急而求子，是寡人之过也。然郑亡，子亦有不利焉！"许之。

夜缒而出，见秦伯，曰："秦、晋围郑，郑既知亡矣。若亡郑而有益于君，敢以烦执事。越国以鄙远，君知其难也，焉用亡郑以陪邻？邻之厚，君之薄也。若舍郑以为东道主，行李之往来，共其乏困，君亦无所害。且君尝为晋君赐矣，许君焦、瑕，朝济而夕设版焉，君之所知也。夫晋，何厌之有？既东封郑，又欲肆其西封，若不阙秦，将焉取之？阙秦以利晋，唯君图之。"秦伯说，与郑人盟。使杞子、逢孙、杨孙戍之，乃还。

子犯请击之。公曰："不可。微夫人之力不及此。因人之力而敝之，不仁；失其所与，不知；以乱易整，不武。吾其还也。"亦去之。

运用三段论分析该文本：

1.晋侯、秦伯围郑，以其无礼于晋，且贰于楚也

①郑国是对晋国无礼且从属二主的国家，所以郑国受到晋国的报复。

此为省略三段论。由"以其"一词可知，"以其"一词前后两个句子之间是因果关系，所以判断省略的部分为前提。又因为大项为"受到晋国报复"，小项为"郑国"，所以"郑国是对晋国无礼且从属二主的国家"是小前提，所以大前提被省略。恢复如下：

对晋国无礼且从属二主的国家会受到晋国的报复，
郑国是对晋国无礼且从属二主的国家，

所以，郑国受到晋国的报复。

在该三段论中，中项"对晋国无礼且从属二主的国家"既做大前提的主项，

又做小前提的谓项,所以属于完善格 AAA 式。

②秦是晋的盟友(历史背景),秦帮助晋围郑。

此为省略三段论。两个句子间是因果关系,所以判断省略的部分为前提。又因为大项为"帮助秦围郑",小项为"秦",所以"秦是晋的盟友"是小前提,所以大前提被省略。恢复如下:

晋的盟友会帮助晋围郑,

秦是晋的盟友,

所以,秦会帮助晋围郑。

在该三段论中,中项"晋的盟友"既做大前提的主项,又做小前提的谓项,所以属于完善格 AAA 式。

2. 臣之壮也,犹不如人;今老矣,无能为也已

烛之武是壮年不如人的人,所以烛之武老年也比不上别人。

此为省略三段论。两个句子间是因果关系,所以判断省略的部分为前提。又因为大项为"老年也比不上别人",小项为"烛之武",所以"烛之武是壮年不如人的人"是小前提,所以大前提被省略。恢复如下:

壮年不如人的人老年也比不上别人,

烛之武是壮年不如人的人,

所以,烛之武老年也比不上别人。

在该三段论中,中项"壮年不如人的人"既做大前提的主项,又做小前提的谓项,所以属于完善格 AAA 式。

3. 然郑亡,子亦有不利焉

烛之武是国家灭亡的国民,烛之武会有不利之处。

此为省略三段论。两个句子间是因果关系,所以判断省略的部分为前提。又因为大项为"会有不利之处",小项为"烛之武",所以"烛之武是国家灭亡的国民"是小前提,所以大前提被省略。恢复如下:

国家灭亡的国民会有不利之处,

烛之武是国家灭亡的国民,

所以,烛之武会有不利之处。

在该三段论中,中项"国家灭亡的国民"既做大前提的主项,又做小前提的谓项,所以属于完善格 AAA 式。

4. 原文本第三段(见引文)

秦国不会做利别国不利己的事,

亡郑是利别国不利己的事，

秦国不会亡郑。

在该三段论中，中项"利别国不利己的事"同时做两个前提的谓项，所以属于区别格 EAE 式。

5.公曰："因人之力而敝之，不仁；失其所与，不知；以乱易整，不武。吾其还也。"亦去之。

即，伤害助自己一臂之力的人是不仁义的，晋文公拒绝伤害助自己一臂之力的人。

此为省略三段论。两个句子间是并列关系，所以判断省略的部分为结论。恢复如下：

不仁义的人会伤害助自己一臂之力的人，

晋文公拒绝伤害助自己一臂之力的人，

所以，晋文公不是不仁义的人。

在该三段论中，中项"伤害助自己一臂之力的人"同时做两个前提的谓项，所以属于区别格 AEE 式。

利用三段论逻辑知识来提高文章书写的准确性与严谨性很有必要。因为写作是一个论证的过程，比如工作报告就是一个三段论式的写作。开头交代各方面工作的总情况；主体将工作的主要情况、主要做法，取得的经验、效果等分段加以表述；结尾得出结论并展望未来。在工作报告的写作中，要注意在语言运用上突出陈述性，把事情交代清楚，充分显示内容的真实性和材料的客观性。

第二节　选言推理在写作中的应用

选言推理是前提中有一个是选言命题，并且根据选言命题的逻辑性质进行推演的推理。换言之，选言推理就是根据析取词或选言命题的逻辑性质进行的复合命题推理。它主要有两种有效的推理形式。鉴于相容选言命题和不相容选言命题的逻辑性质不同，它们构成的选言推理也有所不同。

一、相容选言推理

相容选言推理是前提中有一个是相容选言命题，并且根据相容选言命题的逻辑性质进行的推理。它的推理有效式有以下几种。

(一)否定肯定式

相容选言推理的否定肯定式是在前提中否定相容选言前提的除一个以外的其他选言支,从而得出肯定剩下一个选言支的结论的推理形式。

这种推理的形式可表示为:

$$\frac{p 或者 q}{非 p(或非 q)}$$
$$\text{所以},q(或 p)$$

也可以用蕴涵式表示为:

$$(p \vee q) \wedge \neg p \rightarrow q$$
$$(p \vee q) \wedge \neg q \rightarrow p$$

从相容选言命题的真值表可以看出,当 $p \vee q$ 为真,并且 p 为假时,q 一定是真的;当 $p \vee q$ 为真,并且 q 为假时,p 一定是真的。所以,相容选言推理否定肯定式是有效的。例如:

$$\frac{\text{张三或者是教师,或者是律师,}}{\text{张三不是教师,}}$$
$$\text{所以,张三是律师。}$$

再如:

$$\frac{\text{作家或写小说,或撰诗歌,或著剧本,或写其他文学作品,}}{\text{作家王红不写剧本和诗歌,}}$$
$$\text{所以,王红一定写小说或其他文学作品。}$$

《三国演义》中诸葛亮为刘备献策用的就是选言命题中的否定肯定式:

今操已拥有百万之众,挟天子以令诸侯,此诚不可与争锋。孙权据有江东,已历三世,国险而民附,贤能为之用,此可以为援而不可图也。荆州北据汉、沔,利尽南海,东连吴会,西通巴、蜀,此用武之国,而主不能守,此殆天所以资将军,将军岂有意乎?

曹操在汀北、孙权在东吴,刘备到底要在哪里图谋立足?诸葛亮通过对各国进行分析,排除了曹操和孙权之地,选择了荆州。他认为只有在较弱的荆州才能够图谋立足和发展壮大。诸葛亮在这里用的就是选言排他法。

(二)析取附加式

相容选言推理的析取附加式是以任一命题为前提而得出以这个命题为一选言支,并附加另一选言支构成的选言命题为结论的推理形式。

这种推理的形式可表示为:

$$\frac{p}{所以,p 或者 q}$$

也可以把这种形式用蕴涵式表示为：

$$p \rightarrow p \vee q$$

例如：

$$\frac{文学类研究生应该多阅读原典,}{所以,文学类研究生应该多阅读原典,或者应该多涉猎文学理论。}$$

从相容选言命题的真值表可以看出,当 p 为真时,p∨q 一定是真的,所以,选言推理附加式是有效的推理。从上面所举的例子便可以看出,这种推理在日常生活中几乎没有用处,但这种推理形式却是有效的,在现代逻辑中是不可缺少的。

再如：

$$\frac{现实主义是文艺思潮,}{所以,现实主义或者浪漫主义是文艺思潮。}$$

从上面的阐述中,我们可以总结出相容选言推理的两条规则：

(1)否定一部分选言支,就要肯定另一部分选言支。

(2)肯定一部分选言支,不能否定另一部分选言支。

二、不相容选言推理

不相容选言推理是前提有一个是不相容选言命题,并且根据不相容选言命题的逻辑性质进行的推理。它的推理有效式有以下几种。

(一)否定肯定式

不相容选言推理的否定肯定式是在前提中否定不相容选言前提的除一个以外的其他选言支,从而得出肯定剩下一个选言支的结论的推理形式。

这种推理的形式可表示为：

$$\frac{p 要么 q}{非\ p(或非\ q)}{所以,q(或\ p)}$$

也可以用蕴涵式表示为：

$$(p \odot q) \wedge \neg p \rightarrow q$$

$$(p \odot q) \wedge \neg q \rightarrow p$$

从不相容选言命题的真值表可以看出,当 p⊙q 为真,并且 p 为假时,q 一定是真的,当 p⊙q 为真,并且 q 为假时,p 一定是真的。所以,不相容选言推理否定肯定式也是有效的。例如:

你要么战胜困难,要么被困难压倒,

你没有被困难压倒,
─────────────────
所以,你战胜了困难。

鲁迅先生在《文坛三户》中就用了否定肯定式的不相容选言推理。全文的逻辑框架如下:

使中国文学有起色的人,或为"破落户",或为"暴发户",或为"破落暴发户",或为三户之外的人。

"破落户""暴发户""破落暴发户"都不能使中国文学有起色,
────────────────────────────────
所以,使中国文学有起色的是在当今"文坛三户"之外的人。

(二)肯定否定式

不相容选言推理的肯定否定式是在前提中肯定不相容选言前提的除一个以外的其他选言支,从而得出否定剩下一个选言支的结论的推理形式。

这种推理的形式可表示为:

p 要么 q

q(或 p)
─────────
所以,非 p(或非 q)

也可以用蕴涵式表示为:

$(p \odot q) \wedge q \rightarrow \neg p$

$(p \odot q) \wedge p \rightarrow \neg q$

从不相容选言命题的真值表可以看出,当 p⊙q 为真,并且 p 为真时,q 一定是假的,当 p⊙q 为真,并且 q 为真时,p 一定是假的。所以,不相容选言推理肯定否定式是有效的。例如:

你要么战胜困难,要么被困难压倒,

你战胜了困难,
─────────────
所以,你没有被困难压倒。

在《华盖集续编》中,鲁迅写了这样一段话:

然而看看中国的一些人,至少是上等人,他们的对于神,宗教,传统的权威,是"信"和"从"呢,还是"怕"和"利用"?只要看他们的善于变化,毫无特操,是什么也不信从的,但总要摆出和内心两样的架子来。

这里就存在一个肯定否定式的不相容选言推理。上等人对于神,宗教,传统的权威的态度与其内心是两样的。

对于神,宗教,传统的权威,或是"信"和"从",或是"怕"和"利用",
"上等人"们是"信"和"从",
所以,"上等人"们不是"怕"和"利用"。

通过这样一个推理,上等人的"架子"被鲁迅先生深刻地揭露了出来。

但是,需要注意的是,肯定否定式对于相容选言推理却是一种无效的推理形式,这种推理之所以无效,可以从相容选言命题的真值表中看出来。当 p∨q 为真并且 p 为真时,q 可真可假。因此从 p∨q 和 p,不能必然推出¬q;同理,从 p∨q 和 q 也不能必然推出¬p。例如:

某甲犯错误或是立场原因或是认识原因,
某甲犯错误是认识原因,
所以,某甲犯错误不是立场原因。

从上面的阐述中,我们可以总结出不相容选言推理的两条规则:

(1)否定一部分选言支,就要肯定另一部分选言支。

(2)肯定一部分选言支,就要否定另一部分选言支。

下面两个联言选言变换式,在日常思考中经常被用到,请谨记:

$$\neg(p \wedge q) \leftrightarrow (\neg p \vee \neg q)$$
$$\neg(p \vee q) \leftrightarrow (\neg p \wedge \neg q)$$

第三节 假言推理在写作中的应用

假言推理是以假言命题为大前提,并根据假言命题的逻辑特性进行的推理。这种推理的一个前提为假言命题,另一个前提和结论为直言命题。

一、假言推理的种类

假言命题有三种,相对应的假言推理也有三种:充分条件假言推理、必要条件假言推理和充分必要条件假言推理。

(一)充分条件假言推理

充分条件假言推理是以充分条件假言命题为大前提,并根据充分条件假言命题的逻辑特性进行的假言推理。

第三章 推理在写作中的应用

充分条件假言命题的逻辑特性是有前件就一定有后件,没有后件就一定没有前件。所以如果我们已经知道前件真,就可以推知后件真;如果已知后件假,就可以推知前件假。这样充分条件假言推理就有两个正确的式。

(1)肯定前件式是小前提肯定前件,结论肯定后件的形式。例如:

如果违反政策法令,那么就要受到惩罚。

他违法了政策法令,

所以,他要受到惩罚。

其逻辑形式为:

$$p \to q$$
$$\underline{p}$$
$$所以,q$$

再以《笑笑录》中的笑话《避忌》为例:

一人多避忌,家有庆贺,一切尚红,客有乘白马者,不令入厩。有少年善谐谑,以朱涂面而往,主人讶之,生曰:"知翁恶素,不敢以白面取罪也。"满座大笑,主人愧而改之。

在这里,多避忌的主人为了不让客人的白马进入马厩,做了这样一个推理:

如非红,则不让进。

客人之马非红,

所以,不令入马厩。

如上推理,在小前提中肯定大前提的前件"如非红",在结论中肯定大前提中的后件"不让进",这就是一个肯定前件式的充分条件假言推理。因此,在写作中若要运用这样的推理方式,则要注意,肯定了前件,结论一定要肯定后件。

(2)否定后件式是小前提否定后件,结论否定前件的形式。例如:

如果违反政策法令,那么就要受到惩罚。

他没有受到惩罚,

所以,他没有违反政策法令。

其逻辑形式为:

$$p \to q$$
$$\underline{\neg q}$$
$$所以,\neg p$$

上面讲过《避忌》的例子,里面还存在一个充分条件假言推理"善谐谑"的少年故意"以朱涂面而往",他运用的就是否定后件式的推理:

如非红,则不让进。
<u>客要进,</u>
所以,"以朱涂面"而进。

如上推理,在小前提中否定大前提的后件"不让进",在结论中否定大前提中的前件"如非红",这就是一个否定后件式的充分条件假言推理。因此,在写作中若要运用这样的推理方式,则要注意,否定了后件,结论一定要否定前件。

充分条件假言推理的规则是:

①肯定前件必然肯定后件;否定后件必然否定前件。

②否定前件不能否定后件;肯定后件不能肯定前件。

在写作中要注意不要违反充分条件假言推理的规则,避免推出错误结论,例如:

只要投身于火热的改革中去,就能获得关于改革的丰富知识。他是高位截肢、久卧病榻的病人,能相信他的鬼谈吗?

在上面、这段话中,"能相信他的鬼谈吗"可以理解为"他没有改革的丰富知识",这样就得出一个推理形式:

只要投身于火热的改革中去,就能获得关于改革的丰富知识。
<u>他没有投身于火热的改革中,</u>
他没有获得关于改革的丰富知识。

关于知识的来源,一方面是从实践间接获取,另一方面是从书本直接获得。因此,不能说他没投身于火热的改革中,他就没有获得关于改革的丰富知识。该推理结果是不符合实际的,其违反了充分条件假言推理关于"否定前件不能否定后件"的规则。

(二)必要条件假言推理

必要条件假言推理是以必要条件假言命题为大前提,并根据必要条件假言命题的逻辑特征进行的推理。

必要条件命题的逻辑特性是:没有前件,就一定没有后件;有后件就一定有前件。所以,如果我们已知前件假,就可以推知后件假;如果已知后件真,就可推知前件真。这样必要条件假言推理就有两个正确的式。

(1)否定前件式是小前提否定前件,结论否定后件的形式。例如:

只有目标正确,才能结果圆满。

$$\frac{他没有目标正确,}{所以,他没有结果圆满。}$$

再如:

作家只有深入生活,才能写出优秀作品。

$$\frac{他写出了优秀作品,}{所以,他必定深入了生活。}$$

其逻辑形式为:

$$\frac{p \leftarrow q}{\neg p}$$
$$\overline{所以,\neg q}$$

(2)肯定后件式是小前提肯定后件,结论肯定前件的形式。例如:

只有目标正确,才能结果圆满。

$$\frac{他结果圆满,}{所以,他目标正确。}$$

再如:

只有控制人口增长,才能解决资源短缺的问题。

$$\frac{该国家解决了这一时期资源短缺的问题,}{所以,该国家这一时期控制了人口增长。}$$

其逻辑形式为:

$$\frac{p \leftarrow q}{q}$$
$$\overline{所以,p}$$

必要条件假言推理的规则是:

①否定前件,必然否定后件;肯定后件,必然肯定前件。

②肯定前件,不能肯定后件;否定后件,不能否定前件。

在文章写作中,若要运用假言推理,要注意辨别大前提是充分条件还是必要条件,由于充分条件假言推理和必要条件假言推理的规则是相反的,因此当混淆了充分条件和必要条件时,很容易造成文章逻辑错误。例如《人民日报》1981年12月13日《育才不能忽视小事情》一文中这样写:

我国历史上的民族英雄戚继光小时候,他父亲戚景通对他十分钟爱,对他的期望也很大,因此,对他的教育是非常严格的。……正是由于家教严格,戚继光长大后成为一名震惊中外的军事帅才。

由上例我们可以得出这样一个推理：

只有家教严格，长大后才能成为帅才。
戚继光家教严格，
所以，他后来成为军事帅才。

这明显是一个逻辑错误的假言推理，戚继光能成为军事帅才还与自身条件、自身努力程度等有关系。这里将"家教严格"看成了"长大后成为帅才"的充分条件，但其实是必要条件，误以肯定前件式进行必要条件假言推理，因此犯了逻辑错误。

(三)充分必要条件假言推理

充分必要条件假言推理是以充分必要条件假言命题为大前提，并根据充分必要条件假言命题的逻辑特征进行的推理。

充分必要条件假言命题的逻辑特征是，有前件就一定有后件，没有前件就一定没有后件，有后件就一定有前件，没有后件就一定没有前件。这样，它就有四个正确的式。

(1)肯定前件式是小前提肯定前件，结论肯定后件的形式。例如：

当且仅当一个三角形是等边的，它才是等角的。
这个三角形是等边的，
所以，它是等角的。

其逻辑形式为：

$$p \leftrightarrow q$$
$$p$$
所以，q

(2)否定前件式是小前提否定前件，结论否定后件的形式。例如：

当且仅当一个三角形是等边的，它才是等角的。
这个三角形不是等边的，
所以，它不是等角的。

其逻辑形式为：

$$p \leftrightarrow q$$
$$\neg p$$
所以，$\neg q$

(3)肯定后件式是小前提肯定后件，结论肯定前件的形式。例如：

当且仅当一个三角形是等边的,它才是等角的。

$$\frac{\text{这个三角形是等角的,}}{\text{所以,它是等边的。}}$$

其逻辑形式为:

$$\frac{p \leftrightarrow q}{q}$$
$$\overline{\text{所以},p}$$

(4)否定后件式是小前提否定后件,结论否定前件的形式。例如:

当且仅当一个三角形是等边的,它才是等角的。

$$\frac{\text{这个三角形不是等角的,}}{\text{所以,它不是等边的。}}$$

其逻辑形式为:

$$\frac{p \leftrightarrow q}{\neg q}$$
$$\overline{\text{所以},\neg p}$$

充分必要条件假言推理的规则是:

(1)肯定前件,就要肯定后件;否定前件,就要否定后件。

(2)肯定后件,就要肯定前件;否定后件,就要否定前件。

二、假言变形推理

假言变形推理是以一个假言命题作前提,根据假言命题的逻辑性质而得到新的假言命题作结论的假言命题。

(一)假言易位推理

假言易位推理是通过变换前提中假言命题前后件的位置,而不改变它们的真值,去推出一个假言命题作结论的推理,其由假言命题的逻辑性质决定,假言易位推理主要有以下几种。

1.充分条件假言易位推理:通过变换充分条件假言命题前后件的位置,推出一个新的必要条件假言命题的推理

例如:

$$\frac{\text{如果王华被大学录取,那么他高考分数达到最低分数线。}}{\text{所以,只有王华高考分数达到最低分数线,他才能被大学录取。}}$$

其公式为:

$$\frac{如果 p,那么 q}{所以,只有 q,才 p}$$

或者表达成:

$$(p \rightarrow q) \rightarrow (q \leftarrow p)$$

2.必要条件假言易位推理:其前提是必要条件假言命题,结论是将前提的前后件易位的充分条件假言命题

例如:

$$\frac{只有气温低于 0℃,湖面才会结冰。}{所以,如果湖面结冰,那么气温一定低于 0℃。}$$

其公式为:

$$\frac{只有 p,才 q}{所以,如果 q,那么 p}$$

或者表达成:

$$(p \leftarrow q) \rightarrow (q \rightarrow p)$$

假言易位推理的规则是:

(1)对调假言前提前、后件的位置。

(2)改变假言前提的逻辑联结项:如果前提是充分条件假言判断的联结项,那么结论改变为必要条件假言判断的联结项;如果前提是必要条件假言判断的联结项,那么结论改变为充分条件假言判断的联结项。

(二)假言换质推理

假言换质推理是只改变假言判断前、后件的真值,而不改变它们的位置的假言直接推理。假言换质推理主要有以下两种。

1.充分条件假言换质推理

例如:

$$\frac{如果甲是作案人,那么他就有作案时间。}{所以,只有甲不是作案人,他才没有作案时间。}$$

其公式为:

$$\frac{如果 p,那么 q}{所以,只有非 p,才非 q}$$

或者表达成:

$$(q \rightarrow p) \rightarrow (\neg p \leftarrow \neg q)$$

2.必要条件假言换质推理

例如:

只有达到入职标准,才会获得工作的机会。
所以,如果没有达到入职标准,就不会获得工作的机会。

其公式为:

只有 p,才 q
所以,如果非 p,那么非 q

或者表达成:

$(p \leftarrow q) \rightarrow (\neg p \rightarrow \neg q)$

假言换质推理的规则是:
(1)改变假言前提前、后件的真值。
(2)改变假言前提的逻辑联结项。如果前提是充分条件假言判断的联结项,那么结论改变为必要条件假言判断的联结项;如果前提是必要条件假言判断的联结项,那么结论改变为充分条件假言判断的联结项。

(三)假言易位换质推理

假言易位换质推理是既改变假言判断前、后件的位置,又改变它们的真值的假言直接推理。假言易位换质推理主要有以下两种。

1.充分条件假言易位换质推理

例如:

如果经常锻炼身体,那么身体就会健康。
所以,如果一个人身体不健康,那么他不经常锻炼身体。

其公式为:

如果 p,那么 q
所以,如果非 q,那么非 p

或者表达成:

$(p \rightarrow q) \rightarrow (\neg q \rightarrow \neg p)$

2.必要条件假言易位换质推理

例如:

只有年满 18 岁,才有选举权。
所以,没有选举权,必然没有 18 岁。

其公式为:

$$\frac{只有 p,才 q}{所以,非 q,非 p}$$

或者表达成：

$$(p \leftarrow q) \rightarrow (\neg q \leftarrow \neg p)$$

假言易位换质推理的规则是：

(1)对调假言前提前、后件的位置。

(2)改变假言前提前、后件的真值。

三、假言连锁推理

假言连锁推理是由两个或两个以上假言命题作前提,推出一个假言命题作结论的推理。它的特点是：在前提中,前一个假言命题的后件和后一个假言命题的前件相同,它是由几个假言命题联结而推出结论的。它包括充分条件假言连锁推理和必要条件假言连锁推理。

(一)充分条件假言连锁推理

充分条件假言连锁推理是以充分条件假言命题作前提和结论的假言连锁推理。例如《论语·学路》篇这样写道：

$$\frac{\begin{array}{l}名不正,则言不顺,\\ 言不顺,则事不成,\\ 事不成,则礼乐不兴,\\ 礼乐不兴,则刑罚不中,\\ 刑罚不中,则民无所措手足,\end{array}}{所以,名不正,则民无所措手足。}$$

该充分条件假言连锁推理是由五个充分条件假言命题作为前提的,最后结论也是充分条件假言命题。

充分条件假言连锁推理的有效式有两种：肯定式和否定式。

1.肯定式

肯定式即肯定第一个前提的前件,从而肯定后一个前提的后件的形式。例如：

$$\frac{\begin{array}{l}如果产品质量好,那么产品销路好,\\ 如果产品销路好,那么企业收益好,\end{array}}{所以,如果产品质量好,那么企业收益好。}$$

其公式为:

$$\frac{\text{如果 } p, \text{则 } q}{\text{如果 } q, \text{则 } r}$$
$$\text{所以,如果 } P, \text{则 } r$$

或者表达为:

$$[(p \to q) \land (q \to r)] \to (p \to r)$$

2. 否定式

否定式即否定后一个前提的后件,从而否定前一个前提的前件的形式。例如:

> 如果没有丰富的情感积累,那么是写不出好文章的。
> 如果没有丰富的经历,那么就没有丰富的情感积累。
> 所以,如果他写出了好文章,那么他有丰富的经历。

其公式为:

$$\frac{\text{如果 } p, \text{则 } q}{\text{如果 } q, \text{则 } r}$$
$$\text{所以,如果非 } r, \text{则非 } p$$

或者表达为:

$$[(p \to q) \land (q \to r)] \to (\neg r \to \neg p)$$

(二) 必然条件假言连锁推理

必然条件假言连锁推理是以必然条件假言命题作前提的假言连锁推理。其有效式有两种。

1. 肯定式

肯定式即肯定最后一个前提的后件,从而肯定第一个前提的前件的形式。例如:

> 只有制定保护珍稀动物的法律,才能保证没有人任意捕杀珍稀动物。
> 只有保证没有人任意捕杀珍稀动物,才能维持生态平衡。
> 所以,如果制定保护珍稀动物的法律,就能维持生态平衡。

其公式为:

$$\frac{\text{只有 } p, \text{才 } q}{\text{只有 } q, \text{才 } r}$$
$$\text{所以,如果 } p, \text{则 } r$$

或者表达为：

$$[(p\leftarrow q) \wedge (q\leftarrow r)] \rightarrow (p\rightarrow r)$$

2.否定式

否定式即否定第一个前提的前件，从而否定最后一个前提的后件的形式。例如：

只有坚持中国共产党的领导，才能实现中华民族伟大复兴，

只有实现中华民族伟大复兴，才能真正实现中国梦，

所以，如果不坚持中国共产党的领导，就不能真正实现中国梦。

其公式为：

只有 p，才 q

只有 q，才 r

所以，如果非 p，则非 r

或者表达为：

$$[(p\leftarrow q) \wedge (q\leftarrow r)] \rightarrow (\neg p \rightarrow \neg r)$$

第四节 二难推理在写作中的应用

所谓二难推理是依据假言命题和选言命题的逻辑性质进行的复合命题推理。它通常是由两个假言命题和一个选言命题作为前提而推出结论的。其结论可以是直言判断，也可以是选言判断。由于这种推理常在辩论中使对方对选择的每一种可能情况都难以接受，陷于"进退两难"的境地，因而又称为二难推理。例如，东方朔偷饮了汉武帝求得的仙酒，据说饮了仙酒能够长生不老，汉武帝要杀他，他说："如果这酒真能使人不死，那么你就杀不死我；如果这酒不能使人不死（你能杀得死我），那么它就没有什么用处；这酒或者能使人不死，或者不能使人不死；所以你或者杀不死我，或者不必杀我。"汉武帝认为他说得有理，就放了他。在这里，东方朔就是通过构造二难推理躲过了杀身之祸。

一、二难推理的推理形式

本节研究的二难推理主要有构成式和破坏式两种有效的推理形式。

(一)二难推理的构成式

假言选言推理的构成式是以选言前提的两个选言支分别肯定两个假言前

提的前件,从而得出肯定这两个假言前提的后件的结论的推理形式,它包括简单构成式和复杂构成式。

1. 简单构成式

简单构成式可表示为:

$$\frac{\begin{array}{l}\text{如果 }p,\text{那么 }r\\ \text{如果 }q,\text{那么 }r\\ p\text{ 或者 }q\end{array}}{\text{所以},r}$$

用蕴涵式表示为:

$$(p\rightarrow r)\wedge(q\rightarrow r)\wedge(p\vee q)\rightarrow r$$

例如:

如果上帝不能创造出自己搬不动的石头,那么它不是万能的,

如果上帝能创造出连自己都搬不动的石头,它也不是万能的,

$$\frac{\text{或者上帝不能创造出自己搬不动的石头,或者能,}}{\text{所以,上帝都不是万能的。}}$$

对于"上帝能否创造出一块连他自己也搬不动的石头"这个问题,不管你回答"能"或者"不能",都能证明上帝不是万能的。

这种推理的两个假言命题的前件不同,后件相同,结论中肯定两个假言命题相同的后件,这样的构成式可称为二难推理的简单构成式。

再如下面一个小故事:

春秋时期,齐国的国君齐景公,有一天长了一身疥疮,又痒又痛,很不好受。他派人去向天帝祈祷,没有见好,就怪罪于祈祷的人,想把他杀掉。齐国的大夫晏子听到这个消息后,对齐景公说:"你以为向天帝祈祷真的有用吗?如果天帝真有灵,你的过错就瞒不过他,说好话也没有用。如果天帝没有灵,向他祈祷又有什么用呢?"齐景公听了晏子这番话,就把那人给放了。

在这里,晏子用了一个二难推埋的简单构成式说服齐景公:

如果天帝有灵,派人去说好话是没有用的(因你的过错瞒不过他),

如果天帝没有灵,派人去说好话也是没有用的,

$$\frac{\text{天帝或者有灵,或者没有灵,}}{\text{所以,于结果都是没有用的。}}$$

既然"派人去说好话是没有用的",那被派去祈祷的人就是无罪的了。既然无罪,那就应该把祈祷的人放了。

许多文艺作品中,亦有这样一个悖论:"你是人还是东西。"这就是两种选择互相排斥的选言命题,因为对一个选言支的肯定必然要对另一个选言支否定。任何人在被问及这一问题的时候一旦肯定一个选言支,如"我是人",就意味着要否定另一个选言支,即"我不是东西"。反之亦然,这种两难的回答形成一个逻辑悖论。

2.复杂构成式

有一种推理,它的两个假言命题的前后件都不同,那么结论就是一个选言命题。这种推理形式被称为二难推理的复杂构成式。

复杂构成式可表示为:

$$
\begin{aligned}
&如果p,那么r \\
&如果q,那么s \\
&\underline{或者p,或者q} \\
&所以,或者r,或者s
\end{aligned}
$$

用蕴涵式表示为:

$$(p\to r)\land(q\to s)\land(p\lor q)\to(r\lor s)$$

从复合命题的逻辑特征可推知二难推理是一个有效的推理式。假定两个前提$(p\to r)\land(q\to s)$真,根据联言命题的逻辑特征可知$p\to r$和$q\to s$都真。由$p\lor q$真,根据相容选言命题逻辑特征可知:p和q至少有一个真。p和q分别是充分条件$p\to r$和$q\to s$的前件,根据充分条件假言命题的逻辑特征,前件真后件必真,因此p和q至少有一个真。由此根据析取式的逻辑特征可知:$r\lor s$必真。

例如:

$$
\begin{aligned}
&如果你说真话,那么富人恨你, \\
&如果你说假话,那么穷人恨你, \\
&\underline{或者你说真话,或者你说假话,} \\
&总之,一定有人恨你。
\end{aligned}
$$

(二)二难推理的破坏式

假言选言推理的破坏式是以选言为前提的两个选言支分别否定两个假言前提的后件,从而得出否定这两个假言前提前件的结论的推理形式。它也包括简单破坏式和复杂破坏式。

1.简单破坏式

简单破坏式可表示为:

$$如果\ p,那么\ r$$
$$如果\ p,那么\ s$$
$$\underline{非\ r\ 或者非\ s}$$
$$所以,非\ p$$

用蕴涵式表示为：

$$(p \to r) \wedge (p \to s) \wedge (\neg r \vee \neg s) \to \neg p$$

这种推理的两个假言命题的前件不同,后件相同,结论中否定两个假言命题相同的后件,这样的构成式可称为二难推理的简单破坏式。

例如下面父女的对话：

女儿："爸爸,给我买一架电子琴,好吗？"

父亲："买了电子琴,我还能在家安静地写书吗？"

女儿："我可以在你睡觉时再学弹呗！"

听了女儿的话,父亲就更不想给女儿买电子琴了。

因为这时在父亲头脑中形成了这样一个二难推理：

如果给女儿买了电子琴,那我就不能在家安静地写书,

如果给女儿买了电子琴,那我就不能在家安静地睡觉,

<u>我或者要在家安静地写书,或者要在家安静地睡觉,</u>

所以,我不能给女儿买电子琴。

2. 复杂破坏式

有一种推理的两个假言前提的前件不相同,其结论是一个选言命题。这种推理形式被称为二难推理的复杂破坏式。

复杂破坏式可表示为：

$$如果\ p,那么\ r$$
$$如果\ q,那么\ s$$
$$\underline{非\ r\ 或者非\ s}$$
$$所以,非\ p\ 或者非\ q$$

用蕴涵式表示为：

$$(p \to r) \wedge (q \to s) \wedge (\neg r \vee \neg s) \to (\neg p \vee \neg q)$$

例如：

如果是酸性溶液,则会使试纸变红,

如果是碱性溶液,则会使试纸变蓝,

该溶液或者没有使试纸变红,或者没有使试纸变蓝,
所以,该溶液或者不是酸性的,或者不是碱性的。

二难推理的复杂破坏式实际上是由两个假言推理否定后件式合成的。当前提都真时,由假言前提的两个后件的否定所构成的选言前提(非 r 或者非 s),其选言支至少有一个是真的。无论非 r 和非 s 哪一个为真,都可以根据假言推理的否定后件式得出否定假言前提件的结论。由于假言推理的否定后件式是有效的,因而二难推理的复杂破坏式也是有效的。

我们在这里再列出几个有名的二难推理,请读者分析,它们是哪种形式的二难推理:

(1)隋炀帝曾说:"我家墓田,若云不吉,我不当贵为天子;若云吉,我弟不应战死。"

(2)元朝姚燧写了一首这样的曲子反映边塞军人妻子的困境:"欲寄君衣君不还,不寄君衣君又寒,寄与不寄间,妾身千万难。"

(3)"嗟夫!予尝求古仁人之心,或异二者之为,何哉?不以物喜,不以己悲,居庙堂之高则忧其民,处江湖之远则忧其君。是进亦忧,退亦忧,然则何时而乐耶?其必曰'先天下之忧而忧,后天下之乐而乐'乎!噫!微斯人,吾谁与归?"(范仲淹《岳阳楼记》)

(4)传说古代伊斯兰教将领阿马,放火烧毁了亚历山大图书馆,只留下《古兰经》一书。部下对此做法感到不满。阿马知道后,极力为自己的焚书行为进行辩护。他说:"如果所焚的书内容跟《古兰经》相符合,那么这些书就是多余的;如果所焚之书内容跟《古兰经》不符合,那么这些书就是异端。所焚之书内容或者跟《古兰经》相符合,或者不符合,总而言之,或者是多余的,或者是要不得的。既然如此,烧掉又有什么可惜呢?"

二、二难推理的破解

二难推理在辩论中是非常有用的工具,然而生活中经常有人会错误地使用这种推理形式进行说理、论战。因此要对这些错误的二难推理进行破解,这里提出两个方法:构造反二难推理和摆脱两难困境。

(一)构造反二难推理

所谓构造反二难推理,就是承认选言的小前提,但要改变大前提,从而引出矛盾的结论,使对方处于同样的二难困境。著名的"半费之讼"就是使用构造反二难推理的形式去破解原来的二难推理。

第三章 推理在写作中的应用

普罗泰格拉是古希腊著名的诡辩学派的哲学家。有一天,他招收了一个名叫欧提勒士的学生,传授诉讼和辩护的方法。

"欧提勒士,你的学费可以分两期支付,一半学费在入学时支付,另一半学费可以在你学成以后当了律师,并第一次出庭胜诉后再交付,你同意吗?"普罗泰格拉为了显示自己收费合理,就采用两次收款的方法,他自信自己教出来的学生学成后一定能当上律师,第一次出庭一定胜诉。

欧提勒士同意老师的意见,两个人签订了合同。很快,欧提勒士就学完了全部课程,一年之后,他毕业了。

普罗泰格拉一直等着欧提勒士交付另一半学费。但是,怎料到欧提勒士根本不把合同放在心上,学成后一直不肯出庭替人家打官司。普罗泰格拉忍无可忍,决定向法庭起诉,他对欧提勒士说:

"如果你在我们的案件中胜诉,你就应该按照合同规定支付学费,因为这是你第一次出庭,并取得胜诉;如果你败诉,那么你就必须依照法院的判决付给我学费,总之,不管你胜诉还是败诉,你都得付给我学费。"

欧提勒士听罢之后,考虑了片刻,回答说:"老师,你错了,恰恰相反,如果你要同我打官司,我无论是胜诉还是败诉,我都用不着付给你学费。因为如果我胜诉了,那么根据法庭的判决,我当然不用付学费;如果我败诉了,那么我也用不着付学费,因为我们的合同中讲明我第一次出庭胜诉才付学费的呀!"

在这里,我们看到,同一个契约并且同一个法庭,学生和老师运用相同的推理形式却推出了相互否定的结论。

普罗泰格拉的推理如下:

假若我打赢这官司,根据判决你要付另一半学费,

假若我输了这官司,根据契约你也要付另一半学费,

或者我赢了这官司,或者我输了这官司,

所以,你都要付另一半学费。

欧提勒士的推理如下:

假若我打赢这官司,根据判决我不该付另一半学费,

假若我输了这官司,根据契约我也不该付另一半学费,

或者我赢了这官司,或者我输了这官司,

所以,我都不该付另一半学费。

欧提勒士在这里提出的反诉是有效的,其内在的逻辑依据是:如果普罗泰格拉那样的推论有效,则欧提勒士的推论也有效;如果欧提勒士的推论无效,则

普罗泰格拉的推论也无效。但是,这并不意味着普罗泰格拉的立论是正确的。普罗泰格拉利用双重标准讲歪理,欧提勒士则利用双重标准反驳歪理,论证的立场不同,从而决定普罗泰格拉做了一个不正确的推论,欧提勒士则做了一个有效的反驳。

当然,他们的推理形式是有效的,两个推理都是二难推理的正确案例,问题只能出在前提上。实际上关于学费的这个契约是有问题的,它忽略了一种情况,即第一次出庭的当事人正是签订契约的当事人。由此这个契约一定会导致这样的结局。

(二)摆脱两难困境

二难推理的主要特征是通过小前提所提供的非此即彼或亦此亦彼的选择而体现出来的,因而,如果能突破小前提的限制,就能摆脱不利的结论。这就叫作摆脱进退维谷的二难困境。

突破小前提的限制主要有以下两种方法:

一是指出在p或者q这两个选言支以外,还有第三种选言支的情况存在,这样便突破了小前提的限制。

例如这样一个二难推理:

"兼爱"思想属于墨家思想。

"非攻"思想属于墨家思想。

某思想或者不是"兼爱"思想,或者不是"非攻"思想,

所以,此思想不属于墨家思想。

然而事实上,"尚贤""节用"等思想都属于墨家思想,因此这个二难选择不能成立。这里就是通过找到第三种乃至更多选言支的情况存在,突破小前提的限制来破解错误的二难推理。

二是指出p或者q进行选择的一个无法满足的先决条件,由于这个先决条件的无法满足而突破小前提的限制。

例如,《伊索寓言》中有这样一个故事:伊索的主人酒醉狂言,发誓要喝干大海,并以他的全部财产和管辖的奴隶做赌注。次日醒来,主人发觉失言,但全城的人都早已得知此事。这时主人陷入以下的二难困境:

如果实现诺言,就要喝干大海。

如果不实现诺言,就会失信于人。

或者实现诺言,或者不实现诺言,

所以,或者喝干大海,或者失信于人。

第三章 推理在写作中的应用

面对这个二难困境,主人听从了伊索的计策,到海边对围观的人说:"不错,我要喝干大海,但是现在千百万条江河不停地流入大海,谁能把河水与海水分开,我保证喝干大海。"伊索为主人指出了进行二难选择的先决条件,即把河水与海水分开,由于这个条件无法满足,因而破解了二难困境。

思考:下文这些逻辑悖论是否属于二难推理?

1. 谎言者悖论

公元前六世纪,哲学家克利特人艾皮米尼地斯:"所有克利特人都说谎,他们中间的一个诗人这么说。"这就是这个著名悖论的来源。

2. 书目悖论

一个图书馆编纂了一本书名词典,它列出这个图书馆里所有不列出自己书名的书。那么它列不列出自己的书名?

3. 集合论悖论

R是所有不包含自身集合的集合。

人们同样会问:"R包含不包含R自身?"如果不包含,由R的定义可知,R应属于R。如果R包含自身的话,R又不属于R。

4. 苏格拉底悖论

有"西方孔子"之称的雅典人苏格拉底是古希腊的大哲学家,曾经与普洛特哥拉斯、哥吉斯等著名诡辩家相对。他建立"定义"以对付诡辩派混淆的修辞,从而勘落了百家的杂说。但是他的道德观念不为希腊人所容,在普洛特哥拉斯被驱逐、书被焚十二年以后,苏格拉底也被处以死刑,但是他的学说得到了柏拉图和亚里士多德的继承。

苏格拉底有一句名言:"我只知道一件事,那就是什么都不知道。"

5. 言尽悖——《庄子·齐物论》

6. 世界上没有绝对的真理。

思考题

1. 请根据本节所学的推理形式,分析自己感兴趣的任一文本。
2. 请分析形式逻辑在写作中的优势和局限性。

中 编

非形式逻辑基本要素在写作中的应用

第四章
因果关系与写作素材的运用

原因和结果是揭示客观世界中普遍联系着的事物先后相继、彼此制约的一对范畴。所谓"物有本末,事有始终",辩证的因果规律决定了客观世界中任何现象和事物之间都有必然的因果性。它是对自然界和社会领域中普遍存在的一种必然联系的哲学的概括和反映。原因是指引起一定现象的现象,结果是指由于原因的作用而引起的现象。

休谟说:"一切关于事实的推理,看来都是建立在因果关系上面的。只要依照这种关系来推理,我们便能超出我们的记忆和感觉的证据以外。"凭借因果推理,人们追溯过去、预测未来。因果推理包括两个方向:一是从结果到原因,由观察到的一些现象,追溯导致它发生的原因,从而对现象进行解释;二是从原因到结果,从现有的事物状态,预测可能出现的结果。

第一,先具体来看因果联系的定义。

因果关系是一种普遍的、客观的联系,是世界万物之间普遍存在的一种联系。科学研究的一个重要任务就是要把握事物之间的因果关系,以便掌握事物发生、发展的规律。而任何一种现象的出现都必然存在其产生的原因,同时又存在其产生的结果。无因之果或无果之因是根本不存在的。

原始社会,人类对因果关系的认定,往往带有偏差。例如,给孩子吃了有毒的红色果子,孩子死掉了。这两个现象之间是可以有因果关系的。但是吃了敌人的心脏,战士就会变得强大。这两个现象之间并无因果关系,这两个现象之间的主观因果,被视为"物神崇拜"。

第二,再来看因果关系的特点。

因果关系具有以下几个特点,这些特点是探求因果关系逻辑方法的客观标准。

首先,原因和结果是前后相继的,原因先于结果,结果后于原因。这是因果关系在时间上的特征表现,也是最直观、最具体的特征表现。所以我们在寻找某一现象的原因时,一定要在先于它的现象中去寻找,寻找某一现象的结果时,一定要在后于它的现象中去寻找。因果关系虽然在时间上先后相继,但并非时间上先后相继的现象都有因果关系。例如白昼和黑夜,在时间上虽是先后相继的,但它们之间并不具有因果关系,它们都是地球自转和绕太阳旋转所引起的结果。因此,在探求因果关系时,如果只是根据两个现象在时间上是先后相继的,就做出它们之间具有因果关系的结论,就会犯"以先后为因果"的逻辑错误。再如,19世纪有一位英国改革家说,每一个勤劳的农夫,都至少拥有两头牛。那些没有牛的,通常是好吃懒做的人。因此,他的改革方式便是国家给每一个没有牛的农夫两头牛,这样整个国家就没有好吃懒做的人了。这位改革家也是明显犯了一个"以先后为因果"的逻辑错误。

其次,因果关系是确定的。因果关系的确定性从质的方面说,就是在同样的条件下,同样的原因会产生同样的结果。例如,在通常的大气压下,水的温度降到零度以下就会结冰。而且把纯水加热至一百摄氏度,它就必然会产生气化的结果。

最后,因果关系是复杂多样的。有一因一果、多因一果、合因一果、一因多果和多因多果等情形。例如,日光、二氧化碳和水是植物进行光合作用的条件,也是不可缺少的条件,这种情况叫作多因一果。忽视原因的多样性,在实践中会导致有害的后果。例如,一块地里的农作物生长不好的原因,可以是水分不足,可以是肥料太少,也可以是病虫害等。如果我们忽略了原因的多样性,只注意一种原因就会造成不可估量的损失。比如,只注意施肥料,那就必然会导致减产。因此,探求因果关系是一个复杂的认识过程。

我们来看刻舟求剑的例子:

楚人有涉江者,其剑自舟中坠于水,遽契其舟,曰:"是吾剑之所从坠。"舟止,从其所契者入水求之。舟已行矣,而剑不行,求剑若此,不亦惑乎!

——节选自《吕氏春秋·察今》

楚人涉江者认为剑是在这一个位置掉的,因此只要在该位置做上记号就能找到。而舟已行,楚人没有考虑到这一层的原因。他只看到了表层原因,而忽视了事件发生的本质原因。因此他再也找不到丢失的剑了。

因果关系是人们认识客观事物的一个重要方面,但因果关系的认识却是一个很复杂的过程,那么究竟如何把握这种关系呢?近代英国逻辑学家穆勒提出了五种探求因果关系的方法,这五种方法是一些比较简单的,但又具有一般性的方法。这五种方法是:求同法、求异法、求同求异并用法、共变法、剩余法。逻辑史上称之为"穆勒五法"。

第一节　求同法

求同法是寻找不同对象的相同侧面的共性,用以说明某个主题。它等同于缺乏检验手段的开放式问卷,更加靠近定量调查。因此,求同法这种探求因果关系的方法被广泛应用于调研报告写作中。

一、求同法概述

求同法又称契合法。它的内容是如果在被研究的那类现象出现的几个场合中,其他有关情况都不相同,只有一个情况是相同的,那就得出结论:这个唯一相同的情况与被研究的那类现象之间有因果联系。

《中华护理学辞典》定义求同法时,使用了这样的方法:"指异中求同,求同除异,即在错综复杂的不同情况下,排除不相干的因素,找出共同的因素,确定与被考察现象的因果联系。例如,通过研究各种身体结实健康的人,他们来自不同的职业,有工人、公务员、教师、企业白领……但他们有一个共同点,那就是每天坚持不懈地运动。这样运动与身体结实健康之间就有因果联系。"

类似的例子还有,在 19 世纪,人们还不知道为什么有的人的甲状腺会肿大,后来人们对甲状腺肿大盛行的地区进行调查和比较时发现,这些地区的人口、气候、风俗等状况各不相同,然而有一个共同情况,即土壤和水流中缺碘,居民的食物和水中也缺碘,由此得出结论:缺碘是引起甲状腺肿大的原因。

再如,在一起中毒案件中,王姓食客发生呕吐、昏迷现象,李姓食客发生呕吐、昏迷现象,刘姓、赵姓等食客也发生了同样的情况。侦查人员在寻找呕吐、昏迷的原因时发现,中毒者的年龄、性别、健康等情况都不同,但是有一个情况是相同的,就是在同一家食堂用餐。侦查人员由此推断:该食堂的食物有可能是引起中毒者呕吐、昏迷的原因。后来,经过专业人员的化验检查,证实了侦查人员的推断。侦查人员在这里运用的就是求同法。

还有人做过一个十分有趣的统计:过去几百年间流传至今的 466 幅圣母玛利亚的画像中,有 373 幅里的耶稣是在左边吮吸圣母的乳汁的。373 幅这个数量占全部被统计画幅数量的 80%。艺术是生活的升华,如果稍微注意的话,大家就会发现,大多数母亲喂奶时,也是把婴儿抱在自己的左边。为什么会这样?为此,心理学家做了这样的实验:让一些婴儿间断地听每分钟 72 次心跳录音。结果发现,这些婴儿在不听录音时啼哭时间是全天的 60%,而在听录音时,就比较安静,啼哭的时间降至全天的38%。在这个实验中,心理学家运用的就是求同法,通过实验证明听到母亲的心跳声对婴儿有某种抚慰的作用。

求同法可表示如下:

场合	有关情况	被研究现象
(1)	A、B、C	a
(2)	A、D、E	a
(3)	A、G、F	a

所以,A与a之间有因果联系。

求同法的特点是"异中求同",即在各种不同的情况中寻求唯一相同的情况。由于事物的相关因素往往是复杂的,很可能表面相同而实非相同,或表面相异而实非相异。而且,求同法没有考察所有场合,也没有考察各个场合中所有的情况。所以,求同法得出的结论是或然的。

二、求同法可靠性的提高方法

要提高求同法结论的可靠性,就要注意以下两点。

第一,各种场合是否还有其他的共同情况。人们在运用求同法时,往往忽略了不同情况中隐藏着另一个共同情况,而这个比较隐蔽的共同情况又恰好是被研究现象的真正原因。例如,某农户饲养的羊一直在室内,有一天下午,他将羊拴在外面喂养,并在饲料中加了鲜草,羊奶的产量第二天就增加了。第二天下午他同样将羊拴在外面,并在饲料中加了玉米,羊奶的产量又增加了。第三天他同样把羊拴在外面,并增加了饲料的量,羊奶产量又增加了。于是,农户认为在外面喂养羊会增加羊奶的产量,但事实是因为增加了饲料的量,羊奶的产量才增加了。

第二,要尽量增加可比较的场合。进行比较的场合越多,结论的可靠程度就越高,如果比较的机会少了,往往可能有一个不相干的现象恰好是它们共有的,人们便会产生误解。随着观察场合的增多,各场合共有一个不相关现象的可能性便会随之减少。例如,把自己的生死福祸归于无所不在、无所不能、无所不为的神灵,把疾病归罪于符咒的作用,把灾祸归罪于报应,把死亡归罪于敌对者的魔力,把生看作灵魂的复归等,这些迷信的说法正是利用少数场合的偶然巧合,把一个不相干的现象与被研究现象联系起来了。

三、求同法在写作中的应用

本节开篇有提到,求同法经常被作为一种调研方法应用于调查报告的写作中。这种调研方法就是开放式问卷,即确定一个研究目标之后,收集若干人的情况,从不同人的不同访谈记录中选取某些相同的侧面或者片段,来证明在这些人之间存在着某些共同的现象,将共同现象作为原因来归纳结果,以此说明研究目标,这样的方法就是求同法。

例如,下文是一则有关大学毕业生就业状况的调研分析报告。

大学毕业生就业调查问卷分析报告

因为不同地区的就业状况是不一样的,本问卷针对本地区大学生的就业状况展开,报告如下。

一、调查目的

大学生的就业问题在当前市场经济、改革开放、高校不断扩招、就业制度改革、毕业生逐年增加的背景下,已成为一个越来越重要的问题。持续良好的择业心态,有利于维护大学生的身心健康,对择业有十分重要的作用。本调查旨在真实掌握当前大学生就业现状,分析未来几年大学生的就业趋势;真实了解企业招聘大学生现状,明晰企业用人标准,以尝试在毕业生和企业之间创造沟通对话的机会,从而能带给大学毕业生、高校、企业有价值的相关信息,为促进学生就业起到重要的作用。

二、调查方式及内容

本次调查采取的是随机问卷调查方式。在××大学食堂、教室发卷填写,并当场收回。问卷主要针对××××级计算机、经管、机电等专业的在校生。发出问卷110份,收回100份。问卷问题如下:

1. 您认为此刻的就业形势如何?
2. 您对毕业时的去向有什么打算?
3. 您选取什么样的求职渠道?
4. 您认为自己目前最欠缺的素质主要是什么?
5. 请问您将通过何种方式向用人单位介绍自己的状况?
6. 请问您的择业观念是什么?
7. 您欲选取什么样的单位就业?
8. 您认为当前毕业生就业中的主要问题是什么?
9. 您觉得自己在就业求职的过程中,最具竞争力的方面是什么?

10. 您最期望自己在就业求职过程中得到什么？

11. 您能接受的薪资是多少？

三、调查分析

（一）毕业生就业形势的分析

根据调查结果，有48.5%的毕业生认为就业形势严峻，这能够看出，一半以上的同学并没有认识到就业形势的严峻，没有强烈的危机感。从对信息类专业毕业生就业形势的分析来看，目前，电子信息专业的学生仍然面临着十分严峻的就业形势。同学们普遍存在动手能力差、实践经验不足的状况，各招聘信息上列出来的要求，只能勉强满足其中的一两条，有些同学很难找到自己觉得能被看重的岗位。

毕业生面临的最大劣势是实践能力差，没有相关的研发经验，对工程项目构筑没有概念。可能一个专业中，接触过工程项目的同学寥寥无几。毕业生对整个项目开发流程的了解，几乎就是一片空白。但毕业生也是有相关的优势的，只是优势没有得到有效利用。电子信息工程专业有"挑战杯"和电子设计竞赛，但由于一些新老校区距离远之类的客观因素影响，以及同学们参与的主动性、积极性不高，导致错失机会。如果我们能充分意识到自身的不足，提早做一些准备工作，如提高技能、了解就业形势等，相信毕业生们会有一个不错的选择。

（二）毕业生出路的分析

在就业竞争异常激烈的今天，可能很多同学从大三开始就忧心自己毕业后的出路。摆在大家面前最为清晰的两条路是：继续深造（考研/留学）和找工作。如今研究生扩招给大家带来了很好的深造机会。但是必须清楚自己为什么要考研，千万不要只是为了逃避就业的压力而去考研。

调查结果表明，72%的毕业生选择了求职这条出路。对于求职的同学，必须要做好充分的就业准备，包括对就业需求的了解，对应聘公司状况的调查，就业心态的调整等。要把握就业的主动权，只要能够抓住机会，凭借自己的努力，同样能够获得很好的就业机会。对考研没有太大把握的同学，也可以做两手准备，复习的同时花点时间了解一下就业信息。

（三）毕业生择业的分析

根据调查结果，73.5%的毕业生持有"先就业后择业"的就业观，这种就业观也是比较理性的。先就业，是要求大学生摒弃陈旧的择业观念，即盲目定位、期望值偏高的心态。通过先就业，在涉世之初积累工作经验，在工作中不断进取,在社会竞争中发现机会,为以后职业发展和职业成功打下坚实基础,同时有助于做好职业生涯规划。

另外,在择业单位的选取上,国有企业和外资企业是毕业生选取的热门企业。不同的公司有不同的管理体系和制度,分工也各不相同。不管选取哪种企业,都应对公司有必要的了解,重要的是能不能得到学习、培训的机会,实现自我价值。总之,适合自己的就是最好的。

四、解决就业问题的方案

(一)大学生自身做出调整和努力

1. 转变就业观念,树立新时期的就业观

大学生应从实际出发,抛弃"社会精英"的情结,树立大众化的就业观。目前社会上还有许多空闲岗位,小城市、乡村等地急需人才,很多小企业也存在不小的人才缺口。大学生还应树立基层意识、事业意识和奋斗意识,到基层锻炼自己,也可将眼光投向西部,到西部地区锻炼成才;逐步树立起"先就业、后择业、再创业"的职业理念,从现实出发选择适合自己的职业。

2. 提高自身素质,掌握就业主动权

面对严峻的就业形势,毕业生个人的素质、潜力、专长和团队精神将是主导毕业生择业的重要因素。优胜劣汰是市场竞争体制下的规律,大学生只有不断提高自身素质,掌握过硬的本领,才能在就业竞争中占据主动地位,谋取到自己理想的职位。

3. 自主创业,依靠自身实力解决就业问题

大学生在一定的条件下,可找准商机,发挥一技之长,走自主创业、自谋职业的道路,在解决自己就业的同时,也为社会带来了新的就业渠道,缓解就业压力。

(二)专业知识的学习

(1)提高自身专业知识,调整心态。

(2)应不断巩固和更新自身的专业知识,增强自身的综合能力。

(三)品德的培养

企业喜欢录用有德有才之人,期望毕业的大学生们要有良好的职业道德,爱岗敬业,遵守企业的规章制度。

(四)重视实践能力的培养

(1)多参加社会实践,端正就业态度。

(2)重视社会实践,及时提高实践能力,丰富自己的实践经验,从而实现理

想就职。

(五)政府方面

(1)制定政策法规,完善就业市场体系。各级政府要从规范就业市场着手,建立健全法律、法规,逐步把毕业生的工作纳入法制化、规范化的轨道。

(2)继续完善毕业生就业政策,消除就业歧视,深化人事、户籍等相关就业制度的配套改革,解决由于户籍制度造成的市场分割问题,规范就业市场。

(3)加强宏观调控,促进人才的合理流动。国家应采取必要的宏观调控措施,加以必要的行政、经济手段来实现人才的合理配置。鼓励大学生投身西部,在西部地区安家落户。

(4)制定相关的政策,鼓励大学生投身基层实现就业,锻炼成才。

(5)建立高校毕业生失业保障和培训机制。毕业生是中国宝贵的人力资源,毕业生失业是一种巨大的人才资源浪费。政府应制定相关的法律规范,将未就业的大学生和失业的大学生纳入社会失业人员的范畴,并给予相应的救济。

(6)针对毕业生未能及时就业的实际,有针对性地组织各种培训班,加强就业指导,提高失业毕业生的就业竞争力。

结语:相信通过大学生以及全社会的共同努力,大学生就业难的问题必将妥善解决,高校毕业生定能实现充分就业。高校毕业生作为中国庞大劳动力队伍中最活跃的生产力,在各自的工作岗位上,应该为社会主义现代化事业作出应有的贡献!

报告人:×××
2020年4月6日

此调研报告通过问卷方式,总结了大部分毕业生的共同点,比如一半以上的毕业生并没有就业危机感;72%的毕业生选择了求职这条出路;73.5%的毕业生持有"先就业后择业"的就业观……以此来总结其中缘由,提出问题,并给出解决方案,完成该报告的书写。在这篇报告中,通过总结大部分毕业生的共同点,来寻找原因的方式就是求同法。

另外,求同法还可以被运用到论述类文章的写作中,例如:

舜发于畎亩之中,傅说举于版筑之间,胶鬲举于鱼盐之中,管夷吾举于士,孙叔敖举于海,百里奚举于市。故天将降大任于是人也,必先苦其心志,劳其筋骨,饿其体肤,空乏其身,行拂乱其所为,所以动心忍性,曾益其所不能。

人恒过,然后能改;困于心,衡于虑,而后作;征于色,发于声,而后喻。入则无法家拂士,出则无敌国外患者,国恒亡。然后知生于忧患而死于安乐也。

——《孟子·告子下》

由这段文本我们可以感受到,伟人之所以成为伟人,是经历了常人所不曾经历过的挫折和磨难。所以,我们通过求同推理可知,伟人的成功与他自身所经历的磨难有很大关系。这段文本就是采用求同法进行文章观点的论述。

第二节　求异法

求异法旨在发现同一主题在不同对象中的差异性与多样性,在比较的基础上推出本质的不同,由同到异,是从相同中求得不同。求异法同样被作为一种论述方法应用于写作当中。

一、求异法概述

求异法,又称差异法。它的内容是:比较被研究现象出现和不出现的两种场合,若其他情况完全相同,只有一个情况不同,而唯一不同的这个情况,在被研究现象出现的场合中是存在的,在被研究现象不出现的场合是不存在的。于是得出结论:这两个场合中唯一不同的情况与被研究现象之间有因果联系。

例如,做这样一个实验:在密封的有空气的玻璃罩内,放一只老鼠,老鼠神态自若,然后抽净玻璃罩内空气,老鼠马上窒息,随即死亡。两个场合中,密封的玻璃罩,老鼠等情况均相同,唯一不同的是有无空气。有空气的老鼠活动正常,无空气的老鼠窒息死亡。由此可以得出结论:没有空气是老鼠死亡的原因。这就是根据求异法得出的因果关系。

"创意无限"的宜家(IKEA)做了一组这样的实验,向世人展示当你欺负一盆植物时会发生什么,实验名字叫"被欺负的植物"。首先,他们找到了在商场里售卖的两棵一模一样的绿色植物。宜家将这两盆植物并排放在一起,并放置保护玻璃,周围有一个标志,指出植物和人类有相同的感觉。然后他们把这两株植物放在了一所学校里,同一个地方,左右分开。左边的一株每天都被人欺负——同学用语言来攻击它。右边的一株恰恰相反,它每天都受到表扬。实验开始,时间一天天地过去,大家都在期待实验的结果。当然,除了接受的语言不同,两株植物的其他"待遇"没有一点差别。工作人员每天都会给它们浇水、施肥、晒太阳……待遇完全一样。而且两棵植物都被东西保护着,以免受到破坏。一个月很快就过去了,在这一个月的时间里,左边的植物一直被恶毒的语言骚扰:"你一点用途都没有!""没人喜欢你! 你的存在就是一个错误!""你长得一点都不绿!"……而右边的植物被温柔对待,并被赞美。

最后,很明显,接受过严厉的言辞和欺凌的植物枯萎了,而被称赞的植物却变得健康和茂盛了。

这就是使用了差异法的例子,说明不同的语言环境对植物的生长有重要影响。

求异法可表示如下:

场合	有关情况	被研究现象
(1)	A、B、C	a
(2)	B、C	—

所以,A 与 a 之间有因果联系。

求异法的特点是"同中求异",它要求被研究现象出现的场合与不出现的场合中只有一种情况不同,其余的情况完全相同。这一般只有在人工控制的条件下才能做到,因此,求异法的应用一般是以实验为基础的,从而求异法的结论要比求同法可靠得多。但是,求异法也不能保证它考察了所有的情况,结论仍然是或然的。

二、求异法可靠性提高方法

运用求异法时应注意以下两点。

第一,两个场合是否还有其他差异情况。求异法要求,在被研究现象出现的场合和被研究现象不出现的场合中只有一个差异情况存在,其他情况必须完全相同。如果其他情况中还存在着另一个差异情况,那么很可能它就是被研究现象的真正原因。例如,在对生物的研究中,医务人员注意到,同样的医疗措施得到不同的医疗效果,这往往与治疗的时间有关系。糖尿病人在早晨 4 时对胰岛素最敏感。人得传染病最可能死亡的时间与细菌最敏感的时间是一致的,约在早晨 5 时左右。由此,他们认识到,在进行医学研究时,对试验组和对照组除了采取某种医疗措施或使用、不使用某种药物外,还必须注意时间的相同,而不要由于时间的不同而使其他情况并不相同,从而导致错误的结论。所以,在使用求异法时应注意到有可能在表面上其他情况不同,实际上还隐藏着另一个差异情况的情形,严格遵守"其他情况完全相同"的要求。

我们继续看两个例子:

在美国与西班牙作战期间,美国海军曾经广泛散发海报,招募士兵。当时最有名的一个海军广告是这样说的:美国海军的死亡率比纽约市民还要低。海军的官员具体就这个广告解释说:"根据统计,现在纽约市民的死亡率是每千人有16人,而尽管是战时,美国海军士兵的死亡率也不过每千人只有9人。"可是,在纽约市民中包括生存能力较差的婴儿和老人。

2005年5月18日北京《竞报》中有这样一篇文章《15%的爸爸在替别人养孩子》,因为根据北京华大方瑞司法物证鉴定中心的数据统计,做亲子鉴定的近600人中,有15%排除了亲子关系。

以上两个例子都没有严格遵守"其他情况完全相同"的要求,因此得出的结论是有逻辑错误的。

第二,两个场合唯一不同的情况,是被研究现象的整个原因,还是被研究现象的部分原因。如果被研究现象的原因是复合的,而且各部分原因的单独作用是不同的,那么,总原因的一部分情况消失时,被研究现象也就不出现。例如,农作物高产的原因是复合的:天气条件,适当的管理,良种等都是农作物高产的原因。其中,良好的天气条件仅仅是农作物高产的部分原因,并不是总原因。如果把天气条件看成唯一的原因,那就会得出错误的结论。因此,只有找出被研究现象的全部原因,才能真正把握这些现象与被研究现象之间的因果联系。

某人第一天晚上看3个小时的书,同时喝茶,失眠。第二晚做3个小时的作业,同时喝茶,但没有失眠,从而他认为看书是失眠的原因。这显然只是片面原因,有可能看书对他来说更容易导致失眠。但造成失眠的原因是多种多样的。首先,失眠跟心理状态有关系,有可能第一晚心理压力比较大,造成了失眠的结果。再者,第一晚的茶可能比第二晚的茶更浓,更容易造成失眠。

上文例子中,该人将失眠的原因归咎到一个次要的原因上,其实看书只是造成失眠的部分原因,而非全部原因。因此,运用求异法时,要注意两个场合唯一不同的情况。

三、求异法在写作中的应用

为阐明一个观点,写作者可以将求异法运用到文章的写作当中,经过对比,总结相异的情况,找出问题的关键所在。例如:

弈秋,通国之善弈者也。使弈秋诲二人弈,其一人专心致志,惟弈秋之为听,一人虽听之,一心以为有鸿鹄将至,思援弓缴而射之,虽与之俱学,弗若之矣。为是其智弗若与?曰:非然也。

——《学弈》

相同的条件：老师（羿秋）、上课方式（听老师讲课）、智力条件（差不多）。

学习结果：相差很大。

造成学习结果差异的原因：同中求异，即学习态度不同，其中一人专心听讲，一人心不在焉。

在写作过程中，写作者采访一所高校，该校本科教学质量优秀、科研能力强、服务社会水平高。这是什么原因呢？校办一定会给你讲出许多条措施和经验，例如"教学改革""激励机制""重视人才"等。如果照记、照写，这篇文章的价值有多大呢？这些措施不是所有高校都在搞吗？为何其他学校与这所学校相比各方面仍有差距，其中一定有其他的原因，而这些"异"可能才是这所高校真正的个性特点。怎样才能找到这个"异"？写作者就应有意识地把这所高校与其他同类高校进行比较，而且比较的面越宽越好，这样得出的结论、观点才会吸引人。

求同法和求异法的题目解题思路如下：

第一步，确定题干中的原因和结果。

第二步，确定题干的求因果方法。

第三步，根据问题是支持还是反对考察题目。

第三节 求同求异并用法

求同求异并用法是两次运用求同法和一次运用求异法获得结论，兼有求同法和求异法的优点，但结论仍具有或然性。

一、求同求异并用法概述

求同求异并用法，又称契合差异并用法。它的内容是如果在被研究现象出现的几个场合中，都有某一情况出现，而在被研究现象不出现的几个场合中，都没有这个情况出现，那就得出结论：这个情况与被研究的那类现象之间有因果联系。

例如，我国唐代著名医学家孙思邈对脚气病进行了研究。他发现富人患这种病的人较多，穷人患这种病的人很少。他通过进一步的观察、比较后发现富人的性格、脾气、身体状况、生活习惯等情况各有差别，但有一个共同点是吃去净米糠、麸皮的细面白面；穷人的情况也各不相同，但也有一个共同点，即吃的多是含有米糠、麸皮的糙米、粗粮。于是他得出结论：富人得脚气病是由于食物中缺少米糠、麦麸引起的。于是,他试着用米糠、麸皮来治脚气病,结果果真灵验。从孙思邈的推理过程来看,他实际上用了求同求异并用法。

再如,很久以来,人们发现有些鸟能远行万里而不迷失方向。人们对此原因曾做过不少的猜测,但都没有得到证实。近年来,科学工作者发现每当天晴能见到太阳时,这些鸟都能确定其飞行的正确方向;反之,每当天阴见不到太阳时,它们就迷失方向。由此,科学工作者得出结论:有些鸟能远行万里而不迷失方向的原因是利用太阳来定向。

求同求异并用法可表示如下:

场合		有关情况	被研究现象
正面	(1)	A、B、C	a
	(2)	A、D、E	a
	(3)	A、F、C	a
	……	……	
反面	(1)	B、G	—
	(2)	D、N	—
	(3)	F、G	—
	……	……	

所以,A 与 a 之间有因果联系。

求同求异并用法的特点是:两次求同,一次求异。运用这种方法实际上经过三个步骤:第一步,比较被研究现象 a 出现的正面场合,运用求同法得知,凡有 A 情况就有现象 a 出现;第二步,比较被研究现象 a 不出现的反面场合,运用求同法得知,凡无 A 情况就无现象 a 出现;第三步,比较正反两组场合,根据有 A 就有 a,无 A 就无 a,运用求异法即可得知 A 与 a 有因果联系。由于求同求异并用法在考察有关情况时,可能忽视本是相关的情形,故而其结论也是或然的。

二、求同求异并用法可靠性提高方法

为了提高求同求异并用法结论的可靠程度,运用求同求异并用法时应注意以下问题:

第一,尽量在每组场合中考察更多的场合。因为考察的场合越多,就越能排除凑巧的偶然情形,就不大容易把一个不相干的因素与被研究现象联系起来。

第二,选择被研究现象不出现的反面场合时,应尽量与被研究现象出现的正面场合的其他情况相似。因为被研究现象不出现的场合是很多的,它们对于探求被研究现象的因果联系并不都是有意义的。反面场合组的情况与正面场合组的情况越相似,结论的可靠程度就越高。

第四节　共变法

共变法是判明现象因果的一种归纳方法,如果某现象发生变化时,另一现象也发生变化,那么可以判明前一现象是后一现象的原因。共变法也可以被当作论证方法运用到文章写作中。

一、共变法概述

共变法的内容是如果在被研究现象发生变化的几个场合中,其他有关情况都不变化,唯有一个情况相应地变化,那就得出结论:这个相应变化的情况与被研究现象之间有因果联系。

例如,在其他情况不变的条件下,气温上升了,温度计里的水银柱也就上升了;温度下降了,温度计里的水银柱也就下降了。我们由此可以得出结论:温度的升降是温度计里的水银柱升降的原因。

再如,某报纸上报道了国外有的科学家,通过对头发的化学成分的分析,发现头发内包含大量的硫和钙。精确的测定表明,心肌梗死患者头发中的含钙量已降到了最低限度。假定一个健康男子头发的含钙量平均为 0.26%,那么,一个患有心肌梗死的男子,他的头发的含钙量仅仅只有 0.09%。据此,科学家们相信,根据头发含钙量的变化,可以诊断出心肌梗死的发展情况。在其他情况皆相同时,若心肌梗死的发展情况有变化,头发含钙量也会相应变化。由此可以得出二者具有因果关系。

共变法可表示如下:

场合	有关情况	被研究现象
(1)	A_1、B、C	a_1
(2)	A_2、B、C	a_2
(3)	A_3、B、C	a_3

所以,A 与 a 有因果联系。

共变法是以因果联系的量的确定性作为客观根据的,在特定的条件下,原因的一定量的作用只能引起完全确定的结果。当原因的作用扩大或缩小时,表现于结果的效应也必然扩大或缩小,原因和结果在量上是共变的。

共变法的特点是"同中求变",即在其他有关情况都保持不变的条件下,寻求唯一与被研究现象发生相应变化的情况。如果许多情况都在变化,就很难确定哪个情况与被研究现象有因果联系。显然在自然条件下,要做到这一点是很困难的。所以,共变法通常是在人工控制的条件下应用的,因而其结论的可靠程度也较高。但在最终的原因未得到证实之前,它的结论仍具有或然性。

二、共变法可靠性提高方法

运用共变法时应注意以下两点:

第一,与被研究现象发生共变的现象必须是唯一的,否则,结论便不可靠。例如,在研究温度变化与气体体积变化之间的关系时,必须以压力不变为前提。如果除了温度在变化,压力也在变化,所得的结论就会出差错。

第二,两个现象间的共变关系有一定的限度,超过这个限度,就会失掉原来的共变关系。例如,农作物的密植,在一定限度内,可以增产;但如果超过这个限度,就会适得其反。

三、共变法在写作中的应用

共变法在写作中,也是一种常见的论证方法,例如下面这则材料:

目前,许多吸烟人士在长时间吸烟之后患上了肺癌,故可以认为吸烟是导致肺癌的重要危险因素。

在控制被测试者不会受到职业致癌因子、易引起肺癌的放射物质影响,且无肺部慢性感染疾病,在饮食与健康习惯上保持一致(尤其是对于维生素A的摄入),皆为男性,平时不会受到厨房油烟的影响等情况下开展试验,并规定标准的抽烟频率、抽烟数量、抽烟年限。

A.测试者在实验时间内完全不抽烟→肺部无疾病

B.测试者在实验时间内抽烟数量、频率远远大于实验要求的抽烟数量→引起肺部疾病

C.测试者在实验时间内,开始抽烟的时间早于标准规定中开始的抽烟年限→引起肺部疾病

D.测试者在实验时间内既远远大于实验要求的抽烟数量,又因开始抽烟的年限早而抽烟年数长于标准年数→引发肺癌,且死亡率高

所以,吸烟是肺癌的重要危险因素。吸烟量越大、吸烟年限越长、开始吸烟年龄越早,肺癌死亡率越高。

该材料写作中,运用共变法进行分析论证,通过对实验结果的归纳总结发

现,当测试者的吸烟量、年限发生变化时,其肺部疾病情况也发生着变化,那么可以判明前一现象是后一现象的原因。最后得出结论:吸烟是导致肺癌的重要危险因素。

第五节 剩余法

剩余法是探求因果联系的方法之一。已知被研究的某一复杂现象由某种复杂情况引起,将其中已经确认有因果联系的部分除外,则剩余部分也有因果联系。剩余法类似于排除法,运用于文章写作中,可以使观点表述更加清晰。

一、剩余法概述

剩余法的内容是如果已知某一复合现象与另一复合现象之间有因果联系,又知前一现象中某一部分与后一现象中某一部分有因果联系,那就得出结论:前一现象的剩余部分和后一现象剩余部分之间有因果联系。

例如,在数学中有一类题目是在一些正品中排查次品,其实就是用了剩余法。五个小钢球,其中有一个是次品,次品比正品要轻一点,要求找出哪一个是次品。在五个小球中随机抽取四个小球,两两一组称,若秤平衡,则剩余的那一个就是次品,若秤不平衡,则剩余的一个是正品,应该再取轻的那一边的两个球称一下,若发现一边是轻的,则轻的那一边是次品。

剩余法可表示如下:

复合情况 A、B、C、D 与被研究的复合现象 a、b、c、d 有因果联系

B 与 b 有因果联系

C 与 c 有因果联系

D 与 d 有因果联系

所以,A 与 a 有因果联系。

剩余法的特点是"余中求因",即已知两个复合现象之间有因果联系后,把其中已确定了有因果联系的部分除去,再从剩余的结果中分析原因。由于剩余法不能保证将各种因果联系都研究穷尽,可能还有其他因素未被研究,因而其结论也具有或然性。

二、剩余法可靠性提高方法

运用剩余法时应注意以下两点:

第一,必须确定被研究的复合现象中的一部分现象(b、c、d)是由复合现象中的某些情况(B、C、D)引起的,并且剩余部分(a)不可能是这些情况(B、C、D)引起的。否则,结论就不可靠。

第二,复合现象的剩余部分(A)不一定是一个单一的情况,还有可能是个复合情况,在这种情况下,人们就必须进一步研究、探求剩余部分的全部原因。

三、剩余法在写作中的应用

在写作中,剩余法可以作为一种论证方法来使用,类似于排除法。

例如,党的十八大报告中提出:"既不走封闭僵化的老路、也不走改旗易帜的邪路。"老路是指改革开放以前我国闭关锁国的状态,邪路是指资本主义的发展之路。不走老路就是说在改革开放后取得的巨大成就和功绩是不容否定的,改革开放中出现的种种问题,只能通过全面深化改革才可以解决,不能因为困难而停滞或者倒退。那么应该走一条什么样的道路呢?改革开放已经证明了:走中国特色社会主义道路是实现中华民族伟大复兴的必由之路,只有社会主义才能救中国,只有坚持中国共产党的领导才能实现国家富强,人民富裕!

再如,下面这则材料:

为了建设社会主义现代化国家,毛泽东以马克思主义为指导,在调查研究基本国情、总结经济建设实践经验的基础上,确定了新中国经济发展的方向和道路,制定了一系列的方针政策,确定新中国要发展经济,必须走社会主义道路。毛泽东指出,资本主义道路也可增产,但时间要长,而且是痛苦的道路。这条道路,中国走不得。在现代中国的条件下,只有建立社会主义制度,才能真正解决我国的工业化问题。对于中国这样一个经济文化落后的国家来说,通过社会主义道路来实现国家的工业化、现代化,是最好的选择。

以上两个例子都是将其他有因果联系的部分排除,剩下的就是文章要表明的观点。第一则,不走改革开放以前的路,也不走资本主义之路,应该坚定走中国特色社会主义发展道路。第二则也是同样的道理。剩余法在写作中最重要的应用在于,它可以清楚明了地表明文章的观点,是一种有价值的论证方法。

思考题

1. 下列诗句均有"云"这样的意象,请分析有何不同。再思考:同一物象表达意趣各不相同的意象,这属于哪种探求因果的方式?

    万族各有托,孤云独无依。

              ——陶渊明《咏贫士》

    孤云亦群游,神物有所归。

              ——杜甫《幽人》

    暖云慵堕柳垂条,骢马徐驱过渭桥。

            ——罗隐《寄渭北徐从事者》

    霭霭停云,濛濛时雨。八表同昏,平路伊阻。

              ——陶渊明《停云》

    一尊搔首东窗里。想渊明、停云诗就,此时风味。

              ——辛弃疾《贺新郎》

  2.结合以下调查报告,分析其运用了何种探求因果的方法,具体表现在哪里。

发言习惯调查问卷分析报告

  一、调查背景

  新课标要求学生学会合作、学会交流,但是在课堂教学中我们发现许多学生在扮演听众。其中有一部分是不会(或者未思考),还有一小部分是进行过思考,却不愿发言的。曾询问过部分学生:你会吗?(学生答:会。)你为什么不参与他们的讨论?学生的回答要么是"我不想说",要么是"他们都说了,我没什么好说的",要么就是沉默。这说明,他们的表达欲望不强。在发言中还有另一种现象,学生虽理解并愿意说,但表达不得要领,说了半天,也不能准确地表达出自己的观点,既浪费时间,也达不到合作学习的效果。因此说,在合作学习中培养学生善于发言的能力是十分重要的。为了更好地了解学生课堂发言的情况,研究造成学生不良发言习惯的原因,帮助教师了解学生的心理状态,获得关于养成良好的发言习惯的方法、途径、策略,使学生养成良好的发言习惯,提高发言能力,笔者特意组织了这次问卷调查。

  二、调查目的

  通过调查问卷了解学生课堂发言的情况,以及喜欢发言和不喜欢发言的原因及动机,帮助教师了解学生的心理状态,为下一步研究提供参考。

  三、调查方法

  调查问卷和个别访谈的方法。

四、调查过程

调查一年级二班50人,采用不记名的问卷调查法,每个选项均为单项选择。

五、数据汇总

1. 在课堂上,你想发言吗?(　　)

　　A. 很想　　　　　　B. 一般　　　　　　C. 不想

数据:选择A的有18人,占36%;选择B的有27人,占54%;选择C的有5人,占10%。

分析:64%的孩子认为自己在课堂上不积极发言交流,大部分孩子都需要进一步培养发言的能力。这也正说明了开展此项课题研究是很有必要的。

2. 课堂上,不想发言的原因是什么?(　　)

　　A. 不会　　　　　　B. 怕别人笑　　　　C. 不屑

数据:选择A的有20人,占40%;选择B的有22人,占44%;选择C的有8人,占16%。

分析:60%的孩子在回答问题的时候,是有自己的想法的,但不回答。这说明回答问题的欲望不强。

3. 发言出错时,你的心理一般是(　　)

　　A. 好好听别人发言　　B. 懊悔　　　　　　C. 以后不发言了

数据:选择A的有26人,占52%;选择B的有20人,占40%;选择C的有4人,占8%。

分析:48%的孩子在发言时是因为得不到师生的肯定而降低了积极性。今后教师在课堂上应多鼓励和表扬发言的学生。

4. 课堂中,发言精彩时,你一般(　　)

　　A. 听别人发言　　　B. 沾沾自喜　　　　C. 对别人的发言不屑一顾

数据:选择A的有28人,占56%;选择B的有16人,占32%;选择C的有6人,占12%。

分析:56%的孩子还是比较习惯于听别人发言,近一半的学生要提高主动参与学习的积极性,倡导同伴间互助合作学习,将同伴的发言作为一个训练重点。

5. 你认真听的主要原因是(　　)

　　A. 上课生动、有趣

　　B. 认真听会得到老师表扬

　　C. 为了考试能考好

数据:选择A的有20人,占40%;选择B的有7人,占14%;选择C的有23人,占46%。

分析:46%的孩子发言的目的性极强,直指考试。40%的孩子是因为老师的课堂魅力而专注于发言。看来,我们要努力呈现生命充满活力的课堂,吸引更多的孩子认真发言。

6.你对待别人发言的态度是( )

A.没什么了不起　　B.很好,值得学习　　C.无所谓

数据:选择A的有10人,占20%;选择B的有26人,占52%;选择C的有14人,占28%。

分析:48%的孩子不能正确对待别人的发言,说明部分孩子的发言习惯没有养成。同时,班级良好的交流氛围也十分重要。

7.当同学站起来回答问题时,你能仔细认真听吗?( )

A.能　　　　B.有时能　　　　C.不能

数据:选择A的有22人,占44%;选择B的有18人,占36%;选择C的有10人,占20%。

分析:56%的学生不能专心听同学的发言,说明大部分学生不太善于听同伴的发言,今后要注意指导学生多听别人的发言。

8.合作交流时你希望什么学生先说?( )

A.优生　　　　B.和自己同水平　　C.差生

数据:选择A的有15人,占30%;选择B的有25人,占50%;选择C的有10人,占20%。

分析:大部分孩子希望能有所准备再发表看法,要把训练学生争先表达自己的想法作为课堂教学时的一个重要内容。

9.老师表扬别人的发言时你一般( )

A.为别人高兴　　B.不屑一顾　　C.发誓要超过他

数据:选择A的有23人,占48%;选择B的有3人,占6%;选择C的有22人,占46%。

分析:大部分学生心态是好的。

10.与别组争论时,你的表现是( )

A.争着说,抢着说　B.认真听,轮流说　C.不听也不发言

数据:选择A的有6人,占12%;选择B的有43人,占86%;选择C的有1人,占2%。

分析:关于小组交流时的发言表现,选择B的有43人,占86%。从数据来看比较理想,但也不排除会存在没有如实作答的情况,需要在以后的教学过程中加强过程性的监测。

六、结论

(一)通过调查、观察,我发现造成学生不良的发言习惯的原因主要有两个方面。

1.客观原因:外界的干扰影响了学生的发言。这包括教师的态度、同学的态度。

2.主观原因:学生不够强烈的表现欲望影响了他们的发言。

(二)解决的策略。

1.发挥示范作用:教师的、优秀学生的、进步生的示范。

2.创造交流的氛围,提高兴趣、信心。

3.教会方法:善于说,还要善于听取、完善。

4.及时激励、评价。

5.家校合作,齐抓共管,协调一致。

第五章
逻辑基本规律在写作中的体现

逻辑基本规律是各种思维形式的特殊规律或规则的依据。他们从不同方面体现了正确思维的主要特征——确定性。思维的确定性是客观事物的质的规定性在思维中的反映。逻辑基本规律对人们的思维具有规范作用，不遵循这些规律的要求，思维就会出现混乱和错误。

人们的日常思维只有遵循了一定的逻辑规则，才能是正确的；违反了这些规则中的任何一条，就将导致思维错误。传统逻辑把这些在思维中运用非常广泛的规则称为形式逻辑的基本规律。逻辑规律就是运用各种思维形式进行思维时必须遵循的最一般的准则。思维的确定性表现为概念、命题的自身同一，这就是同一律；思维的确定性表现为命题的前后一贯，不自相矛盾，这就是矛盾律；思维的确定性表现为在两个相互矛盾的思想之间做出明确的回答，排除中间的可能性，这就是排中律。思维的确定性表现为推理有逻辑性和论证有说服力。

正如歌德在《浮士德》一书中，借土地神之口吟唱道：

生潮中，业浪里，淘上复淘下，浮来复浮去！生而死，死而生，一个永恒的大洋，一个连续的波浪，一个有光辉的生长。我架引时辰的机杼，替神性制造生动的衣裳。

诗中歌颂了客观世界发展的规律性，思维的基本规律在于客观世界的统一性和联系性。掌握逻辑的基本规律——充足理由律、矛盾律、排中律和同一律，在思考和写文章时，才可以保证思维的确定性、不矛盾性和一贯性。

第一节　充足理由律

充足理由律是指对任何论断的肯定或否定，都必须具有充分的依据。在写作中，一篇文章要表明某个观点、提出某项建议等必须要有充足的理由。所谓"持之有故，言之有理"。

一、充足理由律的内容和逻辑要求

充足理由律的内容是:在同一思维和论证过程中,一个思想被确定为真,总是有充足理由的。即在思维过程中,任何正确的思想必然有充足理由。

这里所说的思想通常是指其真实性需要确定的判断,因此充足理由律可以表述为:p 真,因为 q 真,并且由 q 能推出 p。

在这里,"p"代表其真实性需要加以确定的命题,我们称之为推断,"q"代表用来确定"p"真的命题,我们称之为理由。一个命题"q"真可以推出"p"真,那么,"q"就是"p"的充足理由。

充足理由律的逻辑要求是:

第一,理由真实。

第二,推理有效,即理由与推断之间要有逻辑联系。

充足理由律的现实意义如莱布尼茨所说:"没有什么东西是没有理由的。"海德格尔也曾说:"没有什么东西无理由而存在。"在实际思维过程中,仅仅用同一律、矛盾律、排中律是无法完全解决思维逻辑中的论证问题,要获得可靠有效的论断,必须遵循充足理由律。

二、违反充足理由律所产生的逻辑错误

违反充足理由律的要求,就会犯"理由虚假"或"推不出"的逻辑错误。

(一)理由虚假

一个小偷偷了别人的手机,很快就被公安人员抓住了。公安人员问他:"你为什么要偷别人的手机?"他回答说:"别人有手机,我没有手机,所以就偷了。"这里小偷所说的"理由"是不成其为理由的,也就是"理由虚假"。

(二)推不出

有时,从理由单独来看是真实的,但它同推断没有必然联系,因而从理由推不出推断。

例如,李某得知自己的好朋友犯了故意杀人罪后,不能相信,为其辩护道:"我与他相处多年,他待人一直很温和,为人善良、老实、忠厚,他不可能杀人!"李某在为其朋友辩护时,不以事实为依据,而是以个人主观情感为依据。从个人的情感是推不出事实结果的,这违反了充足理由律。

唐太宗李世民真心待士、体恤民情,是一代明君。因此,有人得出结论他不

可能杀自己的哥哥。历史上著名的"玄武门之变"历史事件讲的就是李世民为了捍卫政权,不得已杀死了自己的哥哥的事。这些人所提出的理由与唐太宗是否杀死哥哥没有必然联系。

这种推理的方法,从逻辑角度来看违反了充足理由律,犯了"推不出"的逻辑错误。

三、充足理由律在写作中的应用

充足理由律主要是有关论证的逻辑规律,但由于论证是复杂的思维过程,需要运用概念、判断和推理,如果违反充足理由律,也会影响判断和推理的正确运用。因此,它同所有的逻辑形式,包括概念、判断、推理和论证都有关系,即使不是直接关系,也是间接关系。因此,可以说,充足理由律具有普遍意义,对于任何一种逻辑形式都有作用。

在公文中,所有根据、原因、目的、经过、背景等的交代都是理由,再由理由推出结论。山东省人民政府办公厅《关于国务院文件办理情况的报告》的导语如下:

几年来,由于省委、省政府领导同志的重视和具体指导,在国务院文件的批办工作方面,初步建立健全了规章制度,保证了国务院文件能及时传达贯彻。

上例以事实为理由进行推理,且这个事实是真实可靠的。由山东省委、省政府领导同志对国务院文件批办工作的"重视和具体指导"这个理由推出"初步建立健全了规章制度,保证了国务院文件能及时传达贯彻"的结论,理由和结论之间有必然的联系。这遵循了充足理由律。

第二节 矛盾律

矛盾律又称不矛盾律。有效思维的重要标准之一就是一致性,无论在逻辑思维研究上,还是在写作的实践思想活动中,都具有重要意义。

一、矛盾律的内容和逻辑要求

矛盾律的基本内容是:在同一思维过程中,两个互相否定的思想不能同真,必有一假。可以用公式表示为:"A 不是非 A",即"$\rightarrow(A \wedge \rightarrow A)$"。

从矛盾律的内容,我们可以引申出关于矛盾律的两点基本要求:

第一,在词项方面,矛盾律要求在同一思维过程中,不能同时用两个相互否定的词项"A"和"非 A"指称同一对象。比如,我们不能同时说某图形"既是圆形,又是非圆形"。

例如,某广告的经典台词:"今年过年不收礼,收礼只收×××。"前一句说不收礼,后一句说收×××这种礼品,思维前后不一,自相矛盾。既然今年过节不收礼,为什么还要收×××的礼品?这句广告词使用了两个相互否定的词项。

再如,某部电影中有这样一句台词:"从来没有人见过他,见过他的人都死了。"该台词包含两个相互矛盾的词项:"没有人见过他""见过他的人"。要么没人见过他,要么有人见过他但那个人死了。而该台词同时断定没人见过他,有人又见过他,相互矛盾,违背了逻辑的矛盾律。

第二,在命题方面,矛盾律的要求是不能同时肯定两个互相矛盾或互相反对的命题同真,必须肯定其中有一个是假的。

例如"我最大的缺点,就是没有缺点"这句话是典型的自相矛盾,两个观点相互否定,必定有一个是假的。

再如,一些学生写作文时通常会自相矛盾,如"繁星闪烁,明月高悬""蓝蓝的天空万里无云,天上飘着朵朵白云"等。这都是存在两个相互矛盾的命题,因为一般明月高悬时,星星就显得很稀疏了,人们常说"月明星稀"。万里无云的天空中不可能还有朵朵白云,其中必定有一项命题是假的。在写文章时要注意这点。

二、违反矛盾律所产生的逻辑错误

根据矛盾律的内容,矛盾律对人们的要求是:在同一个思维过程中,也就是在同一时间、同一关系下,对于具有矛盾关系和反对关系的两个命题,不应该承认它们都是真的,二者必有一假。如果违反这一要求,在同一思维过程中对一个对象既予以肯定,又予以否定,就会犯"自相矛盾"的逻辑错误。

韩非子在《韩非子·难一》中的故事,最为生动地反映了自相矛盾的这种错误。该故事描写了一个既卖矛又卖盾的楚国人,他吹嘘自己的矛是世界上最为锋利的矛,以至于"任何东西都能被它扎透";继而,他又炫耀自己的盾,是世界上最为坚固的盾,是"没有任何东西能扎透它"。旁边有好事者问他:"若以你的矛扎你的盾,其结果又如何呢?"这个卖矛又卖盾的楚国人只好张口结舌,无以为答。其所以不能对答,就在于他在宣传自己的矛与盾的过程中所陈述的两个命题"任何东西都能被它扎透"和"没有任何东西能扎透它",它们构成了一对逻辑矛盾,因而犯了"自相矛盾"的逻辑错误。

需要注意的是,在现实的思维过程中,违反矛盾律的要求所产生的逻辑矛盾的表现形式是多种多样的,有的是赤裸裸的,两个互相否定的命题紧紧相联,有的常常是相隔甚远,需要经过推导才能发现。比如,1919年,罗素曾经提出这样一个问题:"某村子里有个理发师,他规定:在本村我只给而且一定要给那些自己不刮胡子的人刮胡子。请问:这个理发师给不给自己刮胡子?"理发师给不给自己刮胡子只有两种情况:不给自己刮或者给自己刮。如果理发师不给自己刮胡子,那么按照他的规定:"我一定要给那些自己不刮胡子的人刮胡子",他就应该给自己刮胡子。这就是说,从理发师不给自己刮胡子出发,必然推出理发师应该给自己刮胡子的结论,这是矛盾的。如果理发师给自己刮胡子,那么按照他的规定(我只给那些自己不刮胡子的人刮胡子),他就应该不给自己刮胡子。这就是说,从理发师给自己刮胡子出发,必然推出理发师应该不给自己刮胡子的结论,这也是违反矛盾律的。由此,我们必须对矛盾律有一个深入的理解,一方面在自己的思想、言论中尽量避免自相矛盾;另一方面善于运用矛盾律揭露他人思想和言论中的逻辑矛盾。

矛盾律保证思维无矛盾性即思维的前后一贯性,因而它是保证正确思维的必要前提。矛盾律也是我们进行反驳的一个重要理论依据,人们在反驳一个假命题时,常常是间接地去证明这个假命题的矛盾命题或反对命题为真,从而根据矛盾律去说明原命题的假。而在确立某个命题的真时,也可以去证明该命题的矛盾命题的假,从而根据矛盾律去说明原命题的真。

三、矛盾律在写作中的应用

在写作过程中,矛盾律不仅要求语言严谨,更要求行文要讲究首尾的一贯性。所谓首尾一贯性就是指在同一篇文章中,不能够出现不同的立场、思想。立场的自相矛盾一旦出现,将会破坏思想的完整性和严密性。如列宁所言:"'逻辑矛盾'在正确的逻辑思维的条件下——无论在经济的分析中或在政治分析中都是不应当有的。"

即便是文学写作,也要重视形象思维、意境描绘的一致和协调,如作品所描写的具体情景要真实,不能有逻辑错误和矛盾。否则,难以对某一作品的艺术性、内容的合理性作出好的评价。例如,20世纪50年代的一首打油诗:"一个南瓜像地球,架在五岳山上头,把它扔进太平洋,世界又多一大洲。"这首诗虽然读上去气魄非凡,但是内容却自相矛盾。地球比五岳山大,怎么会架在五岳山上,太平洋和地球是部分与整体的关系,怎么能将地球扔进太平洋?

但是,将矛盾思想运用到文学作品中可以塑造人物复杂丰富的性格,比如《岳飞传》中,岳飞为保卫国家,奔赴前线。其背上"精忠报国"的刺字时刻提醒他保家卫国。他勇往直前、收复失地,但就在大败金军之际,宋高宗却以十二道"金字牌"催令班师,想要与金军求和。为了做到"精忠"二字,他放弃"报国",回朝后遭奸佞构陷,最终遇害。在这个故事中,岳飞的心理及其行为是矛盾的,他清楚不打金军,国不能安定,于是他身先士卒、直贯敌军,但皇帝下令召他回京,他又为了忠君,放弃攻打金军,选择班师回朝。作者利用这样的矛盾,更加深刻地塑造了岳飞"忠"的形象。

另外,文学创作中的艺术夸张不存在逻辑矛盾。作为修辞手法,艺术夸张可以把事物放大,但它的客观基础是真实的,符合文学创作要基于生活真实这一要求,并不存在逻辑矛盾。李白诗里"燕山雪花大如席"用的就是夸张的修辞手法,但它是基于"下雪"这一客观事实用夸张的手法描述雪大,如果表述成"三亚雪花大如席",就不符合逻辑了。

第三节　排中律

排中律意为任一事物在同一时间里具有某种属性或不具有某种属性,而没有其他可能。排中律同时也是思维的规律,即一个命题是真的或不是真的,此外没有其他可能。

一、排中律的内容和逻辑要求

排中律的内容是:在同一思维过程中,两个互相矛盾的思想不能都假,必有一真。排中律可以用公式表示为"A 或者非 A",即"A∨→A"。

从排中律的内容可以看出,排中律与矛盾律作为逻辑思维的基本规律,二者是有其不同适用范围的。矛盾律适用于不可同真的两个命题,即适用于具有矛盾关系或反对关系的两个命题;排中律适用于不可同假的两个命题,即适用于具有矛盾关系或下反对关系的命题。

在亚里士多德创立的形式逻辑中,排中律对于西方哲学的走向具有举足轻重的作用。同一律、矛盾律离开排中律,则是不完整的。因为在矛盾双方之间,只有排中律才能彻底切断矛盾双方之间的联系,才使得矛盾双方都成为绝对自在,也才会有绝对同一,绝对不矛盾,才会使同一律、矛盾律完全站稳脚跟,使形式逻辑成为西方哲学坚实的基础。根据排中律的内容以及排中律与矛盾律的区别,我们可以将排中律的要求概括为以下两个方面:

第一,在词项方面,排中律要求在同一思维过程中,在用两个具有矛盾关系的词项指称同一对象的情况下,必须承认其中有一种情况是真的,而不能对二者都加以否定。

　　甲说:我觉得这个帽子好看。
　　乙说:我觉得这个帽子不好看。
　　丙说:你们俩的说法,我都不同意。

甲乙两个人针对同一对象"帽子",表达了两个矛盾的词项"好看"和"不好看"。丙的说法对二者均加以否定,这就违背了逻辑基本规律的排中律,因为排中律认为两个相互矛盾的判断不能同假,而丙认为甲乙两个人的判断都是假的。

第二,在命题方面,排中律要求在同一思维过程中,不能同时否定两个具有矛盾关系或下反对关系的命题,必须肯定其中有一个是真的。

例如,网友讨论罪犯出狱后是否对其工种进行限制。某网友说:"我不赞成限制罪犯出狱后的工种,不能歧视他们。但是出狱的罪犯还有可能再次犯罪,所以,我也不赞成不限制他们的工种。"在同一思维过程中,对于"限制罪犯工种"和"不限制罪犯工种"这两个相互矛盾的命题都加以否定,违反了排中律。

二、违反排中律所产生的逻辑错误

在同一思维过程中,如果对两个互相矛盾的思想既不承认这个,又不承认那个,就违反了排中律的要求,违反排中律的要求所产生的逻辑错误被称之为"模棱两不可"。

违反排中律的原因或者是由于在"是"与"非"面前含糊其词,持骑墙态度;或者由于认识模糊,把具有矛盾关系的思想混为一谈。

违反排中律而产生的"模棱两不可"错误,有的明显一些,有的隐蔽一些。比如:"这篇文章的观点不能说是全面的,也不能说是片面的。"或者:"说世界上有鬼,这不对,这是迷信;但要说世界上没鬼,也未免武断,因为有些现象还真不好解释。"

刘墉因直言进谏触怒龙颜,乾隆皇帝当堂做了两个"纸阄",名曰"生死阄",一个上面写着"生",一个上面写着"死"。但刘墉知道,这两张纸上写的都是

"死"字。不管抽到哪一张,自己都会被处死。这时他灵机一动,上前抽出一张"纸阄",一口吞了下去。现场所有人都傻了,大家只能通过刘墉没有抽到的那张,来反证刘墉抽到的是什么。打开一看,余下那张写的是个"死"字,那被吞下的那张只能是生了,乾隆皇帝只好赦免了刘墉。

因为排中律规定两个互相矛盾的思想不能同时为假,二者必有一真。留下的是"死",那么刘墉吞下的就是"生"。刘墉巧妙地运用了排中律救了自己一命。

三、矛盾律与排中律的区别

矛盾律与排中律的区别主要有以下三个方面。

第一,适用范围不同。

矛盾律适用于矛盾关系的命题和反对关系的命题。排中律适用于矛盾关系的命题和下反对关系的命题。

第二,要求不同。

排中律要求人们在互相矛盾的判断中间,不能都否定;而矛盾律则要求人们在互相矛盾或互相反对的判断中间,不能都肯定。如果把排中律与矛盾律的要求结合起来,那就是在两个互相矛盾的判断中,必须肯定一个,否定一个,既不能都否定,又不能都肯定。有一则寓言,凤凰是百鸟的领袖,碰到凤凰生日,百鸟都去祝寿,只有蝙蝠没有去。事后凤凰责问蝙蝠:"别的鸟都来了,你为什么不来?"蝙蝠说:"我有脚,能走,是兽,不属于你管,所以我就不必来祝寿。"接着是麒麟的生日。百兽都去祝寿,蝙蝠还是没有去。事后麒麟也问蝙蝠:"别的兽都来了,你为什么不来呢?"蝙蝠回答说:"我有翅膀,能飞,是鸟,不属于你管,所以我没有来祝寿。"把蝙蝠的话合起来就是——我既是鸟,又是兽;我既不是鸟,又不是兽;我是鸟也是兽。从逻辑上看,这不仅违反了矛盾律,而且也违反了排中律。因为对于蝙蝠这种动物来说,要么是鸟,要么是兽,二者必居其一,既不能都肯定,也不能都否定。

第三,错误不同。

矛盾律是为了保证思维的首尾一贯性,在推理中可以由真推假。违反矛盾律的错误是"自相矛盾"。排中律是为了保证思维的明确性,在推理中可以由假推真。违反排中律的错误是"模棱两不可"。

排中律是正确思维的必要条件,它保证思想的明确性,在一定意义上,排中律比矛盾律更接近真理。因为矛盾律所遇到的命题,其中不一定有真命题,但排中律遇到的命题,其中必有一个为真。

四、排中律在写作中的应用

在写作过程中,根据排中律要求,在"是"与"非"面前,不能采取居中态度。这就要求在两种或更多相互矛盾的命题之间,要做出明确的选择,不能似是而非。如果这些相互矛盾的命题都是错误的,也应该表明自己的观点,提出另外的观点。例如在很多学术论文写作过程中,有写作者陈述学界对某一观点认知不统一,将争论陈述在文本中,但是既不分析优劣,也不给出自己的断定,这也是违反排中律的。

另外,艺术家们也常常运用排中律这一方法来塑造作品中的人物形象。例如《十日谈》故事:

医生告诉他们,恰泼莱托巳是无药可救了,兄弟俩焦灼不堪。有一天,在与病房相邻的房间里,兄弟俩正在商议对策。其中一个向另一个说:我们如何处置他呢?此事可有点棘手呀,如果将他拒之门外吧,于情于理都不合适,别人肯定会责骂我们。反之,若收留了他,在他的一生中,他老走歪路,绝对不愿悔罪,让教会举行圣礼。万一去了另一个世界,他的尸首是绝对不会被允许进教堂的,难道不是如同一条狗一样被丢在污水沟里吗?

由此可以推出,既不能将他拒之门外,也不能收留他,这同时否定了两种相矛盾的情况,展现了兄弟俩矛盾复杂的心理,将人物形象立体化。

第四节 同一律

同一律就是在同一思维过程中,必须在同一意义上使用概念和判断,不能在不同意义上使用概念和判断。在写作中,必须遵循同一律,保证文章中的概念、命题表述均是同一的,这样文章才会有逻辑,便于被接受。

一、同一律的内容和逻辑要求

同一律的基本内容是:在同一思维过程中,即在同一时间、同一方面,关于同一个思维对象(概念或命题),应保持确定和同一。

公式:"A 是 A"。用数理逻辑的符号表示,即"A→A"。

公式里的"A"表示任一概念或命题,"A 是 A"表示在同一思维过程中每一概念、命题自身都具有同一性。就是说，在同一思维过程中，每一个概念、命题的内容都要保持确定和同一，是什么内容就是什么内容。绝不能时而是这个内容时而又是与此完全不同的内容。

某顾客去餐厅吃饭，他在看过菜谱后，点了一份海参炒面。但是等服务员给他上菜时，他却发现所谓的海参炒面里除了面和葱之外，连肉都没。他就叫来服务员向他解释。服务员无奈之下只好请出厨师。厨师一见到他就说："我叫海参，我炒出来的面叫海参炒面，有问题吗？"

正是因为二者对"海参"指代的理解不同，顾客指的是食物，餐厅指的是一个叫海参的厨师，才爆出了如此之大的笑料。

根据同一律的基本内容，我们可以将同一律的基本要求归结为以下两点。

第一，在同一个思维过程中，概念必须保持同一。

所谓概念必须同一，是说在同一思维过程中，必须保持概念的内容不变，原来在某种意义上使用某个概念，就应该一直按照这个意义使用这一概念，绝不能随便变换某一概念的含义，也不能把不同的概念加以混淆。为了避免在思维和论证中发生混乱，我们必须预先确定我们所运用的概念。不仅在社会问题的论证中要这么做，而且在各门科学研究中也要如此。对一些重要的基本概念、范畴或术语，都要预先明确其含义和适用范围，以后在这个确定的意义上加以使用。

例如：

（1）家具商店在广告宣传时的标语为"买家具送家具"，然而并不是真正的赠送家具，而是帮你把家具送回家。

解析：此广告中"送家具"究竟是"赠送家具"还是"配送家具"，这是两个完全不同的概念。

（2）时间就是金钱。我们要视金钱如粪土。所以时间就是粪土。

解析：把时间和金钱两个不同概念混为一个概念，这违反了同一律的要求。

（3）调查数据显示，有70%的美国小孩子认为圣诞老人是中国的，因为美国小孩子在圣诞节的时候，袜子中的礼物上面总是写着"made in China"。

解析：这里"圣诞礼物的生产地"和"圣诞文化的起源地"是两个概念。

第二，在同一思维过程中命题必须同一。

所谓命题必须同一，就是说在运用命题进行推理的时候，或者在论证某一问题时，人们所适用的命题必须保持它自身的同一，不能用另外的命题代替它。在思考问题和议论问题时，要有确定的对象，要始终围绕中心，以保持思维和论证的同一性。

例如：

社会主义商品经济同资本主义商品经济的本质区别,在于所有制基础不同。建立在公有制基础上的社会主义商品经济为全社会自觉保持国民经济的协调发展提供了可能,我们的任务就是要善于运用计划调节和市场调节这两种形式和手段,把这种可能变为现实。社会主义商品经济的发展离不开市场的完善,利用市场调节绝不等于搞资本主义。

在这里,命题"社会主义商品经济同资本主义商品经济的本质区别,在于所有制基础不同"是确定的。这是一个肯定判断。围绕这个命题,做了如下论证：社会主义商品经济建立在公有制基础上,运用计划调节和市场调节,为全社会自觉保持国民经济的协调发展提供可能。它的发展离不开市场调节,利用市场调节不等于搞资本主义。这就把社会主义商品经济同资本主义商品经济区分开来,证明二者有本质的不同,即所有制基础不同。这段论述,前后命题一致,遵循了同一律。

二、违反同一律所产生的逻辑错误

在运用概念、命题进行推理论证的过程中,如果违反了同一律的要求,就会出现逻辑错误,这些逻辑错误包括混淆概念和偷换概念、转移论题和偷换论题。

(一)混淆概念和偷换概念

混淆概念是无意识违反同一律的要求,把不同的概念当成同一个概念来使用所犯的逻辑错误。这种逻辑错误主要是由于思想模糊、认识不清或缺乏逻辑素养,不善于准确使用概念来表达思想而造成的。混淆概念的错误常常在词义相近或一词多义的情况下发生。例如：

父亲拿起儿子的成绩单,当看到"操行评定"时勃然大怒,顺手给了儿子一巴掌,并且大声责问："老实说,你在学校和谁打过架?"儿子说："没……没有呀。"父亲："嘴巴还硬! 这上面明明写着:和同学打成一片!"

同一律要求人们在同一思维过程中,对所使用的概念和命题有清晰的理解,必要时加以定义,在这个笑话中,交流双方对同一概念和命题没有共同的理解,所以父亲无意识地就误会了儿子。

如果说混淆概念是由于无意识违反同一律而发生的逻辑错误,那么,偷换概念则是故意违反同一律的要求,将不同的概念当作同一概念来加以运用。偷换概念是辩论中经常使用的诡辩手段之一,其目的在于颠倒黑白,混淆是非,使人上当受骗。例如,警察将在网上诋毁国家、诋毁中国共产党,造成不良影响的李某抓捕归案。而李某大声呼喊:"我没有错,我有言论自由的权利,我想说什么说什么,凭什么抓我。"在这个例子中,我们所理解的言论自由的权利是一定的、具有限制性的,不能违反法律,损害国家利益。而李某口中的言论自由成了想说什么说什么,这两个概念不是同一的,李某犯了偷换概念的错误。

从以上我们对混淆概念和偷换概念的分析可以看出:二者的共同之处在于都违反了同一律对于概念确定性、同一性的要求;二者的不同之处在于无意与故意,混淆概念是无意识,偷换概念是故意,二者在性质上有所不同。

在写作过程中,经常会出现违反同一律的错误,例如:

在某单位的工作总结中有这样一段话:"借鉴国际先进理念,实现企业和谐发展,遵循安全第一、环保优先、执行有力、科学发展的原则,加强生产、检修全过程污染控制,形成科学有效的安全管理体系,严肃安全生产问责制和事故责任追究制,严格员工安全生产档案打分,强化红黄牌预警,重点关注边边角角、隐蔽作业、地下作业、偏远作业的安全管理,对安全环保管理混乱、业绩较差的单位,追究领导责任。"

解析:公文中的标题必须与公文内容保持同一性,这段话的小标题是"借鉴国际先进理念,实现企业和谐发展",展开内容中却并没有提到借鉴了什么样的国际理念,而只是提到具体的安全管理措施,总大于分,属于漏掉内容,不严谨的工作总结。

(二)转移论题和偷换论题

按同一律的要求,在人们的同一思维过程中,不仅要保持概念的同一性,而且要保持论题的同一性,不能随意改变论题,否则同样也会产生逻辑错误。

转移论题是指无意识违反同一律的要求,使议论离开论题犯逻辑错误。在我们的日常生活中,一些人非常喜欢发议论,但是由于缺乏逻辑训练,所以在发议论的时候,往往东拉西扯,使人不知所云。

一个汽车司机把一位上了年纪的路人险些撞伤,两个人因此争吵起来,司机说责任在走路的人,因他走路不小心;走路的人说责任在司机,因司机开车不小心。争到后来,司机说:"责任不在我,因为我已经开了五年车。"走路的人很不高兴,回敬道:"你开了五年车有什么了不起,我已经走了五十五年路了!"这两个人开头争论的是"这次事故是谁的责任",两个人都把责任推给对方,后来却争论起开车与走路资历长短的问题,这两个人在逻辑上都犯了"转移论题"的错误。

再如下面一个例子：

甲：厂里面规定工作的时候不能吸烟。

乙：没错呀，我吸烟的时候从不工作。

在这段对话里面，乙将"工作时禁止吸烟"偷换成"禁止一边工作一边吸烟"，犯了"偷换论题"的逻辑错误，违反了同一律。

鲁迅在其杂文《"有名无实"的反驳》中曾谈论到一位不懂逻辑的排长。他写道："这排长的天真，……他以为不抵抗将军下台，'不抵抗'就一定跟着下台了。这是不懂逻辑：将军是一个人，而不抵抗是一种主义，人可以下台，主义却可以仍旧留在台上的。"鲁迅提到的这位"天真"的排长之所以错误，就在于他把"不抵抗将军下台"和"不抵抗主义下台"混为一谈，违反了同一律的要求，犯了"转移论题"的逻辑错误。

与转移论题不同，偷换论题是故意违反同一律的要求，故意把议论的论题改换为另外一个论题，是有意违反同一律要求的一种诡辩方法。例如，甲乙丙丁四代人，乙老批评儿子不争气，儿子说："你为什么老批评我，我的父亲比你父亲强，我的儿子比你儿子强。"这里儿子犯的就是"偷换论题"的逻辑错误。

再如下面这一个例子：

一块台阶石问石佛像："为什么我们同样是石头，你天天受人朝拜，被人供着，而我却被人们踩在脚下踏来踏去，同样是石头，差距怎么这么大呢？"石佛像回答："我虽受到别人的尊敬，可我身上被刀刻制了那么久，而你只挨了一两刀，我受的痛苦，不比你少，同样是石头，差距怎么这么大呢？"

这里石佛像的回答就是偷换了论题。偷换论题是故意违反同一律的要求，故意把议论的论题改换为另外一个问题，是有意违反同一律要求的一种诡辩方法。

鲁迅在厦门大学任教时，校长林文庆经常克扣办学经费。在一次校务会议上，林文庆又提出要克扣一笔经费，教授们纷纷反对。林文庆说："关于这件事，不能听你们的。学校的经费是有钱人拿出来的；只有有钱人，才有发言权！"鲁迅一下站起来，从口袋里摸出两个银币拍在桌上："我有钱，我也有发言权。"在这里，鲁迅就是有意违反同一律。

同一律是逻辑学的一条最基本的规律，也是人们正确思维的一条最基本的原则，它是人们保持思维确定性的前提。遵循同一律是正确认识事物的必要条件。人们在认识事物的过程中，总是离不开概念、命题、推理等思维形式，概念、命题、推理构成人们的基本知识和知识体系并进而形成科学的理论体系。如果我们不能保持思想的确定性,不能准确地在同一意义上运用概念、判断和推理,就无法认识事物、把握事物。同时,遵循同一律有助于人们正确地交流思想。在人们日常交际和思想交流的过程中,必须准确地表达思想,这就要求人们遵循同一律,保持所使用的概念和命题的确定、同一。如果违反了同一律,就会造成概念混乱,思想模糊,从而无法有效地进行思想交流。

当然,我们强调同一律的作用,并不等于要夸大同一律的作用。我们必须明确,同一律只是逻辑思维规律,不是世界观。它只是要求在同一思维过程中,人们所使用的概念和命题要保持同一,不得随意变换,如果否认这一点,单纯指客观事物永远与自身绝对同一、永远不变就会导致形而上学。

三、同一律在写作中的应用

写作过程中遵循同一律,给思维的"野马"拴上"缰绳",就会减少"跑题""偏题"现象。在具体的写作训练过程中,要在理解同一律的基础上,精心设计,循序渐进地从题目、大纲、段落和篇章布局等不同角度去思考如何写作。

从选题的角度而言,要确保题目前后的一致性,增强文章的说服力。每篇文章都有一个论题。观点就是要通过对论题的阐述或论证,从而证明论题的真实性,换言之就是论题观点的正确性。为了证明论题的正确性,写作者必须从不同的角度进行论证,以增强文章的说服力和感染力。正是由于要从不同的角度展开论证,写作者必须按照同一律的要求始终围绕论题进行阐述,保证论题的前后一致性,使文章具有说服力和感染力,达到写作的目的。进一步说,证明论题的时候,即不能扩大论题,也不能缩小论题,否则都会违反同一律的要求。

同一律在写作中的运用,要求准确地使用概念,大家在写作中要注意概念的区别。

思考题

1. 请分别讨论矛盾律在文学创作和应用文写作中的应用情况。
2. 请分析矛盾律和排中律要求的异同。
3. 请分析写作过程中模糊语言和精确语言的辩证关系。

第六章
溯因、归纳和类比推理在写作中的应用

在应用文写作中，不可避免地需要对观点或事物进行推理。第三章我们提到演绎推理。演绎推理的前提蕴涵结论，从真前提必然能得出真结论，我们把研究演绎推理的逻辑叫作演绎逻辑。本章研究非演绎推理，其前提并不蕴涵结论，从真前提只能或然地得出真结论。非演绎推理包括溯因推理、归纳推理、类比推理等。由于非演绎推理的结论具有或然性，因而归纳逻辑不用"有效"或"无效"作为评价非演绎推理的标准，而是研究推理的前提对结论的支持程度，并且研究如何提高结论的可靠程度，这也就是或然推理的逻辑性问题。掌握了写作中常用的非演绎推理形式，写作的逻辑也就清晰了。

第一节　溯因推理

一、何为溯因推理

19世纪，逻辑学家皮尔斯继承了亚里士多德关于"三段论"的思想，首次提出"假设推理"，他认为"假设推理"有一个前提：要有一个异常现象或事实被观察到，需要提出假说来解释这些现象和事实，并提出了"假设推理"的模式。皮尔斯认为溯因推理的这种逻辑推理的意识，很早就在人类的大脑中觉醒，因为人们会自觉或不自觉地把它运用到科学的探索或研究中。他对回溯逻辑展开了探索，被后来的逻辑学者们视为回溯推理理论的奠基人。皮尔斯之后的学者汉森在《发现的模式》中再次提到了皮尔斯指出的回溯推理，他认为这种思维形式是人类科学以至于知识成长的一般模式，并命名为溯因逻辑。西蒙结合了皮尔斯和汉森的溯因逻辑的推理形式，并且用它定义出了一种科学发现的逻辑。他认为，溯因是与演绎和归纳推理不同的第三种重要形式。溯因关注的是为何提出最初的假设，而演绎和归纳并不是如此。溯因推理的标准形式为：

(1)P 奇怪现象被观察到；

(2)若 H 是真的，则正确地解释了 P；

(3)因此，有理由相信，H 是正确的。

著名哲学家齐姆宾斯基在其著作《法律应用逻辑》中也强调溯因推理的前提是由结论倒推出来的，对这个定义还必须做如下补充：推理的前提不是单独地由结论逻辑倒推出来，而是由结论和通常被省略的其他前提结合起来逻辑地推导出来。

溯因推理，又称回溯推理。它有广义和狭义两种理解：广义是指根据事物发展过程所造成的结果，推断形成结果的一系列原因的整个逻辑思维过程；而狭义则是指从结果出发，运用一般规律性知识，推测出该结果发生的原因的推理。简而言之，溯因推理的思维方法就是一种"由果及因"的方法，即从事物的结果倒回到事物的原因，一叶落而知天下秋。

我们可以借助溯因推理进行思维的锻炼和学习。比如，阅读文学作品时，我们说作品是一种源于生活又高于生活的艺术形式，我们可以通过阅读来更加直观地了解溯因推理在身边各种事物中的应用。关于溯因推理的应用，正如阿瑟·柯南道尔借笔下的人物福尔摩斯所说的："只有少数的人，如果你把结果告诉他们，他们就会通过内在的意识推断出产生这种结果的各个步骤是什么，这就是在我说到'溯因推理'或者'分析方法'时我所指的那种能力。"柯南道尔还举例说明："一个逻辑学家不需要看到或者听说过大西洋或尼加拉瀑布，他能从一滴水推测出它有可能存在。所以整个生活就是一条巨大的链条，只要见到其中的一环，整个链条的情况就可以推想出来了。"

二、溯因推理的逻辑结构

哲学家皮尔斯用三段论的形式，分"规则""情形""结果"三方面，对演绎、归纳和溯因三种推理进行了区分和比较。

演绎推理：

规则——这个袋子里所有的球都是红色的。

情形——这些球来自这个袋子。

结果——这些球是红色的。

归纳推理：

情形——这些球来自这个袋子。

结果——这些球是红色的。

规则——这个袋子里所有的球都是红色的。

溯因推理：

规则——这个袋子里所有的球都是红色的。

结果——这些球是红色的。

情形——这些球来自这个袋子。

可见，演绎推理是根据规则，从情形推出结论的过程，前提真，结论一定为真；

归纳推理是从情形和结果，产生规则的过程，前提真而结论未必真；

溯因推理则是在一个已知规则下，从一个观察信息推导出某种情形成立的过程，它的结论是根据观察结果和规则分析后得出的一种可能性假设情形，这种推理具有或然性。

溯因推理是揭示已知事实相关性范围的逻辑方法。溯因推理只有在确定掌握这个现象产生的结果的各个因果联系，以及原因与结果之间是充分条件关系的情况下才能运用充分条件假言溯因推理作出推断。同一个结果，却可能由不同的原因造成，即一果多因。其逻辑结构是由一个充分条件假言判断为前提，而另一个前提则肯定充分条件假言判断的后件，从而结论或然地肯定充分条件假言判断的前件。其公式表达为：

$$\frac{q}{\text{如果 }p\text{，那么 }q}$$
$$\text{所以，}p$$

上式中，"q"表示已知的结果，"如果 p，那么 q"表示一般规律性知识，"p"表示根据已知的结果和一般规律性知识推测出的导致结果发生的原因。

溯因推理作为一种独立的推理类型，区别于其他推理形式的特点在于思维的逆向性。即是以已知事实为推理的逻辑起点的推理形式为主要特征，即它由一个或一组已知的事实为推理的逻辑起点，进而依据常识或相关背景知识等寻找导致该事实的原因、条件。溯因推理一般有两个前提：一是必须要有已经产生的某种结果。即进行溯因推理的逻辑起点要有客观现实存在的事实，而不是真假不定或者虚假的事实。这是运用溯因推理的首要原则。二是必须要有经过实践经验的总结得出来的知识作为理论基础，在进行因果分析的时候，没有正确的理论，只凭想象去建立事物间的联系，不可能推导出真实的结论。

不难看出，整个溯因推理的逻辑结构从演绎逻辑的角度来看是无效的，因为它是充分条件假言推理的肯定后件式，但我们不能说溯因推理不符合逻辑。

因为我们在运用溯因推理时并没有按照演绎推理的规则来进行,所以溯因推理不受演绎推理规则的约束。溯因推理的根据在于客观现象之间有因果联系。在客观世界中,一个现象的发生必然存在着一定的原因。正是由于这一点,人们才能根据已知的现象和已有的关于因果联系的知识而做出推测。然而由于客观世界的因果联系是复杂的,有一因一果,还有一因多果、果多因等,所以,从结果出发,只能或然地回溯原因。归纳逻辑是在承认溯因推理结论是或然性的前提下,来研究如何提高推理结论的可靠程度。

综上,溯因推理具有以下几个特征。

第一,溯因推理以已知事实作为推理的出发点。

由已知事实构成的命题,是整个溯因推理的逻辑起点。在实际推理中,必须以事实为依据,才能使整个溯因推理具有可靠性。作为逻辑起点的 q 命题,即已知事实,是整个回溯推理赖以进行的逻辑基础,借此确保 q 命题的存在就是充分的。再由这个充分的 q 命题去寻找与 q 相关联的缘由,即 p 命题。回溯推理的目的就是要寻找 p 命题。为了推断出产生 q 命题的缘由,我们就需要断定有一个与 q 命题相关的命题 p,即在逻辑上断定有一个 p 命题是 q 命题的充分条件。

第二,溯因推理结论具有或然性。

溯因推理中,肯定存在某种东西使已知事实产生联系,这是必然的,但是通常人们往往只断定某个或某些联系,它不一定与客观相符,就这点而言,它又是或然的。

第三,溯因推理的方向具有逆向性。

溯因推理是由已知事实作为逻辑起点,借助相关知识,去逆向推导使已知事实产生某些联系。即从待解释的事实出发,通过分析各种相关知识和条件,往回探索。

第四,溯因推理规则的非逻辑性。

与充分条件假言推理相比较,溯因推理的逻辑形式不像演绎推理那样具有严格的逻辑规则,这种推理很大程度上依赖于推理者的相关知识。

例如,在《福尔摩斯探案集》中,福尔摩斯一见到华生就断定"你去过阿富汗",以下是福尔摩斯对华生的解释:

我就是知道你从阿富汗来。我习惯于很快就完成一连串的思索并得出结论。虽然,在得出结论时尚未意识到这中间的步骤;然而,这些步骤是存在的。我的全部推理过程是:"这位先生有医界人士的风度,但带有军人气派。显然,是一位陆军医生,且刚从炎热地带来,因为他脸部黝黑。但是,这并不是他的本色,因为他的手腕肤色白皙。从他面部的倦容和皱纹看得出,他曾历尽艰辛遭受疾病的困扰。左臂受过伤,因为左臂动作有些僵硬而且不自然。一位英国陆军军医会在热带哪个地方受过这种磨难,并且手臂被打伤呢?很清楚,只有阿富汗。"这一连串思维过程总共没花一秒钟时间。于是,我说你是来自阿富汗,让你感到惊奇了。

我们根据溯因推理的要求,将这一段话整理如下:

①有医界人士的风度,但带有军人气派;

如果是军医,那么有医界人士的风度也带有军人气派;

所以,他可能是军医。

②脸部黝黑但手腕肤色白皙;

如果是去过热带被晒,那么脸部黝黑但手腕肤色白皙;

所以,他可能去过热带。

③面部有倦容和皱纹;

如果历尽艰辛、遭受疾病的困扰,那么面部充满倦容且布满皱纹;

所以,他可能历尽艰辛与遭受疾病的困扰。

④左臂动作有些僵硬且不自然;

如果左臂受过伤,那么左臂动作有些僵硬且不自然;

所以,左臂可能受过伤。

⑤一位英国陆军军医会在热带哪个地方受过这种磨难,并且手臂被打伤;

如果他去过阿富汗,那么他会在这个热带地方受过这种磨难,并且手臂被打伤;

所以,他可能去过阿富汗。

根据以上五个溯因推理,福尔摩斯迅速推理出华生是一名去过阿富汗而且受过伤的军医。

三、溯因推理的作用

溯因推理虽然是或然性推理,但是运用却相当广泛,无论是在日常生活中还是在科学研究中,这种思维方法的运用都极其广泛。

第一,运用溯因推理有助于推测事件发生的原因。

例如,我们在清晨观察到马路边的草坪是湿的,于是合理猜测这一现象发生的原因是晚上下过雨。如果晚上下过雨,那么我们会得到一个推论:马路是湿的。我们观察到马路确实是湿的,因此晚上下过雨的可能性比较大。同时,我们还会有第二个推论:屋顶是湿的。如果我们观察到屋顶确实是湿的,因此晚上下过雨的可能性就更大了。

再看一个例子:

在一项关于某工厂工人劳动效率的研究中,工程师发现,有五名工人完成一件工作比其他工人完成同一工作的效率要低。在列举了这五名工人的劳动条件中出现和不出现的各种因素后,工程师发现,在八种可能的候选因素中,仅有一种因素那五名工人都没有:参与分红方案。因此,工程师得出结论:分红是提高劳动效率的原因。

第二,溯因推理在写作中具有特别重要的作用。在实际生活中,我们很少能意识到溯因推理的形式,不会有意识地遵循溯因推理的步骤。在写作中,如果不清楚溯因推理的原理,就会出现错误。下文是一篇2008年的高考作文中的片段:

"汶川大地震"在一瞬间夺走了数万同胞的生命,让数万家庭妻离子散,让多少年积累的财富化为乌有,这是一件多么让人伤痛的事情!可是,这也给落后的西部带来了发展的新机遇。崭新的医院、学校和住房将会在废墟上重新站起来,一个崭新的西部将会崛起。

这一段话中有一个关键句"这也给落后的西部带来了发展的新机遇",代词"这"指代"汶川大地震"应当没有问题,也就是说,作者实际表达的意思是:"汶川大地震"给落后的西部带来了发展的新机遇。这种强加因果的谬误我们在前面已经分析过,这里我们根据溯因推理的原理来分析作者为什么会犯这种错误。

溯因推理的起点是新现象或异常现象,是由果到因的推理。但上述作文的起点是"汶川大地震",结果是"崭新的医院、学校和住房将会在废墟上重新站起来,一个崭新的西部将会崛起",这样就将时间上的先后联系当作了必然的因果关系。按照溯因推理的原理,新现象应是一种结果,即在地震灾区,崭新的医院、学校和住房将会在废墟上重新建起来。从这个结果向前推测原因,也许可以推到大地震。但溯因推理还有个步骤,即寻找反例。历史上,发生大地震的次数很多,但是没有都在地震后有过大发展的情况,说明地震并不必然给灾区带来发展的新机遇,一定另外有其他的原因。人们通过反例推测新的原因,然后再进行由因到果的验证。这个验证需要强化因果的逻辑链,不能出现因果的逻辑空白。

值得注意的是，溯因推理的结论也只是可能而非绝对的：首先，不能保证所有重要的因素都被注意到；其次，被研究现象有可能是由两个或更多的因素共同作用的结果。所以，在推理中，论据越充分，掌握的事实越多，结论才会更加可靠、真实。这就要求我们必须穷尽所有的可能原因，必须以科学证据排除非现实原因。

第二节　归纳推理

一、何为归纳推理

归纳推理是由已知的个别性命题为前提，推出一般性命题的结论的推理。传统逻辑根据前提所考察对象范围的不同，把归纳推理分为完全归纳推理和不完全归纳推理。完全归纳推理考察了某类事物的全部对象，属于必然性推理的范围，不完全归纳推理则仅仅考察了某类事物的部分对象，属于或然性推理的范围。我们还可以进一步根据前提是否揭示对象与其属性间的因果联系，把不完全归纳推理分为简单枚举归纳推理和科学归纳推理。现代归纳逻辑则主要研究概率推理和统计推理。本节主要介绍传统逻辑的分类。

例如：

金受热后体积膨胀，
银受热后体积膨胀，
铜受热后体积膨胀，
铁受热后体积膨胀，
……
金、银、铜、铁……都是金属，
所以，金属受热后体积膨胀。

这就是一个归纳推理。当人们将许许多多的金属考察后，发现它们受热后体积都会膨胀，就理所当然地得出了"金属受热后体积膨胀"的结论。但这个结论是否正确，需要人们对所有金属进行一一验证才能知晓。从这一例子可以看出，归纳推理的结论是或然的。

归纳推理不仅是推理的方法，也是我们后文探讨的论证方法的一种。如果归纳不当，就会产生论证缺陷。例如：

在一个抽象派画展上，一幅高50厘米、宽40厘米的作品吸引了众多观众驻足。观众 A 说:"这是一个浪迹天涯的游子在沙漠中跋涉时留下的凌乱而又艰难的足迹。"现众 B 说:"这是一场艰苦卓绝的战争结束后的场面,血腥而又惨烈。"观众 C 说:"这是梁山伯、祝英台坟前化出的一对彩蝶,美丽、凄凉而又浪漫。"

这小小的一幅画,一个客观而又真实的存在,三个不同的人去感知,竟然有完全不同的理解! 这说明,人们是从自己的想象出发对现实世界进行解释的。人们对生活中的是非曲直、正义邪恶的判断,完全取决于自身的偏好或者需要,而不是取决于客观的事实。对现实中管理问题的认识也是这样。由于管理问题的极端复杂性,每一项管理问题的研究成果都可能留下研究者自身的知识、经验、研究视角、主观意向等方面的烙印。学者们自以为看到了真实的世界,发现了客观事实之间的因果联系,其实,他们所谓的发现,只不过是他们头脑中的主观意向的映射,而不是客观规律。

上文是通过枚举归纳的论证方式说明对未知的感受完全是主观的,进而得出,人们对生活中的是非曲直、正义邪恶的判断完全取决于自身的偏好或者需要,而不是取决于客观的事实,并认为对管理问题的认识也一样是完全主观的。这一论证是存在严重漏洞的,其逻辑缺陷主要有归纳不当、例子不具有代表性、类比不当以及结论片面等。

既然归纳推理的结论不可靠,那为什么人们还研究这种推理呢? 因为人们通过归纳,可以使已有的知识面扩大,可以发现新的知识,而且演绎推理是离不开归纳推理的。在演绎推理中,表达一般知识的大前提是靠归纳得来的。当然,归纳推理也离不开演绎推理,归纳推理的结论有待于用演绎推理加以论证,或者要用演绎推理导出可供实践检验的命题,由实践来证明其为真或为假。总之,在认识现实的思维进程中,归纳推理和演绎推理都有着不可或缺的作用,二者互相联系、互相补充,正如恩格斯所言:"归纳和演绎,正如分析和综合一样,是必然相互联系着的,不应当牺牲一个而把另一个捧到天上去,应当把每一个都用到该用的地方,而要做到这一点,就只有注意它们的相互联系,它们的相互补充。"归纳与演绎的关系,既有区别,又有联系。

它们的区别在于:第一,思维的方向不同。演绎是一般到个别,归纳则是由个别到一般。演绎推理的大前提通常是一般原理,因此,同经验没有直接的关系。归纳推理的前提常常涉及个别的事物,因而,它们直接与经验相关。第二,结论断定的范围不同。演绎推理的结论没有超出前提的范围。归纳推理的结论一般都超出前提的范围(完全归纳除外)。第三,前提与结论之间的联系不同。演绎推理的结论和前提的联系是必然的,归纳推理的结论和前提的联系不一定都是必然的,有的结论是确实可靠的,有的结论只具有一定程度的可靠性。演绎推理的前提蕴涵结论,一般来说归纳推理的前提不蕴涵结论。

它们的联系在于:第一,演绎推理离不开归纳推理。其大前提要靠归纳推理来提供。第二,归纳推理也离不开演绎推理。因为进行归纳推理并非是盲目的,要有科学知识作为指导。提高归纳推理结论的可靠程度,也要运用科学知识来分析所研究的现象。不论以一般性的知识作指导,还是对归纳推理的前提进行科学分析,都要运用演绎推理。

在实际思维过程中,并不只有单纯的归纳或者单纯的演绎,而是归纳之中有演绎,演绎之中有归纳,两者相互依赖相互补充,只不过有时以归纳为主,有时以演绎为主罢了。例如在生活中,我们判断自己对海鲜过敏都是通过归纳的手段,但是在医院测试过敏原却使用的是一种演绎推理。

二、收集和整理经验材料的逻辑方法

归纳作为一种以个别知识为前提推出一般知识结论的推理,它不等于认识由个别到一般的整个研究活动。显然,人们先要搜集到一定的事实材料,有了个别的知识作为前提,然后才能进行归纳推理。所以收集事实材料是归纳推理的第一步。而收集事实材料,必须依靠经验的认识方法,即观察、实验、分析综合和抽象概括等。

(一)观察与实验

观察就是人们有目的、有计划地通过感觉器官去认识事物现象的一种经验方法。观察不同于一般的感知,有其自身的特点。其一,观察是一种有目的、有计划的活动;其二,观察有选择性。

观察是认识事物的基础,只有通过观察才能感知、发现和理解外在事物。观察对于写作来说有着非常重要的意义,人们通过观察可以收集各种事实材料,从而诱发写作动机和灵感。在深入调查研究时,如果善于观察,有助于辨别事情的真伪。

有一次,一个领导小组去某县搞调查,有一个乡自报乡镇企业产值1300万元。领导去实地一查,全乡除一个负债累累的面粉厂外,再没看到一个企业。领导问:"这产值数从何而来?"乡长说:"从各村各户的面粉厂来的。"领导又问:"有多大的虚数?"乡长说:"百分之三十吧。"领导又说道:"百分之五十也不止吧?"乡长和他身边的几个干部全都惭愧地笑了。

所以说，只有实地观察，才最容易辨别真伪，否则，只听介绍和汇报，单凭道听途说就写材料，就难免造成虚假事实。

但是，由于观察者的知识水平、社会背景、个人取向不同，往往同一个事物，让不同的人来观察就会得出不同的结论。而且，单纯依靠感官所能观察到的范围毕竟是有限的。随着观察范围的不断扩大，人们愈来愈多地利用仪器，如望远镜、显微镜等来观察。通过这些科学仪器，人们就可以做到精确测量和准确记录。

实验是人们根据科学研究目的，运用一定的科学仪器，使对象在自己的控制之下，按照自己的设计发生变化，并通过观察和思索这种变化来认识对象的方法。

实验有三个特征：一是简化和纯化自然现象，二是强化和再现自然现象，三是延缓和加速自然过程。由于实验有以上特征，所以实验比观察有更大的意义。实验可以按以下标准分类：一是按目的和在科学中的作用可分为探索性实验和验证性实验。探索性实验是指对未知领域进行的实验；验证性实验是指对已有理论、假说通过实验来进行检验。二是按实验手段是否直接作用于被研究对象可分为直接实验和间接实验。直接实验就是直接作用于被研究对象的实验，间接实验是通过模拟被研究对象的功能所进行的实验。

但是，通过观察、实验而得到的经验材料，往往是零散的，还需要运用理性思维的方法进行整理和加工，使之形成正确、真实的经验性命题。

(二)分析与综合

分析是在思维过程中把客观对象分成各个部分、方面、特性等进行认识的方法。综合是在思维过程中将原有的关于客观对象的各个部分、方面、特性的认识结合起来，形成关于客观对象的统一整体的认识的方法。例如，白色的光经过三棱镜，分解成红、橙、黄、绿、青、蓝、紫七色光就是光谱的分析，反过来，七色光又合成白色光，这就是光谱的综合，由此可以解释彩虹的成因。分析和综合在认识上是两个相反的认识过程，但它们是相互联系、不可分割的。分析是综合的基础，而综合是分析的目的。为了综合，必须进行分析，没有分析就没有综合；分析也依赖综合，没有一定的综合知识，就不能对事物进行深入的分析。分析和综合是理性认识当中两种重要的认识方法。

(三)抽象与概括

抽象是人们在研究活动中，运用思维能力，排除次要的、非本质的因素，抽出其主要的、本质的因素，从而达到认识对象本质的方法。概括是在思维中把对象本质的、规律性的认识,推广到所有同类的其他事物中去的方法。

抽象从感性认识出发,通过分析和舍弃,抽出共同点,撇开差异性的内容和联系,通过概括得出简单的、基本的规定,即合理的抽象。概括在认识事物属性的过程中,把所研究各部分事物得到的一般的、本质的属性联系起来,推广到同类的全体事物,从而形成这类事物的普遍概念。

概括过程中的对象保持不变,但对象的范围扩大了,会推广到同类的全体事物;而在抽象过程中对象由具体的对象变为形式化的、一般化的对象。

在中国古典文献总集的编纂过程中,抽象和概括的方法运用非常普遍。例如,人们根据诗、词、赋、曲等具体的文体形态,抽象出文学文体的发展规律和文体观念;又根据这些抽象的文学观念,对诗、词、曲、赋等文体进行分类概括。这是文体观念的发展过程,也是逻辑思维发展的过程。

三、完全归纳法

完全归纳推理是根据某类的每一个对象具有(或不具有)某种属性,推出一个关于某类的一般性知识的结论。从前提和结论之间的联系程度看,完全归纳推理的特点是在前提中考察了一类事物的全部对象,结论没有超出前提所断定的知识范围。因此,其前提和结论之间的联系是必然的。

完全归纳推理既是一种发现的方法,同时又是一种论证的方法。作为发现的方法,可以用下面的事例来说明:

德国著名数学家高斯在很小的时候就表现出非凡的数学天才。他十岁那一年,还是一个小学生。有一次上数学课,因为几十个顽皮的孩子不认真学习,老师就给他们出了一道能消磨时间的算术题,他要孩子们计算一下:

$$1+2+3+4+\cdots\cdots+97+98+99+100=?$$

老师想,要加的数目这么多,多费劲呀! 而且稍不小心,答案就会弄错。但是,小高斯想了一会儿,就报出答案等于5050。高斯是怎样算出来的? 高斯告诉大家,他发现1到100这一百个数,有一个特点,那就是依次把头尾两个数加起来都等于101,即:

$$1+100=101$$
$$2+99=101$$
$$3+98=101$$
$$\cdots\cdots$$
$$50+51=101$$

在 1 到 100 中有 50 对 101,因此,这一百个数的总和就是:

$$101 \times 50 = 5050$$

高斯的解题方法就是对完全归纳推理的应用。

完全归纳推理的逻辑形式是:

$$S_1 是(或不是)P$$
$$S_2 是(或不是)P$$
$$S_3 是(或不是)P$$
$$……$$
$$S_n 是(或不是)P$$
$$\underline{S_1,S_2,S_3,…,S_n 是 S 类的全部对象}$$
$$所以,所有的 S 都是(或都不是)P$$

例如:

专业考试中,甲的平均成绩不到 90 分,

专业考试中,乙的平均成绩不到 90 分,

专业考试中,丙的平均成绩不到 90 分,

专业考试中,丁的平均成绩不到 90 分,

甲、乙、丙、丁是二班一组的全部成员,

所以,专业考试中,二班一组的平均成绩不到 90 分。

这个例子是通过断定二班一组的每个成员(甲、乙、丙、丁)在专业考试中的平均成绩都不到"90 分"的个别属性,推出了"专业考试中,二班一组的平均成绩不到 90 分"这样的一般性结论,这就属于完全归纳推理。

完全归纳推理在前提中考察的是某类的全部对象,结论的知识范围没有超出前提的知识范围,因此,前提与结论的联系是必然的。运用完全归纳推理要获得正确的结论,必须遵循以下两点:

第一,前提中的每一个经验命题必须是真实可靠的。如果前提中有不真实的命题,那么就不能得出真实的一般性结论。

第二,完全归纳推理必须毫无遗漏地考察到一类事物中的全部对象,否则得出的结论就不是必然的了。

完全归纳推理最大的局限性是考察的对象有限时可以使用,考察的对象众多甚至无限时就难以使用。然而,这种局限性并非不可避免。例如,在中国的人口普查中,工作人员面对巨大的人口数量,他们会先将人口进行分类、分组考察,再用完全归纳的方法统计各个类别、组别的数据,从而获得中国人口总数。

再如,要考察中国历代所有公务文书的基本情况,可以先将公文按照某种依据进行分类,或按朝代分类,或按文体分类,在保证可以穷尽所有公文的情况下,依次考察各个类别中公文的情况,再用完全归纳的方法,得出一般性的结论。

四、不完全归纳法

完全归纳推理只有在研究对象确定而且数目有限时才可以采用,因而它的适用范围就受到了限制。当人们所要认识的事物包含的对象数量极大,或者数量无限时,就很难或根本无法使用完全归纳推理,这就需要运用不完全归纳推理。

不完全归纳推理是根据某类事物的部分对象具有(或不具有)某种属性,从而得出一般性的结论。如"瑞雪兆丰年""自古长安东风不下雨"以及人们对于地震前兆的许多认识等,都是由不完全归纳得出的结论。再如:

铜能导电,

铁能导电,

锌能导电,

……

铜、铁、锌等都是金属,

所以,所有的金属都能导电。

又如:

$6=3+3$

$8=3+5$

$10=3+7=5+5$

$12=5+7$

$14=3+11=7+7$

……

6、8、10、12、14 是大于 4 的偶数,

所以,所有大于 4 的偶数都可以写成两个质数之和。

这是运用不完全归纳推理提出的著名的哥德巴赫猜想。

不完全归纳推理的逻辑形式是:

S_1 是(或不是)P

S_2 是(或不是)P

S_3 是(或不是)P

······
S_n 是(或不是)P

$\underline{S_1,S_2,S_3,\cdots,S_n \text{ 是 S 类的部分对象}}$

所以,所有的 S 都是(或不是)P

不完全归纳推理的前提真并不能保证结论必然真。因为人们所观察到的事物是有限的,而且单凭观察所得的结论是不能证明事物的必然性的。例如"乌鸦都是黑色的""天鹅都是白色的""血都是红色的""鸟都会飞""哺乳动物都是胎生的""鱼都是用鳃呼吸的"等,在一段时间里,人们都认为这些结论是正确的。后来陆续出现了反例:在日本发现白鸦;在澳洲发现黑天鹅;虾和蟹的血是蓝青色的,海边岩缝里的小环虫的血是绿色的;不会飞的是鸵鸟;鸭嘴兽是哺乳动物,却是卵生的;在南美洲还有用肺呼吸的鱼。事实上,人们用不完全归纳推理得到的许多结论,后来都因为遇到相反的事例,被证明是错误的。

数学家华罗庚对不完全归纳推理的或然性做过通俗而形象的说明:"从一个袋子里摸出来的第一个是红玻璃球,第二个是红玻璃球,甚至第三个、第四个、第五个都是红玻璃球的时候,我们立刻会出现一种猜想:'是不是这个袋子里的东西全部都是红玻璃球?'但是,当我们有一次摸出一个白玻璃球的时候,这个猜想失败了。这时我们会出现另一种猜想:'是不是袋子里的东西都是玻璃球?'但是,当我们有一次摸出来的是一个木球的时候,这个猜想又失败了。那时,我们又会出现第三个猜想:'是不是袋子里的东西都是球?'这个猜想对不对,还必须加以检验,要把袋子里的东西全部摸出来,才能见分晓。"

要提高不完全归纳推理结论的可靠性,应当注意以下几个问题。

第一,被考察的事物对象数量要尽可能多,范围要尽可能大。考察的对象越多,考察的范围涉及各种各样的环境条件,漏掉相反情况的可能性就越小,结论的可靠程度也就越高。反之,如果考察的对象很少,范围不大,漏掉相反情况的可能性就越大,结论的可靠性就越低,就难免会犯"轻率概括"或"以偏概全"的逻辑错误。

有这么一个例子:

有人曾对猪毛的颜色进行了观察,发现铁岭的猪毛是黑色的,抚顺的猪毛是黑色的,沈阳的猪毛是黑色的,大连的猪毛是黑色的,丹东的猪毛是黑色的。因此他认为,天下所有的猪毛都是黑色的。

这个人在进行归纳推理时犯了错误。他从"铁岭、抚顺、沈阳、大连、丹东的猪毛都是黑色的"现象中归纳出这样一个结论:"天下所有的猪毛都是黑色的"。

这在逻辑上就犯了"轻率概括"或"以偏概全"的错误。

可以用论证的形式对这个人的思维过程进行分析：

事实语言形式：

观察到的许多地方的猪毛的颜色(a、b、c……)(S)都是黑色的(P)

未观察到的某个地方的猪毛的颜色(S)不是黑色的(P)

天下所有的猪毛的颜色(S)都是黑色的(P)

论证语言形式：

a、b、c……每个都被观察到是 S 而且是 P

从未观察到是 S 但不是 P

所有 S 都是 P

第二，注意考察有无反面事例。进行不完全归纳推理时，只要出现一个反例，就不能得出结论。如果在一些可能出现相反情况的场合，注意了反例并且真的没有发现反例，那么就说明结论的可靠程度较高。

第三，对被考察的对象与某属性存在因果联系确定越多，则结论的可靠程度就越高。例如，当我们观察到铜受热之后体积膨胀，铝受热后体积膨胀，通过分析，认识到这些金属受热之后体积膨胀的原因在于：它们受热之后，分子之间的凝聚力减弱，相应地分子间的距离就会增大，从而导致体积膨胀。在上述观察及分析之后得出结论：所有金属受热后体积都会膨胀。这样的结论就比仅靠观察更多的金属受热情况而得出的结论可靠性高得多。在这种情况下，前提的数量不具重要作用。正如恩格斯所说：十万部蒸汽机并不比一部蒸汽机能更多地证明热能转化为机械运动。

不完全归纳推理突破了完全归纳推理的局限性，虽然它的结论具有或然性，但它在人们的科学研究和实际工作中仍然起着重要作用。

不完全归纳推理的方法在写作中经常被用来论证观点，我们看下面这段高中作文片段：

司马迁遭受不幸，于逆境中写出了《史记》，取得了辉煌的成就(S_1)；曹雪芹在遭受一次次的打击，举家食粥的情况下，依然写出了不朽的《红楼梦》(S_2)；现代的朱自清，家境贫寒，他在上大学时，由于没有钱买新的被子，只能用绳子将破被的另一头扎起以御寒，但他刻苦学习，成为著名的诗人、学者和民主战士(S_3)；塞万提斯在被捕入狱后，仍写出了《堂吉诃德》这样伟大的著作(S_4)。

虽然他们所处的时代不同，他们的国籍不同，人生经历不同，个性等都不相同，但有一个因素是相同的，即他们都处于逆境而不气馁，勤奋努力，最终都取得辉煌成就,由此可以得出这样的结论:处于逆境而不气馁,勤奋努力,是他们最终都取得辉煌成就的原因,逆境能使人成才(P)。

由 S_1—S_4 得出结论 P:处于逆境而不气馁,勤奋努力,是他们最终都取得辉煌成就的原因,逆境能使人成才。这在写作中是一个很常用的方法。

第三节　类比推理

一、何为类比推理

类比推理也称类推、类比。我国古代《汉书》中用过"类推"这个词,即"夫明暗之微,上乱飞鸟,下动渊鱼,各以类推"。这里的"类推"就是由一事物而推广至其他相类事物,是以两个事物某些属性相同的判断为前提,推出两个事物的其他属性相同的结论的推理。

本章研究的类比推理,也叫"比较类推法",就是依据两个(或两类)对象之间存在着某些类似或相似的属性,并且已知其中一个(或一类)对象还有某种属性,从而推出另一个(或一类)对象具有某一相应的属性的推理。

与其他思维方法相比,类比推理的方向是由个别到个别,属于平行式思维的方法。与其他推理相比,类比推理属平行式的推理。正如亚里士多德在《前分析篇》中指出:"类推所表示的不是部分对整体的关系,也不是整体对部分的关系。"

类比推理是根据两个对象在一系列属性上相同,而且已知其中的一个对象还具有其他属性,由此推出另一对象也具有同样其他属性的结论。内容表示如下:

$$\frac{A\ 有属性\ a_1、a_2,\cdots,a_n,b}{B\ 有属性\ a_1,a_2,\cdots,a_n}$$
$$所以,B\ 也有属性\ b$$

类比推理有以下两个特征:

第一,类比推理的推理方向是由特殊到特殊。类比推理不同于演绎推理和归纳推理,演绎推理通常是由一般到特殊的推理,归纳推理则是由特殊到一般的推理。类比推理通常是在两个(或两类)对象之间进行的,在推理方向上表现为从特殊到特殊的过渡。

第二,类比推理结论具有或然性。因为类比推理是把某个(或某类)对象所具有的属性推广到与之相似的另一个（或一类）对象上去，以对象之间已知的相同和相似之点为根据，从而使结论的范围超出了前提的范围，所以，类比推理的前提并不蕴涵结论，从前提的真实不能必然推出结论的真实，它的结论不是可靠的，是带有或然性的。

在淮南，有一种常绿乔木，树枝细且通常有刺，叶子长卵圆形，果实球形稍扁，果皮红黄色，它结得果是甜的，这种树被称为橘子树。在淮北，我们也发现一种常绿乔木，其树枝细且通常有刺，叶子长卵圆形，果实球形稍扁，果皮红黄色，但被称为枳子树。于是，我得出结论，这种树结得一定是甜的。

有这样一个故事可以说明上例：

古代齐国的宰相晏子，到楚国访问，楚王有意要羞辱他的国家。于是在会见时，故意安排一个犯人到他面前，说是才抓到的一个盗窃犯，是齐国人。于是楚王借机问道："是不是齐国人都喜欢做'小偷'"？晏子随即回答道："听说种在淮南的橘子味甜，一旦被移植种到淮北，长出来的，就是大大的不同的枳子，外形像橘子，但是味苦而不能吃，而今天居住在我们齐国的人都是良民，从来没有盗窃的倾向。"

这个故事已经告诉我们上例中类比的可靠性是很弱的。淮南与淮北的气候以及水里矿物质的含量都有所不同，就使得这两种看起来非常相像的树所结得果味道不是完全相同，因此类比的结论具有或然性。

二、类比推理的类型

类比推理的使用范围非常广泛，它既可在同类事物中进行，又可以在毫不相干的两类事物中进行。类比推理的划分方式主要有以下两种。

1.根据类比中的断定不同，类比可分为正类比、负类比和正负类比等推理类型

1）正类比推理

正类比推理又叫肯定式类比推理，它是根据两个或两类对象有一系列属性相同或相似，并且又已知其中一个对象还具有其他属性，由此推出另一个对象也具有这个属性的推理方法。正类比推理的逻辑模式如下：

$$A \text{ 具有 } a、b、c \text{ 和 } d$$
$$\underline{B \text{ 也具有 } a、b、c}$$
$$\text{所以，}B \text{ 也具有 } d$$

这一推理形式反映在写作中，如下面这段高中语文作文：

人生总不可能一帆风顺,总免不了要经受大大小小的磨难,经受住磨难则能成就人生。贝多芬双耳失聪,却能在这样的磨难下创造出不朽的交响曲,撼人心灵;司马迁遭受腐刑,却能在这样的耻辱中写成《史记》,汗青溢光;一代体操王李宁泪洒汉城后,黯然退出体坛,却又另辟天地,让"李宁牌"系列运动用品风靡中国的体育用品市场。磨难,能带人冲破黑暗,绽放光彩。

《邹忌讽齐王纳谏》中有一个很典型的类比推理的例子:

于是入朝见威王,曰:"臣诚知不如徐公美。臣之妻私臣,臣之妾畏臣,臣之客欲有求于臣,皆以美于徐公。今齐地方千里,百二十城,宫妇左右莫不私王,朝廷之臣莫不畏王,四境之内莫不有求于王:由此观之,王之蔽甚矣。"

邹忌进谏时用自己的生活环境与齐王的生活环境进行类比,将自己的"妻妾"与齐王的"宫妇左右"、自己的"臣之客"与齐王的"朝廷之臣"两两类比,推出结论"王之蔽甚矣"。

2)负类比推理

负类比又叫否定式类比,是根据两类或两个对象在一系列属性上的不相同或不相似,而且已知其中一类或一个对象还不具有其他的属性,从而推出另一类或一个对象也不具有其他属性的方法。负类比推理的逻辑模式如下:

$$\frac{A \text{ 不具有 } a、b、c \text{ 和 } d}{B \text{ 也不具有 } a、b、c}$$
$$\text{所以},B \text{ 也不具有 } d$$

3)正负类比推理

正负类比推理又叫肯定否定式类比,它是根据两个或两类对象在一系列属性上相同或相异,由此推出在另一些属性上也相同或相异的推理方法。正负类比推理的逻辑模式如下:

$$\frac{A \text{ 具有 } a、b、c,\text{另有 } d;\text{不具有 } e、f、g \text{ 和 } h}{B \text{ 具有 } a、b、c;\text{不具有 } e、f、g}$$
$$\text{所以},B \text{ 也具有 } d,\text{不具有 } h$$

2.根据类比中的思维方向,类比可分为单向类比、双向类比和多向类比等推理类型

1)单向类比

单向类比是拿某个对象和另一个对象进行单方向类比。例如我们平常所说诸如"铁不炼不成钢,人不运动不健康""良药苦口利于病,忠言逆耳利于行""路遥知马力,日久见人心"用的就是这种类比。

2）双向类比

双向类比是既拿甲对象和乙对象进行类比，又拿乙对象和甲对象进行类比。例如西汉董仲舒说："天有阴阳，人有卑尊；天有五行，人有五常；人有四肢，天有四方；人有喜怒哀乐，天有春夏秋冬；故人是一个小的天，天是一个大的人。"

3）多向类比

双向类比是在二者之间进行的，而多向类比是在三者以上对象之间进行的。例如"羊有跪乳之恩，鸦有反哺之义，所以人应有孝敬父母之德""合抱之木，生于毫末；九层之台，起于垒土；千里之行，始于足下"等用的都是这种类比。

三、如何提高类比的可靠性

类比推理作为一种或然性推理，有明显的局限性。这就使其结论超出了推理前提所断定的范围。同时，类比法的根据是两个对象之间的相似性，而被人们忽略了的差异性往往决定了类比的结果是不成立的。如果不注意类比法的局限性，就可能会犯"机械类比"或"庸俗类比"的逻辑错误。为了避免在运用类比法时犯逻辑错误，只有尽可能地提高结论的可靠性，才能更大限度地发挥类比的作用。

第一，明确事物之间属性的一致性，防止机械类比。《墨经》说："异类不比，说在量。""木与夜孰长？智与粟孰多？爵、亲、行、价四者孰贵？"因为衡量标准不一，不同类的东西不能在同一角度上相比。异类相比，可能导致机械类比的错误。应尽可能多地确认类比对象的相同或相似属性，相同属性越多，结论的可靠性就越大。因为类比对象之间相同属性或相似属性越多，它们的类别就越接近。这样，类比的属性就有较大的可能为两个类比对象所共有。例如：

乌兹别克斯坦生产长绒棉，新疆塔里木河流域和乌兹别克斯坦的日长、霜期和温度等都相似，科研工作者受到启发，将长绒棉移植到塔里木河流域，果然获得成功。

第二，力求从两个或两类事物的本质属性进行类比。前提中确认的相同本质属性的东西越多，结论的可靠性就越大。因为对象的本质属性制约着其他属性，前提中确认的相同或相似的属性愈是本质的，这些属性与推出属性之间的联系就愈密切相关。

《傅雷家书》中就用到了类比推理的方法：

音乐院长说你的演奏像流水、像河,更令我想到克利斯朵夫的象征。天舅舅说你小时候常以克利斯朵夫自命,而你的个性居然和罗曼·罗兰的理想有些相像了。河,莱茵,江声浩荡……钟声复起,天已黎明……国正到了"复旦"的黎明时期,但愿你做中国的——新中国的——钟声,响遍世界,响遍每个人的心!滔滔不竭的流水,流到每个人的心坎里去,把大家都带着,跟你一块到无边无岸的音响的海洋中去吧!名闻世界的扬子江与黄河,比莱茵的气势还要大呢……黄河之水天上来,奔流到海不复回……无边落木萧萧下,不尽长江滚滚来……这种诗人灵魂的传统的民族,应该有气吞牛斗的表现才对。

在上面的语段中,傅雷抓住了傅聪和约翰·克利斯朵夫本质的相似性:约翰·克利斯朵夫是一个为追求真诚的艺术和健全的文明而顽强奋斗的平民艺术家的形象,他身上最突出的特点是强烈的反抗精神和为实现理想而不懈追求的英雄气概。傅聪也是一个为艺术而献身的艺术家,约翰·克利斯朵夫的艺术是莱茵河的钟声,而傅雷希望傅聪做新中国的钟声,把中国的古老文明传递到世界艺术殿堂的各个角落。

四、类比推理的作用

类比推理在日常生活、科研乃至写作当中运用得非常广泛。

第一,类比推理是构造科学假说的重要途径。许多科学发现和科学理论的建立,都是先由假说开始的。科学假说是以已有的事实材料和科学原理为依据,对未知的事物做出规律性的推测性的论断。在科学研究中,许多重要的科学方法就是通过类比推理的思维方法建立起来的。

18世纪中叶,奥地利首都维也纳有一位医生,名叫奥恩布鲁格。有一次,他给一位病人看病,没有检查出什么严重疾病,但病人很快就死了。经过解剖尸体查看,发现胸膛积满脓水。医生想,以后再碰到这样的病人怎么诊断?他忽然想起他父亲在经营酒店时,常用手指关节敲木质酒桶,根据叩击声,就能估量出木桶中还有多少酒。他思考:人们的胸膛不是很像酒桶吗?他通过反复探索胸部疾病和叩击声音之间变化的关系,终于写出《用叩诊人体胸部发现胸膛内部疾病的新方法》的医学论文,发明了"叩诊"这一医疗方法。

在上例中,奥恩布鲁格就是运用类比推理把"酒桶和装酒量"与"人的胸膛及其积水"进行类比:同是封闭的物体,内藏液体,叩击时能发出声音等,从而根据叩击酒桶而知酒量类推叩击胸膛而知病情的结论。此外,在科学发展史上,惠更斯提出的光的波动假说,卢瑟福及其学生提出的原子结构的行星模型假说,也都是运用了类比推理。

第二,类比推理是一种激发人们产生创造性思维的重要方法。

1775年,美国爆发举世闻名的独立战争。战争中,英军凭借优良的军舰大炮,使美国海防遭受重创。怎样才能把侵略者彻底赶走呢?一个名叫布什内尔的士兵思虑重重。一天,布什内尔在海边散步,看到一条大鱼从水底偷偷游过来,猛地向一群小鱼发动突袭。这使他茅塞顿开:为什么不造一条大鱼那样的船,从水下发动攻击!不久布什内尔负责造出了第一艘潜艇。布什内尔所造的潜水艇,外形并不像鱼,但它运用了鱼在水下潜游的原理,即潜水艇底部有一个类似鱼鳔的水舱,当船要下沉时,就往水舱里灌水,当船要浮出水面时,就把水舱里的水排出,这样潜水艇就可以自由浮沉了。

第三,类比推理是人们论证思想、说服教育的强有力工具。由于类比推理的结论是或然的,因此它的论证作用主要不是从已知推出未知,而主要是通过强调类似对象的相似特征和不同特征,来精确地阐明已知的事实,或借助某一具体的感性事物,起到举一反三、触类旁通的作用,同时使抽象的道理变得深入浅出,通俗易懂。

例如,毛泽东在《论联合政府》一文中,将批评与自我批评和打扫房间、洗脸进行类比来阐释其重要意义:

有无认真的自我批评,也是我们和其他政党互相区别的显著的标志之一。我们曾经说过,房子是应该经常打扫的,不打扫就会积满了灰尘;脸是应该经常洗的,不洗也就会灰尘满面。我们同志的思想,我们党的工作,也会沾染灰尘的,也应该打扫和洗涤。"流水不腐,户枢不蠹",是说它们在不停的运动中抵抗了微生物或其他生物的侵蚀。对于我们,经常地检讨工作,在检讨中推广民主作风,不惧怕批评和自我批评,实行"知无不言,言无不尽""言者无罪,闻者足戒""有则改之,无则加勉"这些中国人民的有益的格言,正是抵抗各种政治灰尘和政治微生物侵蚀我们同志的思想和我们党的肌体的唯一有效的方法。

五、比喻和类比的关系

比喻是一种常用的修辞手法,用跟甲事物有相似之点的乙事物来描写或说明甲事物,是修辞学的辞格之一。比喻也叫"譬喻""打比方",中国古代称为"比",或者"譬"(辟)。类比是一种推理的思维方法,将两个本质上不同的事物就其某一共同特质进行对比和推理,得出结论。在思维过程中两者有着千丝万缕的联系。

亚里士多德在其《诗学》中提出:"隐喻是用一个陌生的名词替换,或者以属代种,或者以种代属,或者以种代种,或者通过类推,即比较。"亚里士多德认为"隐喻"作为一种具体的思考和表达方式是通过"类推"实现的。写作过程中,二者融合在一起使用也是可以的。如鲁迅先生在《故乡》一文结尾写道:"希望是本无所谓有,无所谓无的。这正如地上的路:其实地上本没有路,走的人多了,也便成了路。"

写作构思中的类比思维,就是由此及彼,把具有某种相似点的不同领域、不同事物勾连起来,便于理解,提出观点。具体做法是:

第一,找准类比的连接点。一个概念出现在面前,如果引起写作者的注意,就会唤醒其用敏锐的感觉及既有的图式去同化它,这是从人自身出发所进行的直觉类推,感觉所运用的同化方式就是连接点,经过一系列由此及彼的联想,形成某种程度的抽象,写作者从自然中寻找表达思想感情的客观对应物。

第二,通过比较找出事物间的同一性。德国著名接受美学家沃尔夫冈·伊瑟尔说过:"想象是人类活动的伟大源泉,人类进步的主要源头。"通过想象,凭借类比突破实际语境的栅栏,突破时空的限制,构建整体的对象意识。

公文写作也常用到类比的思维方法。比如一个初来乍到的文书人员,对于机关单位的办文、办会流程,既要在实践中摸索完善,又要类比前人的做法。对同一种类型的文章,找到与前人所写的公务文书的相似点,即类比的连接点,同时还要通过类比,找到公文写作的一般特点,在共性中发展个性,从而写出特色文章。

思考题

1. 溯因推理、归纳推理和类比推理在写作的论证中如何运用?
2. 指出归纳推理和类比推理的不同。
3. 分析韩愈在以下几篇文章中运用的非演绎逻辑形式有哪些。

(1)大凡物不得其平则鸣:草木之无声,风挠之鸣。水之无声,风荡之鸣。其跃也,或激之;其趋也,或梗之;其沸也,或炙之。金石之无声,或击之鸣。人之于言也亦然,有不得已者而后言。其歌也有思,其哭也有怀。凡出乎口而为声者,其皆有弗平者乎!乐也者,郁于中而泄于外者也,择其善鸣者而假之鸣。金、石、丝、竹、匏、土、革、木八者,物之善鸣者也。维天之于时也亦然,择其善鸣者而假之鸣。是故以鸟鸣春,以雷鸣夏,以虫鸣秋,以风鸣冬。四时之相推敓,其必有不得其平者乎?

——《送孟东野序》

(2)生乎吾前,其闻道也,固先乎吾,吾从而师之;生乎吾后,其闻道也,亦先乎吾,吾从而师之。吾师道也,夫庸知其年之先后生于吾乎?是故无贵无贱,无长无少,道之所存,师之所存也。

——《师说》

(3)其所谓道,道其所道,非吾所谓道也;其所谓德,德其所德,非吾所谓德也。凡吾所谓道德云者,合仁与义言之也,天下之公言也。老子之所谓道德云者,去仁与义言之也,一人之私言也。

——《原道》

下 编

写作的逻辑及其规范

第七章 写作中应避免的谬误

亚里士多德在《辩谬篇》中,将谬误定义为虚假的或表面的反驳。这是用反驳定义谬误。即争辩过程中所出现的一切不符合真正反驳条件的和在其中使用了似是而非的推理的论证都是谬误。在现代汉语中,"谬误"泛指一般的错误、差错,也可用作与真理相对的反义词,指与客观现实不一致的认识。但在逻辑学语境中,广义的谬误,指在思维议论过程中发生的各种错误,包括思维形式上完全违反形式逻辑的错误,言词上与形式逻辑有关的错误以及实质的关于事实或内容的错误。狭义的谬误,指违反形式逻辑规律、规则而产生的错误。

批判必须以公认的标准做出准确、公正的断定。我们使用批判性思维的目的并不是为了发掘思维中的缺陷或是漏洞,而是为了完善、校正自己的思维,即老子所说的"知人者智,自知者明"。日常写作中出现的谬误,是不依据逻辑的言论,尤其是指论证中不符合逻辑的推论。逻辑谬误分为形式逻辑谬误与非形式逻辑谬误。形式逻辑谬误是指不依据形式逻辑推理规则进行推理、演绎、论证而导致的逻辑谬误;非形式逻辑谬误,实质上就是前提错误谬误,这是指依据错误的前提进行推理、演绎、论证而导致的逻辑谬误。

一个好的论证,必须同时满足下列三个条件:

第一,所有前提都必须是可接受的。违背这条规则的谬误有"不一致谬误""前提虚假谬误""预期理由谬误"等。

第二,前提与结论必须是相干的。违背这条规则的谬误被统称为不相干谬误,如"稻草人谬误""人身攻击谬误""诉诸权威谬误""诉诸情感谬误""诉诸武力谬误""非黑即白谬误"等。

第三,所有前提加起来必须给结论提供充分支持。在思维科学中,"谬误"通常被视为"真理"的对立面,即认为谬误是同客观事物及其发展规律相违背的认识,是对客观事物本来面目的歪曲反映,因此,人们通常用"错误"或"差错"来解释"谬误"。然而,根据通常的逻辑学观点,谬误是指看起来令人相信但实际上并不是逻辑上可靠的论证。

虽然逻辑学谬误通常被定义为逻辑上有缺陷的论证,但可能会误导人们认为它是逻辑上正确的论证。换言之,谬误至少有三层含义:

第一,谬误也是一种论证;

第二,这种论证在逻辑上是有缺陷的;

第三,这种论证会误导人们认为其在逻辑上是正确的。

吕叔湘先生说过:"语言的确是一种奇妙的、神通广大的工具,可又是一种不保险的工具。听话的人的了解和说话的人的意思不完全相符,甚至完全不相符的情形是常常会发生的。"例如,论证"如果天下雨,那么,我就不去;天没下雨,因此,我一定会去。"虽然利用了充分条件的否定前件式,但是结论是错误的——"天没下雨",不应该是"我一定会去"的充分条件。

本章探讨写作中四个常见的谬误:含混谬误、相干谬误、论题谬误、预设谬误。

第一节 含混谬误

含混谬误,是由语言的意义与所指模糊隐蔽而产生的谬误。语言有指谓事物、表达思想的功能。正确的思维和有效的交际,应遵守语言明确性的原则。含混谬误,违反语言明确性原则,有碍于发挥语言的指谓、表达功能和进行有效的交际。在没有语境限制的情况下,同一语句可以陈述不同的内容,这就是语句的歧义性。那些在同一思维过程中用一个似是而非的论题来代替原来的论题的现象称作"混淆论题"的逻辑错误。

这类谬误是由语言的多义词,即同一个词有含混的含义而引起的谬误。例如"凡必然存在的都是善,而恶是必然存在的,因此恶就是善"。这个推论之所以产生谬误,是因为"必然存在"这个词有歧义。

一、语词歧义

语词歧义主要是由歧义词造成的。歧义词是在理解上会产生两种可能但在当时语境中只利用其中一种含义的语词。换句话说,就是可以这样理解也可以那样理解的语词,但不确定究竟在表达哪种意思。多数情况下,通过注意语境和利用我们良好的语感,不难将这些意义分辨开来。但是,当我们在同一论证中混淆了一个词或短语的不同意义时,就是犯了语词歧义的谬误。

语词歧义的情况有很多种,这里列举三种常见的情况:

第一,由口语与书面语的差别造成语词歧义。例如,"这种药物可以 zhìái",其中"zhìái"既可以指"致癌",又可以指"治癌",它们在口语中有歧义,但在书面语中,由于字形的不同,歧义就消失了。这类语词歧义大多是由异形同音词造成的。在写作中,尤其是在演讲稿或发言稿的写作中,建议将写出来的语句通读一遍,避免由口语与书面语的差别造成语词歧义。

第二,由多义词或多义短语造成的语词歧义。例如,"山里有很多杜鹃","杜鹃"有两种含义,这句话既可以理解为"山里有很多杜鹃花",也可以理解为"山里有很多杜鹃鸟"。又如,"他看病去了",由于"看病"这个短语词义不明,可以理解为"为别人看病",也可以理解为"让别人为自己看病",因此造成语词歧义谬误,这需要人们在说话或写作过程中引起重视。

第三,由对语词之间组合关系的不同理解造成的歧义。例如"父在母先亡"这句话,由于对语词之间的语法关系的不同理解,可以有两种解读:既可以理解为"父在,母先亡",即母亲一人去世,也可以理解为"父比母先亡",即二人都去世。

下面,列举几个语词歧义谬误:

(1)他想起来了。
(2)这份报告我写不好。
(3)开刀的是她父亲。
(4)县里通知说,让赵乡长本月15日前去汇报。
(5)他抛下工作和孩子到公园玩。

例(1)中,"想起来"这个词组在不同场景可以表达不同的意思,这句话的意思可能是"他想起某件事了",还可能是"他躺了很久,终于想起床了"。

例(2)中的歧义可以理解为:"这份报告我写,(这件事)不好。""这份报告,我写不好(相对于'写得好'而言)。"

例(3)中,"她父亲"可能是"开刀"这个动作的发出者,也可能是这个动作的承受者,因此产生了两种不同的意思。

例(4)中,县里让赵乡长是本月15日去汇报,还是15日之前就去汇报,产生了歧义。

例(5)中,"抛下"的是工作,还是工作和孩子,表达不明确,产生了语词歧义。

在公文写作和口语交际中,语词歧义也时常出现,如果用词不当或语境不明确,就会导致表达不明确。我们看下面的例子:

作者分析了 A 企业集团和 B 企业集团在各个时期的竞争中所采取的竞争策略的特点。

在这里，由于"和"字究竟是连词还是介词很难分辨，因此语句就同时有了两种完全不同的意思：如果作连词用，句义就是作者分析了两个企业集团各自的竞争策略特点；而如果作介词用，则句义为作者分析了 A 企业集团的竞争策略特点。因此，在写作中，要根据行文语境正确用词，避免歧义词的出现，使表达清晰、逻辑严密。

二、语句模糊

语句模糊也叫语句含混，在同一个语句中，语词之间产生关系时在同一种语境中有两种理解的谬误。日常生活中我们常常用到一些具有相对性的词，如"大""小""高""低""胖""瘦"等，通常这些语词在句子中容易出现含混谬误。举个例子，"台上讲话的那个人是瘦的"，对于"瘦"的边界如何界定？在人们的普遍认识中，"瘦"可以用来描述体重仅为 50 公斤的成年男性，不能用来描述体重为 100 公斤的成年男性，但它能否用来描述体重 75 公斤的成年男性则是不确定的。于是，在类似这样的情形下，就不能判定这个语句是否正确，因此，其犯了语句模糊的谬误。再举个例子，"蚂蚁是动物，因此，大蚂蚁是大动物。""大""小"是一对相对词，是相对于不同的类别而言的，不能加以混淆和模糊。其实，大蚂蚁是一种非常小的动物，它只是相对于同类的蚂蚁而言才是大的。

在文学领域，语句模糊却另有意境：

三国时期，钟士季有精深的才思，先前不认识嵇康。他邀请当时一些才能出众的人士一起去寻访嵇康，碰上嵇康正在大树下打铁，向子期打下手拉风箱。嵇康继续挥动铁锤，没有停下，旁若无人，过了好一会也不和钟士季说一句话。钟士季起身要走，嵇康才问他："何所闻而来？何所见而去？"钟士季说："闻所闻而来，见所见而去。"

三、强调谬误

强调谬误又称重读谬误，是根据命题中关键概念的选择性重读或强调产生的谬误。举个例子：

有一县令，上台伊始，便在堂上高悬一副对联：得一文，天诛地灭；徇一情，男盗女娼。打官司的富贵人家照例送礼行贿他都来者不拒。有人对他说："你办错事了，怎么忘了对联上立的誓言呢？"县官老爷却说："我没有违背誓言，我所得到的不是一文钱,受贿徇情也非一次呀!"

这里"一"应该轻读,才能表明县令重视清风廉政的态度,而县官老爷将"一"重读,强调表示数量的一,就犯了强调谬误。

他一个早晨就写了三封信。

"就"轻读时,是说他写信写得快;"就"重读时,则说他工作效率低,只写了三封信。

此外,强调谬误对特定语句的强调会出现暗示的意义,例如,"你已经停止赖床了吗?"或者"你今天没应酬啊?"是不是意味着被谈话人经常赖床或者应酬? 再举一个例子:

有一艘航船,船长值班时发现大副酗酒,就在航海日志上写道:"今天大副酗酒。"第二天轮到大副值班时,见到船长的记录很不满意,于是在航海日志上写道:"今天船长没有酗酒。"

大副的日志通过"今天船长没有酗酒",试图强调"在没有记录的日子,船长好像天天都在酗酒"这一暗示意义。

有人认为,写作不会产生强调谬误,这显然是错误的观点。虽然文章是写出来的,但文章也是要经过阅读的,尤其是领导的讲话稿、会议发言稿等。如果不注意避免强调谬误,则容易闹出笑话。因此,执笔者不仅不能忽视强调谬误,还要注意避免强调谬误的出现。

四、合举谬误

合举谬误也叫合成谬误,是指由整体中的部分、个别属性不恰当地推断出整体、集合的属性。

合举谬误常见的表现形式有以下几种。

第一,如果一个整体的每一部分都有某种性质,则该整体也有此种性质。结合前面讲的集合概念和非集合概念,可根据某整体的部分的属性去推论该整体本身。举个例子:

音乐学院的王教授批评本市古典乐团最近的演出没能充分表现古典音乐的特色。他的同事张教授认为这一批评是个人偏见。作为古典音乐专家,张教授考察过古典乐团的演奏者,结论是每一位演奏者都拥有足够的技巧和才能来表现古典乐团的特色。

张教授的反驳,实际上是根据每一位演奏者拥有的技巧和才能来考察得出的结论:古典乐团的演出总体上也能充分表现古典音乐的特色。这显然是不当假设——如果一个团体每个成员具有某种特征,那么这个团体就总体能体现这种特征。

根据个体具有某种属性,得出由个体组成的集合体也定具有此种属性,这是集合体误用的一种形式。比如因为某一部机器的每一个零件都是优质的,便推出整套机器也是优质的。换句话说,这个论证的前提可能是真的,但结论一定是假的,即前提真推导不出结论真,因此,其犯了合举谬误。

第二,某一原因对个体来说是正确或错误的,便据此推出这个原因对整体来说也是正确或错误的。例如,"人群中当一个人踮起脚尖来看庆祝游行时对他是有好处的,因此当所有人都踮起脚尖看游行时对大家都有好处。"其实,整体具有的性质,个体不一定具备;个体具有的性质,整体也不一定有。毫无疑问,当一个人踮起脚尖时可以获得更广阔的视野,但所有人都踮起脚尖时却不能获得好的效果。再如,"组成森林的每棵树都不怎么壮观,那片森林肯定也不怎么壮观。"这是由部分到整体的无效论证,显然犯了合举谬误。

第三,当某个个体或者元素对一个对象是有利的,那么这个个体或者元素对这个对象来说,就越多越好。如维生素对身体好,就要多吃,越多越好。肥料对庄稼茁壮生长有利,就要多施肥,越多越好。

在写作过程中应避免合举谬误。这种谬误通常是因为作者想要用简短的话表达多个语词的意思,将两组或两组以上语词合起来写成一句话,这时不免产生谬误。例如,"初学写作的人往往在作品的开头或结尾加上一个总起或总结",这句话如果改成"初学写作的人,往往在作品的开头加上一个总起,或者在作品的结尾加上一段总结",这样就可以避免谬误了。

五、分举谬误

分举谬误与合举谬误相反,分举谬误是指由整体、集合的属性不恰当地推论到元素、部分的属性上。换句话说,如果整体或集合具有某种属性,则它的每一部分或元素也具有此种属性。例如:根据中国国民经济水平提高,推出每一个中国人的经济收入都在增加。再如:

清华大学教授有哲学教授、物理学教授、生物学教授、化学教授、文学教授、法学教授等,他是清华大学的教授,因此,他既是清华大学的哲学教授,又是清华大学的物理学教授、生物学教授、化学教授、文学教授、法学教授等。

这个论证显然犯了分举谬误,其错误在于根据一个集合体"清华大学的教授"的性质推导出了其个体成员的性质,这个结论显然是不可接受的。

总之,在写作中,任何正确、有效的表达,它所使用的概念都应该自始至终地保持确定的同一性。只有这样,我们才能正本清源,从而避免各种有意或无意违反有关概念各项规则的含混谬误。

第二节 相干谬误

在论证过程中,将不相关或者无关的理由或前提用来支持结论,在逻辑上就属于相干谬误。针对相干谬误,首先论据应该是真的,论据应该是和前提有关系的。具体分两种情况:

1. 论证前提应该是可以接受的

(1)前提所描述的事件与客观事实不相符,即前提虚假谬误。这种情形是建立在符合真理理论基础之上的。比如在下列一个情景中:张女士打电话给李先生,李先生的小孩接电话。由于种种原因,李先生并不想接张女士的电话,故小声地对小孩说:"告诉她说我不在。"小孩拿着话筒大声说:"我爸说他不在家。"在这个例子中,小孩说的"我爸说他不在家"这句话本身表明了"李先生在家",因此,这个语句作为前提是不可接受的,一个自相矛盾的语句是虚假的前提。

(2)前提的可接受性还有待被证实,即预期理由谬误。例如,用望远镜观察火星,可以发现上面有不少有规则的条状阴影,就认为这就是火星人开凿的运河,因此得出结论说:火星上是有人的。这个论证就犯了预期理由的谬误,因为上述论据火星上有规则的条状阴影是火星人开凿的运河,这个判断本身是否真实还未确定。

2. 论据和前提之间的关系有相关度

一个好的论证必须前提与结论相关。在写作中,如果论据和前提不相关,那么论证的结果就是错误的。例如,文章的主旨是论证"大学教育应当是大众教育",但作者在写作中去论证"大学教育是大众教育",虽然表面上看起来只有"应当"两个字之差,但前一个命题是一个价值判断,而后一个命题是一个事实判断,两个命题之间相差很远。不相关前提谬误是指论证者提出来证明其结论的前提与其结论是不相关的。这类谬误很多,如:诉诸权威谬误、诉诸情感谬误、诉诸公众谬误、诉诸无知谬误等。

一、诉诸权威谬误

从字面上来说,"诉诸权威"不算是谬误,"诉诸不当权威""诉诸错权威"才是谬误。因此,诉诸权威谬误,实际上是在论证中不以真实、科学的论据去论证论题,而是不加分析地援引别人的或传统的权威,将其当成至高无上的真理。这种论证的基本模式是:

(1)某 S 是或被认为是某领域 A 的权威。

(2)某 S 做了关于 A 的主张 B。

(3)因此,B 是真的。

诉诸权威谬误是在论证中试图阻止他人对某个论证的批判而引证权威。这里的"权威"包括认识的、传统的、名人的权威,也可分为认识性权威(即专家)和制度性权威。诉诸权威的论证通常会运用一系列非形式的条件或规范,独断地将权威意见视为终极性话语,逃避或阻碍正视这些批判性问题,或不对这些问题做出恰当的回答。在现实生活中,这种论证模式运用的得当与否是区别谬误与否的关键。换句话说,如果论证模式运用得当,它就不是谬误,否则就是谬误。

诉诸权威谬误的表现形式通常有滥用权威、不相关权威、有问题的权威等。

滥用权威是诉诸权威谬误的一种突出表现,是指某人声称自己具有专门知识,但实际上他并不拥有这种知识,或者他的知识与当前的问题是无关的。比如,某人在没有提供实际论据的情况下以教授自居,声称他拥有必要的专门技能而大谈核能威胁,而实际上他的专业是考古学。这就是滥用权威。再比如,在一些地方,有些人徇私舞弊的根据是"领导发话了"。这种不要原则、不负责任的滥用权威,严重影响了党风和当地的社会风气。

不相关的权威是诉诸权威的另一种可能,是指在论证中用超出论题所属的专业知识领域的权威来论证问题,其言论的可信度会大打折扣。例如,小红不知道怎么反驳进化论,于是就说:"我老公是大科学家,他觉得进化论是错的,所以进化论肯定是错的。"小红的先生是科学家与进化论是否正确并没有直接关系,这犯了不相关前提谬误。因此,小红犯了诉诸不相关权威谬误。权威是 A 领域的权威,但是不能代表 B 领域。诉诸不相关权威谬误最常见的例子就是明星代言。事实上,明星代言某营养品,也不能说明这种营养品本身质量就是好的,更不能论证它适合每一个人。再如,五分之四的牙医都认为刷牙会让你的生活变得有意义。牙医确实都有关于牙齿卫生的专业知识,但他们没有资格就人生意义得出这么深刻的结论。他们对"生命意义"的看法只是个人意见,而不是专家建议,这也属于诉诸不相关权威谬误。

有问题的权威,就是权威本身无人知晓、不正确或已经过时,不足以有效地论证观点。看几个例子:"有位心理学家曾经说过,每个人都有犯罪倾向,所以,你是有犯罪倾向的。"这位"心理学家"具体是谁,是否具有权威性,无从知晓,因此是有问题的权威。由于实践是不断发展的,人们的认识也不断发展,因此一些曾经被认为是权威的真理在当下已经被推翻。所以,在写作中如果要使用权威,必须核实权威的正确性和时效性。

那么,如何判断论证模式运用是否得当呢?一个可操作的标准就是:需要问它是否滥用权威、不相关权威或有问题的权威。如果都不是,那么,这个论证就是合理的。如果它属于上述几种形式的某一种,那就犯了相干谬误之诉诸权威谬误。在写作的论证中,不要仅仅简单地引用权威来作充分论证,正确的做法是应该在援引权威的基础上,充分阐述该权威所依据的理由或论据。第八章提到的批判性思维,就是指研究者要摆脱权威进行独立思考。

二、诉诸情感谬误

诉诸情感谬误是指借由操纵人们的情感,而非有效的逻辑,以求赢得争论的论证方式。诉诸情感谬误是诉诸情感论证的一种滥用形式。成功的广告在很大程度上都是由精心编制的诉诸情感的元素组成的。

情感是多样的,因此诉诸情感的谬误有多种表现形式,常见的有诉诸怜悯、诉诸恐惧、诉诸偏见等。

诉诸怜悯,即挑起对方的同情与愧疚,以博取他人支持自己的想法等,这是诉诸情感谬误中最常见的一种谬误。我们分析下面这段话:

体育系的学生说:"老师,我们学习写作这门课程非常辛苦,每天训练很辛苦,回来还要做大量的练习,每次课后要花3~4个小时来复习。其他专业课都比这门课轻松,期末考试大多都是九十几分。再说,如果这门课程分数拿不到九十几分,我 GPA 成绩不够,就没办法出国。"

这位学生希望老师给他期末成绩不少于九十分,给出三点理由:

其一,她每天练功回来学这门课程学得非常辛苦;

其二,别的通识课程学起来很轻松且期末成绩分数很高;

其三,如果这门课程拿不到九十几分,她出国成绩就不够。

其中,第一点和第三点理由都是采取诉诸怜悯的方式。但是,这种诉诸怜悯与结论是不相关的,因此,这位学生犯了诉诸怜悯谬误。

在各种诉讼中,诉诸怜悯也是常见的一种辩护手段。值得一提的是,法院最终判决的原则依然是"以事实为依据,以法律为准绳"。再看一个例子:

某商人酒后开车,因汽车的倒车镜将一行人刮碰,后他与这位行人发生争执、撕扯。这位行人跑开后,他开车紧追不舍,直至将这位行人撞死。在法庭审理中,被告的辩护人就强调这位商人一贯表现较好,对当地的经济发展及社会公益事业做出了一定的贡献,并且此次犯罪属初犯,无前科劣迹等,要求从轻处罚。但是,这些感情色彩浓厚的辩护,尽管属实,却不能构成从轻处罚的要件,最后法院还是以故意杀人罪一审判处这位商人死刑,使之"出礼则入刑"。

诉诸恐惧,即某事会产生某种可怕的后果,因此我们应该反对某事或接受预防某事的建议。最常见的例子是,宣传者会警告受众可能面临的危险或灾难,如果受众不立刻跟随或改变观念,就会深陷危难之中,以此来改变受众的行为或观念。例如:"把票投给他们就等于把票投给恐怖分子!"在新闻报道中,诉诸恐惧的现象时有发生。2020年,肆虐的新冠肺炎疫情使世界遭遇一场突如其来的重大灾害。面对严峻的抗疫形势,社会上出现了一种恐慌心理。此时有的媒体不顾社会道德,为了吸引眼球,通过夸张描述和大肆渲染,加剧民众的恐慌。对此,媒体工作者在疫情报道中,应本着对民众负责、对社会负责的态度,客观报道疫情防控情况,着力避免诉诸恐惧。

诉诸偏见,即某事有些令人不愉快的相关体验,因此不该支持某事。诉诸偏见谬误实质上是以主观代替客观的谬误,常见于人们以传统认知及成见为根据的判断。例如,交警说:"这里是单行道,你逆行了,因此,罚款200元。"司机说:"以前我这样走都没有问题啊。"这个例子中,司机以传统的认知和行为为根据,就犯了诉诸偏见谬误。

在公文写作中,如果不注意,就会产生诉诸情感谬误。公文是严肃庄重的文体,在论证过程中,要运用事实和逻辑来论证,应避免掺杂作者的个人情感,不能出现诉诸情感谬误。

三、诉诸公众谬误

诉诸公众的拉丁文意思为"挟众"。"诉诸公众谬误"有若干形式,但共同之处是利用期望受到欢迎以及符合主流的这种大多数人的心理,从而赢得受众的支持。其最为常见的一种形式是"从众谬误",即试图说服受众采取某一行动或接受某一说法,只因为"据说"大家都这样。为了赢得对结论的认同而诉诸大众

热情或公众情感进行论证,这种论证通常有两种模式:

(1)大多数人或每个人都接受 A 为真,因此,A 是真的;

(2)大多数人或每个人都不接受 A 为真,因此,A 是假的。

实际上,观点的正确与否,跟有没有人认同它没有任何关系。可能会出现"群众的眼睛是雪亮的"的情况,也可能出现"真理掌握在少数人手中"的情况。但大部分人判断问题并不独立,极易受他人影响,所以针对普通人从众、人云亦云的人性弱点,反复传播被污染的论断,强调己方意见属于多数,甚至用水军营造"多数",就成为有效的宣传手法。

庞恭与太子质于邯郸,谓魏王曰:"今一人言市(集市)有虎,王信之乎?"曰:"否。""二人言市有虎,王信之乎?"王曰:"寡人疑之矣。""三人言市有虎,王信之乎?"王曰:"寡人信之。"庞恭曰:"夫市之无虎明矣,然而三人言而成虎。"

对于这种"三人成虎"的混淆视听,古人早就说过:"……众口铄金,三人成虎,不可不察也。"(《邓析子·转辞》)"三人成虎"的故事就犯了诉诸公众谬误。这种谬误是仅仅以一些人的言行为根据,对某论点肯定或否定,却并没有考虑他的言行是否符合客观实际。

"诉诸公众"严格来讲根本就不是一种逻辑推理,它实际上是一种宣传手段。它最常被广告使用,利用个体人的不自信、盲从等弱点,可以对人的心理起到很大的操控和迷惑作用,使人变成"羊群效应"中的一只羊。这种手段有心理学理论的支撑,就是人的"从众心理":人总是倾向于自己的观点得到多数人的认同,反过来讲,多数人认同的观点,也会对自己的判断产生心理上的从众压力。

和批判性思维相关的还有一种极端的"群体思维谬误",指人们用源自某群体成员的自豪感来替代对某个问题所持立场的理由和慎思,该谬误的一种显而易见的形式就是极端的民族主义。

遗憾的是,现实生活中有许多诉诸公众的事例。其实,我们应该认识到,公众代表的不一定都是真理,有时候真理掌握在少数人手中。因此,保持理性思考,批判地看待事物,是避免诉诸公众谬误的一个重要法宝。

四、诉诸无知谬误

诉诸无知谬误是诉诸无知论证的一种滥用形式,即以无知为论据而引起的谬误。其产生途径,一是某件事未被解释,或未被明确解释,所以它不是真实的;二是因为一个假设没有足够的证据被证实,所以另一个假设是正确的。

诉诸无知谬误的基本形式有肯定式和否定式两种：

1. 肯定式

不能证明或尚未证明 A 为真，因此，A 为假。

前提：不能证明或尚未证明 A 为真。

假设：如果 A 为真，则一定知道 A 为真。

结论：A 为假。

2. 否定式

不能证明或尚未证明 A 为假，因此，A 为真。

前提：不能证明或尚未证明 A 为假。

假设：如果 A 为假，则一定知道 A 为假。

结论：A 为真。

学生上完体育课后回到教室，有 15 人喝了饮水机里的纯净水，其中 5 人很快出现了腹泻的情况。饮水机里的纯净水马上被送去检验，检验的结果不能肯定其中有造成腹泻的有害物质。因此，喝了饮水机里的纯净水不是造成腹泻的原因。

上述例子中的论证有漏洞，因为它把"检验的结果不能肯定其中有造成腹泻的有害物质"当作充分证据证明"纯净水中没有造成腹泻的有害物质"，因此得出结论"喝了饮水机里的纯净水不是造成腹泻的原因"，这属于肯定式的诉诸无知谬误。

值得注意的是，诉诸无知谬误的论证形式并不都是谬误。例如，在我国刑事审判中，有一条无罪推定原则：不能证明其有罪，就是无罪；反过来就不行，不能证明其无罪，就是有罪。对于被告人是否有罪采取"控方证明原则"，即辩方无须证明自己无罪。换句话说，如果我把"被告人有罪"称为命题 A，那么，如果控方不能证明被告人有罪，那么其主张命题 A 不成立，即为假。在这种情形下，诉诸无知谬误与论证结论是相关的，因此，没有犯诉诸无知谬误。

诉诸无知谬误还有一种表现形式是百分比谬误。我们在生活中，经常听到这样一句话"事实大于雄辩"或者"用数字说话"。但即便数字本身为真，真实的数字也会推出虚假的结论。面对铺天盖地的统计资料和数据，我们应该审视以下几个问题。

(1) 数据是谁给的——数据来源的合法性和权威性；

(2) 数据是谁得到的——样本是否可靠，揭示相关因素和比较基础是否可靠；

(3) 数据和结论是否相关——对概念的解释是否准确清晰；

(4) 这个资料是否有意义——揭露统计数据所依据的未经证实的假设。

请分析这句话:"我们的化妆品销售市场份额增加了40%,而我们的对手只增加了15%。"这句话使用了正确的百分比,但是有可能遗漏了一个重要的信息即百分比所基于的绝对数字。要得出结论"我们的业绩更好",就需要考量"我们"和"对手"原本的市场销售占比。在用到百分比的时候,要考虑百分比凭借的数字是什么。

百分比谬误比较常见的形式是选取对自己有利的基础数据。例如"拳击并不如其他体育项目危险。这是因为一项与体育有关的死亡统计显示,该市棒球的死亡人数为43人,在死亡率方面领先于足球(22人)和拳击(21人)。"这段话被质疑之处在于,参与这几项运动的人数未做比较。在此类错误中,都会选择对自己有利的数字表达方式。

在论证中,一切要以理论为支撑,以事实为依据。在公务文书的写作中,对实践不能证明或尚未证明的事实,要谨慎对待,决不能一刀切,盲目肯定或盲目否定。这样的处理方式和态度也体现了公文语言的严谨性。

第三节　论题谬误

论题是有待证明的命题。论题的真实性是要靠论据来证明的,而论据的真实性又要靠论题去证明。论题谬误是指在论证过程中,本来应该论证命题 A 成立,结果有意或无意地论证了命题 B 成立。如果论题产生谬误,则论据也就存在虚假性,因而整个论证结果就是错误的和无效的。在写作中,论题谬误又叫作"跑题"或"文不对题",在日常交流中又叫作"答非所问"。

一、转移论题谬误

转移论题谬误是指在论证过程中有意或无意地偏离正题,转向某一次要问题,从而转移人们对要害问题的注意力,之后的论证往往再不会回归正题。

还要注意"偷换论题"的谬误。"转移论题"与"偷换论题"是包含关系,其本质区别就在于:前者是有意或无意地转移到另一个结论上去,而后者是故意转移到另一个结论上去。换句话说,在这两种情形下,论证者所论证的命题并不真正是他原来所要论证的结论。

有则外国笑话:有个人在饭店吃饭,看到菜盘子里有一只苍蝇,便叫来侍者问道:"怎么菜盘子里有只苍蝇?"侍者回答说:"你花5块钱还想吃什么?"

本来在这里需要讨论的话题是这个饭店的卫生情况怎么样,"怎么菜盘子里有只苍蝇"即隐含有这个话题。结果被侍者借机偷换成"你花钱多少"了,而这句抢白的话又隐含讥讽的意味。如果不明就里而发生争吵,原有的隐含话题恐怕就永远无影无踪了,而需要说明的问题(饭店的卫生情况)将永无答案。

以下为著名的"濠梁之辩":

庄子与惠子游于濠(濠水)梁(河堰)之上。庄子曰:"鯈鱼出游从容,是鱼之乐也。"惠子曰:"子非鱼,安知鱼之乐?"庄子曰:"子非我,安知我不知鱼之乐?"惠子曰:"我非子,固不知子矣;子固非鱼也,子之不知鱼之乐,全矣(这就够了)。"庄子曰:"请循(追溯)其本(开头的话题)。子曰'汝安知鱼乐'云者,既已知吾知之而问我,我知之濠上也。"(《庄子·秋水》)

在各种思维或交际场合,转移论题谬误出现的具体情况都是各式各样的,但从逻辑角度来分析,它有"完全转移"和"部分转移"两种形式。

1. 完全转移

在论证中,原论题 A 被理解为非 A,又通过论证用非 A 来取代 A,这就是完全转移。它的论证形式是:

原论题 A→(经过引申或理解)非 A→论证非 A→非 A＝A

完全转移论题谬误在日常生活中时有发生。例如,甲对乙说,"你们单位有些工作做得不够妥当。"乙不满地说:"什么？你怎么认为我们单位的工作做得不对？你了解我们单位的情况吗？我们单位一直以来是先进模范单位,多次受到省级表彰。你敢说有哪样事情做得不对了？"然后举出一大堆本单位的先进事迹进行驳斥。其实,乙把甲的论点"你们单位有些工作不够妥当"理解成了"我们单位的工作做得不对",又概括成了"我们单位的事情",通过这种逻辑上的概括,原命题已变成完全不同的另一个论题,以对根本不同的论题进行驳难来企图击倒原命题,除了混淆视听,就是制造思维混乱,犯了完全转移论题谬误。

2. 部分转移

在论证中,原论题 A 如被理解成 A＋n(或－n),又以证明或反驳 A＋n(或－n)来替代 A,因为 A 论题没有完全被换掉,只是被增加或减少了部分内容,但也与原论题有区别了,因此这就是部分转移论题。其论证形式是:

原论题 A→(经过扩大或缩小内容)A＋n(或－n)→证明或反驳 A＋n(或－n)→A＋n(或－n)＝A

部分论题转移的谬误也很常见,例如,某部门曾布置过一个调研课题,是关于某市道路交通事故为何近期大幅上升的内容。但在有关人员交回的报告中,有的只是提供了该市某区某路段事故上升原因的主要数据,而全市综合性的有关材料却未见反映。尽管该区该路段的有关数据对说明全市道路交通事故上升有些作用,但显然与原布置的课题不完全相符,减少了原命题要求中的部分范围内容的数据,需要补充完善才能与原命题要求相符。

二、乞题谬误

乞题,又称"丐题",是指论证者以遗漏不可靠但关键性为前提,在结论中重述不可靠前提或采用循环推理的方式进行逻辑论证,从而引起的逻辑错误的谬误。乞题谬误又叫循环论证或窃取论题谬误,把所要证明的结论,作为证明该结论的论据。这种论证的形式是:

因为 A 为真,所以 A 为真。

在法国著名的喜剧作家莫里哀的《无病呻吟》中有这样一段对白。剧中医学学士阿尔冈申请参加全国医学会,医学博士们正对他进行口试。

博士:"学识渊博的学士,我十分崇敬的名人,请问你知道是什么原因和道理,让鸦片可以引人入睡吗?"

阿尔冈(学士):"高明的博士,您问是什么原因和道理,让鸦片可以引人入睡;我的答案是:由于它本身有催眠的力量。自然它会使知觉麻痹。"

上述例子中,"它本身有催眠的力量"与"鸦片可以引人入睡"不构成直接因果关系,用论题来论证论题本身,不具逻辑性。因此阿尔冈学士犯了乞题谬误。

很久以前,有两个矿工在挖矿的时候,发现三块金砖,于是矿工 A 对矿工 B 说:"运气真好,一块归你,两块归我"。矿工 B 就说:"凭什么你能拿两块,我只能拿一块"矿工 A 说:"因为我是这个分配的领导者。"矿工 B 说:"为什么你是领导呢?"矿工 A 就说:"因为我拿的金砖是你的两倍。"

这则故事能反映出乞题谬误论证,就是把结论当理由来用。

再看这样一个例子:

王充在《论衡》中说道:"麟有四足,尚不能自致,人有两足,安能自达?"意思是,麒麟有"四足",尚且不能自己到达宫廷;人仅有"两足",更不可能到达,即不可能被提拔而重用。

王充逻辑论证的基本结构如下:

前提——麒麟有四只脚,不能自己到达宫廷。

乞题——"达"与"足"的多少有关系,"足"越多越容易"达",反之则难"达"。

结论——人有两只脚,更不会自己到达。

王充根据前提"麒麟有四只脚,尚且不能自己到达宫廷"推理出结论"人有两只脚,更不会自己到达"。观察、分析王充的逻辑论证,笔者不由疑问:"达"与"足"的多少有关系吗?显然,王充在论证"人有两只脚,更不会自己到达"为真时遗漏了一个假的且很关键的前提(即王充乞求的问题),由此而制造出一种错觉:对于确立结论"人有两只脚,更不会自己到达"来说,再无需其他论据。因此,王充犯了乞题谬误。

三、稻草人谬误

稻草人谬误是指先对对方的论点进行曲解,再予以反驳,从而得出对方的观点是错误的,就像在攻击一堆无生命也无害的稻草一样。稻草人谬误与偷换论题谬误极其相似,甚至有人认为稻草人谬误是偷换论题谬误的一种表现形式。但实际上,偷换论题谬误与稻草人谬误的主要区别在于:前者通常是偷换自己的论题,后者则是偷换对方的论题,即曲解对方的立场。歪曲对方论点的主要手法有夸张、概括、引申、简化、省略、虚构等。

其基本形式是:

某A　　提出观点X

某B　　将观点X曲解成(更容易攻击的)Y

某B　　攻击Y

某B　　做结论观点X错误

稻草人谬误,即在论证的过程中自欺欺人地竖起一个稻草人做靶子,掩耳盗铃地认为打倒稻草人就达到了反驳的目的。

例如,创作的基础是生活经验,生活经验除了自身的生活经历之外,也包括所遇、所见、所闻。鲁迅说过:"作者写出作品来,对于其中的事情,虽然不必亲历过,最好是经历过。"有人指责,难道写恶人就要去做恶人吗?这是一个稻草人谬误,将生活经验限制为"亲历"的生活。

再举一个例子:

服装厂的工人们联名请愿,要求改善工作场所的通风条件。令人遗憾的是,空气条件的改善是昂贵的。通风管道将会布满整个工厂,需要在工厂的屋顶安装成套的空调设备。更重要的是,空调系统在整个夏天运行的费用简直就是一个天文数字。基于这些考虑,工人们的请愿必须被驳回。

在论证中,工人们的请愿只是要求改善工厂的通风条件,也许在夏季为厂房安上排风扇就能满足工人们的要求。论证者却将这一要求夸大为在厂房里安装成套的空调设备,然后,以这样做的费用太高为理由,驳回工人们的要求。

第四节 预设谬误

论证的结构除了论点和论据外,还在于如何搭建论点和论据的关系,一个好的论证必须前提清晰,论据有力、论证方式准确。如果在论证的过程中总是基于某些假设,这些假设我们有时并不显性地作为推理的理由,而往往当作隐形的前提。当这些前提中最基础的部分出现问题时,往往是不易察觉的,这时候就犯了某种预设谬误。

一、人身攻击谬误

人身攻击谬误是指在论证过程中不是以摆事实讲道理的方法论证论题,而是离开论题本身,以无理攻击对方的个人品质为论证的错误方法。为了豁免批判,或在批判与反批判的对决中居高临下,批判者可能攻击论证者本人,而不是他的证据和论证,其用意是想在精神上打垮批判者。这就是"人身攻击"的谬误。这种谬误的实质是以不道德的论证手段取代正常的逻辑论证,使自己在论辩中哗众取宠并借此得利。

人身攻击谬误是针对人进行论证的一种滥用形式。这种论证模型是反驳对方论证的一种论证策略,其基本策略是:①攻击做出主张的这个人的品格、境况或行为;②以攻击为论据来证明被攻击者的主张不成立。

人身攻击谬误的基本论证形式是:

(1)某甲做了主张 X;

(2)某乙攻击了某甲的品格、境况或行为;

(3)因此,某甲的主张 X 是假的。

19 世纪 60 年代,英国教会和一些保守学者曾集会反对达尔文的进化论思想。某大主教拿不出科学论据反驳进化论,就把矛头指向信仰进化论的赫胥黎。他嘲讽说:"赫胥黎教授就坐在我旁边,他是想等我坐下来就把我撕成碎片的,因为照他的信仰,他本来是猴子变的嘛!不过,我倒要问问,这个猴子子孙的资格,到底是从祖父那里得来的呢,还是从祖母那里得来的呢?"

这位大主教的"论证"就是一种人身攻击的谬误。这种手法的实质,是以不道德的论战手段代替正常的逻辑论证,以便使自己在论辩中取胜。

人的出身、经历、职业、地位等各种处境的优势或劣势,都可以成为人身保护或人身攻击的借口。实际上,人们处境的优劣与当前所提的论题并无逻辑联系,只是在心理上相关,这些与心理相关的因素不能成为论证其论题为真的充足理由。

再看两个例子:

(1)某位记者并不是出身于农村,也没有亲人、亲戚在农村,他不了解农村的真实状况,他关于农民、农村、农业所说的话完全不可信。

(2)张厂长反对陈主任增加成本会计的建议:"你当然会说成本会计十分重要,因为你是会计主任。"

从上述例子可以看出,现实生活中的人身攻击谬误,通常是因为两个不同的理由:一是因为有关这个人的负面信息与此人主张不相干,将批判转移到个人的职业、相貌、学历等其他境况上。二是因为对结论的支持程度不足。人身攻击论证仅仅以对方的地位、身份或外在信息作为证据,试图说明外在信息妨碍了其在当前情形下做出公正的判断。人身攻击的目的是阻碍论证,阻碍问题的解决。

人身攻击谬误的前提与结论是不相干的,然而它却可能影响读者或者听者的思路,可以鼓动对一个人的反对态度。写文章时要注意,推理过程中需要构建自己的论证大厦,但是对于人身攻击谬误一定要小心。

二、滑坡谬误

滑坡谬误即不合理地使用连串的因果关系,将"可能性"转化为"必然性",夸大每个环节的因果强度,以达到某种结论。

滑坡谬误的一种典型形式为"如果发生 A,接着就会发生 B,接着就会发生 C,接着就会发生 D,……,接着就会发生 Z",而后通常会明示或暗示地推论"Z 不应该发生,因此我们不应该允许 A 发生"。A 至 B、B 至 C、C 至 D 等因果关系好似一个个"坡",从 A 推论至 Z 的过程就像一个滑坡。

一个人受教育程度越高,他的整体素质也就越高,适应能力就越强,当然也就越容易就业。大学生显然比其他社会群体更容易就业,再说大学生就业难就没有道理了。

滑坡谬误的问题在于,每个"坡"的因果强度不一,有些因果关系只是可能、而非必然,有些因果关系相当微弱,有些因果关系甚至是未知或缺乏证据的,因而即使 A 发生,也无法一路滑到 Z,Z 并非必然(或极可能)发生。相对地,若有充足证据显示每个"坡"都有合理、强烈的因果联系,即不构成滑坡谬误。

没钱纳税,国家就难发工资给老师,老师领不到工资就会没心情教学,没心情教学,就会影响我们祖国的未来……

上述例子就是就犯了滑坡谬误。

滑坡谬误的另一种形式是"必须继续某一行动,因为已经开始了这一进程"。有时候,我们启动了系列行动的第一步,才发现它是个错误。如果我们在本来可以承认错误并且可以停止的情况下,仍然继续完成后面的步骤,我们就犯了滑坡谬误。

我们以东汉时期思想家王充《论衡》中两段论述的滑坡谬误为例。

例1:论死不悉则奢礼不绝,不绝则丧物索用。用索物丧,民贫耗之至,危亡之道也。(《薄葬》)

逻辑论证模式:

死人无知不彻底→厚葬礼节不杜绝→百姓倾家荡产→国家走向危亡

例2:夫有象箸,必有玉杯。玉杯所盈,象箸所挟,则必龙肝豹胎。夫龙肝可食,其龙男的。男的则愁下,愁下则祸生,故从而痛之。(《龙虚》)

逻辑论证模式:

做象牙筷子→用玉石杯子→吃龙肝豹胎→手下人发愁→祸端丛生

在写作中,由于思路的局限性和延展性,有时候会不经意地产生滑坡谬误。写作者要在掌握论证规律的基础上,合理运用论证逻辑方法,检查论证中属于"如果甲,那么乙,而如果乙,则丙"之类的连锁式引申,确保事件系列关联合理,时刻避免滑坡谬误。

三、"非黑即白"谬误

在两个相反但不互相矛盾的断定中,不恰当地进行二者择一,其所犯的论证谬误,就是"非黑即白"谬误。其论证形式为:不是 A,就是 B(A 与 B 不矛盾)。

也就是说,如果 A 和 B 是矛盾关系,则"非 A 即 B"成立;否则,"非 A 即 B"不成立。

要认识"非黑即白"谬误,关键要了解论证中提到的两个选择的关系是否是矛盾关系。一般来说"非黑即白"谬误很好分辨,看下面的例子:

要么人类是上帝创造的,要么人是从猴子变成的。

这句话中,因为"上帝创造"及"猴子变成"并不是人类来源的所有可能,二者并不是矛盾关系。除非能证明除这两种来源外，人类可能没有其他来源，否则该命题不成立。

非黑即白的谬误实质是论证者所制造的错觉，这种错觉使人觉得其所提供的选言前提穷尽了所有可能的选择。如果一个选言前提穷尽了所有可能的选择，那么它就一定是真的，在非黑即白的谬误中，所提供的两种选择不但没有穷尽所有可能，而且所提供的两种选择都是不大可能的。所以，其选言前提是假的，或者至少可能是假的。对这种谬误，也可以说它制造了一个貌似真实的，实际上却是假的或可能假的前提。

这栋教学大楼目前的状况很差，已经破损不堪，我们要么把它拆掉重建，要么就只能继续拿学生的人身安全去冒险。显然，我们不应该拿任何人的生命安全冒险，那么我们必须把它拆掉。

这里的问题在于除了"拆掉"和"继续拿学生的人身安全去冒险"之外，还有没有其他解决办法，比如维修该建筑或者采取某种措施保证学生安全。如果只有部分教室破损，那么我们也许可以不用这些教室，而用其他没有破损的教室。

四、推不出谬误

根据主流逻辑学观点，前提与结论之间的支持关系要么是演绎支持关系，要么是归纳支持关系。其中，演绎支持要求所有前提都真且结论必然真；归纳支持要求所有前提都真且结论正如论证所认为的那样真。如果前提与结论之间的支持关系既不是前述的演绎有效的支持关系，也不是归纳上强的支持关系，那么，这个论证就犯了"推不出"谬误。换句话说，演绎无效的论证和归纳上不强的论证都犯了推不出谬误。

"推不出"的表现形式，一是论证者企图用前提完全担保结论，但并未采用有效的推理形式。比较常见的错误有充分条件的肯定后件式、必要条件的肯定前件式、相容选言推理的肯定否定式、二元思维等。二是论证者试图用前提对结论进行一定程度的担保，即前提给结论以较大的支持，但忽略了相关制约条件，或者未圆满回答相应的批判性问题。归纳推理的或然性谬误就是这种情况。

有人极其喜爱养宠物，就会有其他人说，这个养宠物的人不孝顺，因为这个人每天都在固定的时间遛狗，但是却没有每天陪伴自己的父母散步。

姚雪垠在与郭沫若辩论明史的问题时，指出《甲申三百年祭》引用《明季北略》时，所引的卷数有问题，因此得出结论："连卷数和题目都看不清，当然谈不上辨别史料的真伪了"。事实上,卷数和辨别史料的能力没有必然关系。

惩罚的严厉程度应当与违法的严重程度相吻合。现如今,对酒后驾车的惩罚也许不过只是罚款。然而酒后驾车乃是非常严重的违法行为,可以导致无辜行人的丧命。因此,酒后驾车应当适用死刑。

这里的论据实际上可以支撑若干结论,例如"对酒后驾车应当严惩"等,但是就本例而言,却不能支持适用死刑的正当性,因此犯了推不出谬误。

在写文章的过程中,要注意分清论据与结论。检查论据,看它们可以客观地给出什么结论。检查结论,看它需要什么论据作为支撑,然后检查实际是否给出了这样的论据。"推不出"的逻辑谬误往往发生在结论过于宽泛或者过于绝对之时,因此,如果所提主张较大,则应特别小心仔细。

 思考题

1. 哪些逻辑谬误是基于论题的谬误?
2. 如果论题中发生了语词歧义,是否可以理解为犯了转移论题谬误?
3. 在写作中如何避免基于论证方式的逻辑谬误?

第八章
批判性思维与有效论证

现代社会的发展,对思维能力的要求更为突出。今天我们所处的信息时代,是数据和消息泛滥的时代,信息的泛滥对我们的思维提出了更高的要求。批判性思维是我们进行理性思考和思辨的重要方式。批判性思维通过有效论证去实现,有效论证是确保批判性思维正确的前提。在批判性思维下,思维者能主动提出问题,质疑他人的观点及其表述是否合乎逻辑,证据是否具有可信度。这体现在写作上,就是为文要合情理、讲逻辑、有思辨。批判性思维是什么?它的重要意义有哪些?如何通过有效论证进行批判性思维?这一章会给出答案。

第一节 批判性思维

批判性思维能力被认为是 21 世纪社会公民必须具有的核心技能之一,批判性思维能力包括批判性阅读能力和分析写作能力,被认为是衡量现代优秀人才的核心标准。什么是批判性思维?批判性思维在我们的认知和生活中起着什么样的作用?怎样才能成为一个"成熟"的批判性思维者?以下将具体论述。

一、什么是批判性思维

古希腊哲学家苏格拉底曾说过:"我教不了别人任何东西,我只能促使他们思考。"思考,是人类的特征和需要。我们每天都在思考,有时却不知道应该用什么样的方式思考才能达到最佳状态。人在生活中产生的偏见、冲动、困惑、狭隘等,有时是由思维能力的缺陷导致的。思维的不足和偏差,常常是生活与实践中错误和问题产生的最主要根源之一。批判性思维可以帮助我们获得正确的认识和思考能力,通过质疑已有的观念和决策,根据逻辑和辩证的方法来找到更好的观念和行为方式,推动认知的进步,做出合理的行动。

通俗地说,批判性思维是对怎么想、怎么做进行决定的思维能力。

批判性思维包括情感特质和认知技能。情感特质也称为批判性思维人格倾向,主要包括求真性、开放性、分析性、系统性、自信度和好奇心等。认知技能又称批判性思维技能,主要包括解释、分析、评价、推论、说明和自我调节六种技能。

"解释"是指用来阐明和表示各种不同事物情况的意义或重要性的认知技能。它包括:如何没偏见地去识别或描述一个问题,如何把握一个人在其表达式中的意图,怎样把文本中的主要观点和次要观点相区别开来,怎样构建你正在研究的东西的尝试性分类组织或组织方法,如何用你自己的话来解释别人的观点,如何澄清符号、表格或图形的意义,如何识别作者的目的、主题或观点,等等。

"分析"是指用来识别陈述、问题、概念、描述或企图表示的观点、判断等表达形式之间的有目的的推论性关系的认知技能。这种技能包括检查观点、识别论证和分析论证等。

"评价"一方面是指评估陈述或其他表示的可信度。这种陈述或表示是用来说明或描述人的知觉、经验、情景、判断、信念或观点的。另一方面指评价陈述、描述、问题或其他表达形式有目的的推论关系的逻辑强度。

"推论"包括:识别得出合理结论的必需要素,相关信息的判断,从各种表示形式中引出结果。其包括质证、推测可能性和得出结论三类认知技能。

这四种技能,可以帮助人们解释所思所想以及进行判断。但观点的改善还需要说明和自我调节这两种技能。"说明"是陈述某人推理的结果,并根据这个结果所依赖的论据、概念、方法等来证明那个推理,包括陈述结果、证明程序和提出论证。"自我调节"是自觉地监控自己的认知活动以及这些认知活动中的要素和引出的结果。其包括自我检查和纠正。

二、批判性思维与逻辑

批判性思维和逻辑有本质的联系。首先,从批判性思维的本质看,逻辑元素是其基本成分。批判性思维涉及的核心问题是我们应该信什么和做什么,而该问题的答案是由"理由"或"证据"决定的。论证的优劣由一系列"理智标准"来衡量,其中包括逻辑标准。形式逻辑和非形式逻辑都与论证的评价相关。

(一)批判性思维与形式逻辑

批判性思维是20世纪70年代在北美及西欧新兴的一门逻辑课程。由于当时逻辑学研究者们开始怀疑传统的形式逻辑并不能作为分析和评估的论辩工具,所以,他们开始考虑建立一门新的逻辑课程,即批判性思维。批判性思维的研究把逻辑研究的目标转向了如何有效地发挥逻辑在人们日常工作和生活中的作用,更加侧重于研究如何有效地提高人们的日常推理和论证的逻辑思维能力。

批判性思维运动适应了逻辑的"非形式转向",适应了人们对于逻辑的"去符号化"追求。然而,"去符号化"并不代表着"非符号化",批判性思维的研究依旧要以符号为基础,遵循形式逻辑的法则。形式逻辑在培养和训练批判性思维的能力方面依旧发挥着重要的作用。

形式逻辑研究的是推理过程中前提和结论之间的关系,由前提、结论和推理形式组成。推理形式由逻辑常项和逻辑变项组成,常项代表了推理的结构要素,变项代表了推理的内容要素,一个推理是有效的,当且仅当它的形式有效并且前提真实。形式逻辑离不开形式相关的方法,正因为如此,形式逻辑的教学与研究可以有效地提高人们的理性思维能力。

(二)批判性思维与非形式逻辑

非形式逻辑是批判性思维的逻辑基础。非形式逻辑不仅包含形式逻辑的基础,还包括日常生活中的论证分析、解释、评价以及建构的非形式标准。也就是说非形式逻辑不仅包含逻辑的形式要素,还包括逻辑内容方面的非形式要素。

一方面,受教育者是一个有自由意志、人格尊严的个体,他们的心智与个性是其在社会性交互作用活动中能动地生成的,任何外在事物的意义必须经过主观理解才能变成受教育者自己的经验。那种任由机械灌输和传递的教育方式,都把受教育者当作物,而不是有自由意志、独特而丰富的内心世界以及独立判断能力的人。另一方面,我们生活在日新月异的信息社会里,信息是首要资源,然而,随着信息的海量增长,我们面临的是一个信息的海洋,如果没有独立的批判性思维,我们就可能被信息的汪洋大海所淹没,被各种似是而非的解决方案所迷惑,被他人别有用心的谎言所误导。

现代批判性思维研究的鼻祖约翰·杜威认为,批判性思维就是对我们的观念或假说作合理考察。杜威强调,没有对科学假说进行主动、持续和细致的理性反思,我们就不能表示接受或者反对它,而是要延迟判断。延迟判断,就是一种谨慎状态,既非肯定也非否定,而是先不做决定,重心是合理的理由和论证。杜威的观点一直延续到现在,是批判性思维的前提性原则。

杜威认为反省性思维是"思维的最好方式",不仅要细致地思考各种信念和被假设的知识形式,而且要理解支持它的理由以及它进一步指向的结论,他进而指出:"思维就是探究、调查、深思、探索和钻研,以求发现新事物或对已知事物有新的理解。总之,思维就是疑问。"杜威的思想奠定了美国批判性思维发展的基础,对美国乃至全球教育理念都产生了巨大的影响。第二次世界大战后,面对美国社会的转型,教育学家们开始对美国的教育模式进行反思,批判性思维作为通识教育的重要组成部分成了突破口。教育学家们认为通识教育对提高学生综合素质至关重要,希望通过批判性思维的培养,纠正学生消极而低效的思维习惯,培养学生批判性地观察、阅读、倾听、演讲和写作的能力,使学生能够适应未来社会的发展潮流。1941年,爱德华·格拉泽在《批判性思维发展的实验研究》中明确使用"批判性思维"一词,他认为批判性思维包括三个方面:质询态度;有效推理、抽象、概括的知识;应用以上态度和知识的技能。他以此为理论基础,设计了一套完整的批判性思维评价测验工具,对大学生的批判性思维进行测量。

目前社会上有一种错误的观点认为能提出与常识、与他人不同的看法就是批判性思维,至于这些辩论是否要遵循逻辑,则很少谈论。这其实隐含着一个巨大的危险,那就是逻辑的离席。逻辑是内核,没有逻辑作为基础,就容易掉入各种逻辑陷阱而不自知。我们把自己思考的结果拿出来供他人讨论,就是为了让他人评判是否逻辑严密,是否存在偏颇和不全面。所以,批判性思维是以逻辑为基础的,不是独立于逻辑之外的新的思维方式。

批判性思维能力的养成是通识教育的核心目标之一。各种批判性思维研究的路向或理论,特别是批判性思维的规范性研究,都将逻辑当作基本元素之一。北美、加拿大等国家和地区的批判性思维运动多以"基于非形式逻辑的批判性思维"为特征。

三、批判性思维的特征和要求

批判性思维有三大特征:促进认识或决定行动,合理性,反思性。

批判性思维是为了促进认识或决定行动而进行的。当我们对某些现有的认识和观念提出质疑,或者当我们在面对困惑、盲目等状态要采取行动时,批判性思维就能很好地发挥它的作用。

批判性思维具有合理性。好的批判性思维是合情合理的。合理的标准有两点:一是批判对象的合理性,我们要确保批判性思维的主体是具有可分析性的,不存在逻辑谬论;二是批判过程的合理性,批判过程也就是论证的过程,它基于理性的逻辑思维和背景知识。批判性思维的合理性,体现了批判性思维必须合乎思维者的诉求,通过理性的判断、推理、论证得出合理的结论。

批判性思维具有反思性。批判性思维从一开始就是要找到正确的思想和认知,这就要求思维者根据一定的标准和方法来考察别人和自己的思考,也就是说,批判性思维是关于思考的思考。《论语》中的"吾日三省吾身"就体现了古人具有反思性的思维。批判性思维不仅应该用来发现别人思考的不足和缺点,更应该用来反思自己思维的不足,从而更有效地指导我们的行为和决策。

在这个数据和信息泛滥的时代,各种各样的信息在每时每刻以各种形式,通过各种媒介扑面而来。哪些消息是真的,哪些消息是假的,难以分辨。其实,充满消息的时代也是充满问题的时代,它是一个时刻需要认识、分析、判断、选择和决定的时代。批判性思维帮助我们在复杂的环境中理性思考、谨慎思辨,是指导我们的行为和决策的必不可少的能力。

批判性思维的要求主要体现在以下几个方面。

第一,打破盲目从众,真正独立思考。有人说,信息爆炸时代的人们常常缺乏问题意识和批判意识,缺乏纵深的追问能力,不敢张扬自己的个性。在网络媒体上,某个消息、某篇文章、某个镜头,或者某次访谈,经常会引起一边倒的情绪化浪潮。在浪潮中推波助澜的,有一般网民和读者,也不乏有各种头衔的学者、专家、教授。其实只要运用批判性思维的最基本准则,那些消息的真实性和准确性都是很容易被怀疑的。然而,现实是,从学者到一般网民,大多数人没能完全避免盲从。看一个例子:

有三个偷酒贼,他们每天都会在隔壁偷酒喝。此事被酒主知道后,心生一计!把酒换成了尿,同样地放在原来的位置。谁知那三个偷酒贼晚上又来光顾了,老大把酒狂饮,酒到嘴边,发现味道不对,但心想到:既然美酒变成骚尿,定不能让另外两个小弟知道。于是他狂笑三声,惊叹道:好酒!老二接过酒坛,如饥渴难耐的虎豹,也是一阵狂饮,连声赞到:今日之酒比往日还好喝!此时,老三早已按捺不住了,抢过酒坛东倒西歪地喝了起来,喝完后三人对视狂笑!其实,这三个偷酒贼都明白今晚喝的是尿,但是谁也不愿意一语道破,毕竟没有人愿意主动去告诉别人他喝了尿。

就像这个故事里面的三个贼一样,有两个贼说这是好酒,剩下的一个便会妥协和顺从,这种盲从现象,就笔者个人来看,它弊大于利,因为它在扼杀人类真正独立思考的能力。在生活中运用批判性思维,可以通过周围其他人的行为举动理性分析,测试和匹配自己下一步的行动。值得注意的是,批判性思维不能被理解为"有个性、唱反调、否定",真正的批判性思维者会在理性分析之后做出正确的决策。

第二,产生新认知,提高创新能力。批判性思维基于人类已有的经验和认知,对事物进行批判性思考。一方面,当人们对已有的经验和认知产生怀疑,经过逻辑推理论证之后,证明该质疑是有效的,从而推翻了原有的认知,那么新的认知就产生了。例如,人们曾认为"乌鸦都是黑色的"。在一段时间里,这个结论被认为是正确的。这时如果有人对此提出质疑,经过调研发现,日本有白鸦,得到与曾经的认知截然相反的结论,那么从前的认知就被推翻了。因此,批判性思维是人们产生知识的途径。另一方面,当被别人的新观点或新思想冲击时,有的人会懊恼自己为什么想不出这样的点子。其实,许多新想法产生于对已有结论的批判性思考,是批判性思维促成了创新。瓦特改良蒸汽机就是一个典型的例子:

1763年,格拉斯哥大学从伦敦买了一台纽可门机作为教学模型,但运转不灵。1764年,瓦特接了修理这台机器的差事,他在修理这台机器的过程中发现,纽可门机的冷凝装置很不合理。瓦特经过一段时间的思考和摸索后认为:要克服纽可门机的最大缺点,合理的办法就是只冷凝蒸汽,而不冷却汽缸。要做到这一点,就应将蒸汽冷凝过程移出汽缸,增加一个与汽缸分开的冷凝器,将蒸汽的冷凝过程在冷凝器中进行。这是一项重大的发明。经过多次试验和革新,瓦特改良的蒸汽机提高了效率,为之后一个多世纪世界工业的迅猛发展做出了历史性的巨大贡献。

第三,规范学术研究,提高写作水平。在这个知识竞争的环境中,真正的学术性就是批判性思维的规则和方法。它们就是学术研究要遵循的规则。批判性思维直接从经验、证据、理由中开始分析和批判,将可靠的实践依据和明确的概念分析作为思考的定律。写作论述文的过程,其实就是进行批判性思维的过程,它要求作者把思想过程和结论清楚、完整、有效地传达给读者。批判性思维能够让作者形成自己的观点,使其对材料的理解不浮于表面,这对于写好一篇文章十分重要。

第四,促进人和社会的理性化。理性化是人和社会的需求,批判性思维是一种理性的思维。理性是人精神世界的重要组成部分,人和动物的差别在于智力、理性能力。成为一个"好"的人意味着成为一个有好的批判性思维的人,成为一个运用批判性思维来决策和行动的人。社会生产、管理、商业和其他实践活动,也离不开批判性思维。有人说,一个社会的公正性、生活的质量、发展的可持续性等重要方面的好坏程度,是由这个社会中公众的思维水平和理性程度决定的。我们常说,人的素质决定社会的素质,这里强调了人的批判性思维能力和理性精神的重要性。

四、批判性思维的核心问题——论证

论证,是批判性思维考察的对象之一,也是批判性思维的核心问题。拿到问题应先思考。思考的必要条件之一是科学的论证方法。论证这个概念的意义相当宽泛。英语 argument 一词往往指两个人之间的争论甚至争吵。在汉语中,论证一词则往往代表正规场合的陈述。

一方面,论证要建立在批判性思维的基础上。在论证过程中,要求思路清晰、概念明确无歧义、语言逻辑关系明确,要求观点不能自相矛盾等。另一方面,论证必须是一个推理。即论证实际上是围绕某个命题展现该命题与某些材料(论据)之间的推演。在日常生活中,人们无时无刻不在进行推理。人们平时对一些事物进行解释、判断、证实或是预言,都是靠推理来实现的。论证首先是一个推理,推理必有前提,推理的前提即是论证的理由,而理由的内在逻辑必须是严谨的。

科学论证能力是一种以科学知识为中介,根据收集到的数据资料提出主张进行推理,反思自己和别人论点的不足以提出反论点,同时能反驳他人的质疑和批判为自己辩护的高级思维能力。

例如,一个大学毕业生去应聘,对老板说:"我想应聘贵公司的会计岗位,因为我是会计学专业的。"这句话不是论证,只是陈述了一个事实。但如果再加上一句:"这是我的会计从业资格证书",这就是一个诉诸权威的有效论证,更容易让领导信服。

论证包括证明和反驳,证明包括以下内容。

第一,论题的提出和分析。论题的分析包括对论题的语义分析、语形分析及语用分析。语义分析指对论题的基本含义的分析,包括对论题中所包含的主要概念的内涵和外延的分析,对论题中的各主要概念与论题以外的相关概念的比较分析,对论题的整体语义分析等。语形分析指对论题的结构、形式、类型等的分析。语用分析指对论题的语境、背景等的分析。对论题的语形分析必须同对论题的语义分析和语用分析结合起来,只有这样,才能真正地把握论题的实质,弄清论题的本来面目。

第二,论证方式的确立。即根据论题的类型,确定论证的方向、方法、过程和步骤等。论题类型的确定对论证方法的选择有重要意义。对不同类型的论题,可采用不同的论证方法,包括反证法。

第三,论据的收集和整理。即根据论题和论证方式收集有关的论据,并对论据进行筛选、分析、归类、整理。

第四,证明论证的组织。即按照既定的论证方式把论据组织起来,建立起完整、严密的论证过程。

第五,证明有效性的检验。它包括对论题的检验,即是否明确、无歧义;对论据的检验,即是否真实可靠;对论证过程的检验,即是否合乎逻辑,是否有充分的论证性和说服力。

反驳主要包括以下内容。

第一,对论题的反驳。首先对论题进行语义、语形及语用分析,然后在此基础上确定反驳的方式、方法。像证明一样,针对不同类型的论题,写作者可采用不同的反驳方法。比如,对全称命题的论题可采用其矛盾命题,即列举反例来反驳,对假言论题可采用破除条件法,即确定原有各类条件关系为假的可能性。

第二,对论据的反驳。找出要反驳的论证中所采用的虚假的或未经证实的论据,并根据这些论据的类型确定反驳的方式、方法。

第三,对论证过程的反驳。查找在论证过程中存在的错误,如论据与论题不相干、论据不足等。反驳过程时可采用分析说明法、逻辑类比法等。

五、批判性思维的培养方法

当人们越来越重视批判性思维这个概念时,说明批判性思维正在渗透人们的思维世界。一个合格的批判性思维者,首先要掌握基本的逻辑理论知识,其次要将所思考的内容经过正确论证,形成一个合乎逻辑思维规律的论证形式。

(一)积累逻辑学理论知识

批判性思维的这种"善断"是如何练成的呢?它当然不可能是灵感来潮时的突然领悟。作为一种理性活动,它与知识联系在一起。一般认为,获得批判性思维能力的一个基本前提,就是要了解形式逻辑的论证理论。论证是"说理"的别名,而"说理"又是批判性思维的标志性特征,于是批判性思维就与论证结下了不解之缘。它以论证为起点,其主要工作都是围绕论证展开的。因此,掌握逻辑学的理论知识,是培养批判性思维的首要环节。

论证也叫证明,它与推理相关联。推理是从一个或几个已知的命题出发推出一个新命题的思维过程。这一过程强调前提与结论之间的逻辑关系，它并不关心前提的真假，假的前提也可以成为推理的出发点。推理的这种宽松条件有时会受到限制。当需要确定某一命题或断言是真的以便让人接受的时候，人们借助于推理来达到这一目的，但此时的推理要求从已知为真的前提出发，而不能从明显为假的前提出发，否则论证就没有说服力。因此，所谓论证就是引用一个或一些真实的命题、借助推理形式确定另一个命题真实性的思维过程。

每个人都认为自己有独立思考的能力，批判性思维的作用不仅体现在对我们周遭的事物、观点的反思，更值得重视的是对自身的反思。如曾子所言："吾日三省吾身：为人谋而不忠乎？与朋友交而不信乎？传不习乎？"从中不难看出批判性思维方式的优点，即它是经过分析推理、提问思考的方式去筛选和消化信息，从而使人获得更结构化、更纯粹、更可靠的知识。

(二)掌握有效论证方法

我们知道，论证结构由论点、论据、论证方式、隐含的假设组成。但是，日常交流中的论证有时会存在语言的不精确，甚至掺杂情感的因素，很多时候还会存在省略前提或颠倒前提与结论的顺序等现象。也就是说，日常交流中的论证，不像数学论证那样一目了然，而是带有很大的隐蔽性、模糊性，需鉴别才能发现。

知识创新总是在既成知识的基础上展开。只有通过对现有事物缺陷的分析和批判，才能创造出高于它、超越它的更好的新事物。知识的创新也以对旧知识的批判为前提。在知识批判面前，任何主张都不应享有豁免权。一种真正意义上的知识创新，并不是任何一个新的想法、观点、理论所能充任的；要成为创新的知识，必须接受批判的严峻考验。批判是知识的过滤器，是理论接受实践检验的一种特殊方式。同时，一种新知识的产生，往往也是对既成知识的严格批判的自然结果。所以，知识创新需要批判性思维。

这一语段表达了一个论证，其结论是："知识创新需要批判性思维"，这个论断是从此前的诸多陈述中得到支持的。"所以"一词之后是论证的结论，之前的陈述是前提。在这样的论证中，我们可以通过提示词"所以"轻而易举地找到论证的前提和结论。然而并不是所有论证都有提示词，此时，分析一个语段的开头或结尾的陈述是否存在支持关系，就是十分必要的。

一些由传达某个主题或事件的信息的一组陈述构成的语段不能构成论证。例如：

7月21日，为期两天的世界技术首脑大会在美国纽约市举行，来自34个国家的顶尖科学家、企业家及政府代表出席会议并重点讨论信息技术、通信技术、材料技术、能源技术、生物技术和太空技术等重大领域的技术突破及发展动向。

在文章写作中,如果阐释性语段以一个主题句开始,随后就应有若干语句发展这个主题句。如果这些语句并不证明主题句,而只是扩展或详细地描述它,那么,就不是论证。因此,作者要掌握正确的论证方式。

(三)扩大阅读量,增强知识积累

批判性思维的养成,知识的积累是必不可少的。扩大阅读量,是培养批判性思维的有效途径。一般认为,阅读可以培养健全的人格,还能提高写作能力。读的书越多,获得的信息量就越大。思维水平越高,越容易对事物形成自己的认识,而不是被别人的观点牵着鼻子走。阅读能使人真正独立思考,但有时候人们对自身思想的本质所知甚少。例如,很多人不自觉地相信,不动脑筋思考而获得知识是有可能的,优秀的写作才能是天生的而并非是努力的结果。这样就导致这些人对自身的发展推卸责任,不去寻求观察事物的新方法。因此,大量的阅读和知识积累,是独立思考和独立人格的体现。

第二节 论证结构有效性分析

一、有效论证概述

上一节已经提到,论证是批判性思维的中心问题。有效论证是确保批判性思维正确的前提。了解有效论证,首先要掌握论证的结构、类型、语言。只有把握论证的相关概念,才能做到有效论证,使人信服。

(一)论证的结构

论证在各种文体中都有应用。对于议论文来说,论证是主要的表达手段。从逻辑结构来分析,任何论证都是由四个要素组成的,即论题、论据、论证方式、隐含的假设。

论题,又叫论点,就是通过论证确定其真实性的命题。论题所回答的是"证明什么"的问题,人们说话写文章,总要提出自己的观点和看法,表明赞成什么,反对什么,这里的观点或看法,就叫论题。一篇论说文就是一个大的论证,其论题往往不止一个,其中居于统率地位的叫中心论题。中心论题下面有若干分论题,分论题下面还可以有若干小论题。这些小论题为分论题服务,而分论题又为中心论题服务,归根到底,都是为中心论题服务。

论据是用来确定论题的真实性的那些命题。它回答的是"用什么证明"的问题,提出任何观点和看法不能没有根据,没有根据的论题是不能令人信服的。作为论据的命题可以是已经证实的关于事实的命题,也可以是科学概念的定义和公理、原理。论据往往也有几个层级。用以论证中心论题的那些论据,有时候本身的真实性还有待论证。这样的论据同时也是分论题。分论题自有论据,但有时候分论题的论据又需要论证,它们就成为小论据。

论证方式是指把论据和论题联系起来的方式。它回答的是"如何证明"的问题,论证是由论据的真实性推出论题的真实性,因此,仅仅有了论题、论据并不等于完成了论证,还必须有一个由论据到论题的推演过程。论证的推演过程总是借助于一定的推理形式完成的。因此,也可以说论证方式是论证过程中的所有推理形式的总和。

有论据和结论之后,我们有时会发现,整个论证过程中的论据链条并不完整。因此,需要从中找出一个能够在论据和结论之间建立联系的论据链条,这样的论据链条就是隐含的假设。隐含的假设可以是一些没有说出来但共同接受的观点,也可以是仅为论证一方需要和接受的前提。一切认识过程,包括科学推理,都是建立在这样或那样的假定之上的。

分析论证的结构,也就是分析论证的论据和观点之间的关系如何,弄清论据是否妥当、论证方式是否正确、观点是否可靠等一系列问题。我们通过了解论证结构,可以评价论证质量的高低,得出科学的结论。

(二)结构有效性要求

论证的有效性体现为论题、论据、论证方式、隐含的假设这四个要素的有效性。

1.论题:准确清晰

论题是有效论证的最终目标。它可以是描述性的,用来陈述事实是怎么样的;也可以是规范性的,用来陈述事实应该是怎样的。一个论证的论题具有唯一性。对一个论题的可接受性存疑时,才需要提出支持它的论据。若对一个论题没有疑问,就不必形成对它的论证。

论证的论题必须准确清晰,论题不能过大,也不能过小。在写作中,常常会出现论题过大的情况,表现在学术论文写作中,就是选题过大,这样的论题就是无效的。学生在最初接触学术论文写作的时候,往往遇到的第一个问题是选题。学生即便翻阅教材、典籍,确定一个自以为不错的题目,呈交上去,仍然不得不面临被指出选题过大的问题,出现诸如中国历代文学思想研究、李白诗歌研究、唐宋文体观念研究等论文题目。题目过大,就希望在写作的过程中面面俱到,浅尝辄止,却往往说不出自己的观点。因此,有效的论题是有效论证的关键。

结合公文写作,我们有的公文文种明确要求一文一事,如"请示"要求一文一事,以免使原来分属不同上级领导或部门负责的若干事情混到一起,以便于上级批复处理。一文一事制度,还在一定程度上避免了论题不准确或论题无效等问题的出现。

2.论据:真实充分

尽管形成论证的根本是论点,但一个论证发挥其功用的关键却是有效的论据。在写文章时,常常使用分论题,每个分论题下使用分论据论证,使文章看起来层次分明。例如一篇高中语文作文的题目是:以"宽容"为话题,写一篇文章。在写作过程中,就可以通过设置分论题的形式来进行论述:

(1)宽容是一种美德,但它不仅仅是针对他人而言的。古语有"宽以待人,严以律己"的说法,在当代社会竞争激烈、压力沉重的情况下,不仅要对别人宽容,也要对自己宽容,以平和的心态迎接生活的挑战。

(2)如果人人都具备了宽容的美德,那么生活将会展现给我们最美的一面。而狭隘却导致我们偏激,甚至心理阴暗,这样的心境只能看到别人的缺点和事物的不足,无法真正地享受生活。

(3)宽容不是无原则的容忍,要针对不同的人和事。对坏人、"落水狗"等我们坚决不能姑息,不然的话会贻害无穷。鲁迅所说的打"落水狗"的故事就是一个很好的例子。"不打落水狗,反被狗咬了",教训多么沉痛!

(4)宽容的本质是爱:父母对我们的任性的宽容是爱,师长对我们的调皮甚至故意捣乱的宽容是爱,社会对曾经犯过罪、有过错的人的宽容是爱……而这爱又化作前进的动力,不断鼓舞着我们力争上游。

这类文章结构一般是:开篇抛出论题,正文用分论据进行证明,结尾再次对论题总结。

论据不同于论点,如果二者重合,论证就成了"自证",也就成了无效论证。

要判断论据的有效性,必须要考查论据是否真实。如果使用虚假的前提进行论证,就无法论证论题的真实性。看下面这段论证:

为了扭转邮政系统服务质量下降的局面,某地决定较大幅度地提高邮票的价格。这一措施将能有效地达到预期的目的,因为使用邮政系统的人数减少,那么邮递信件的丢失率就肯定会降低。

在上述论证中,目的是要"扭转邮政系统服务质量下降的局面",为达到这一目的而采取的措施是提高邮票的价格。该论证至少还需要假设以下两个条件:第一,必须假设购买邮票的人数将随着邮票价格的提高而减少。否则,如果购买邮票的人数并没有随着邮票价格的提高而减少,那么在题干中就不能由邮票价格的提高推出邮递信件丢失率降低,从而得出扭转邮政系统服务质量下降的局面的结论。第二,必须假设邮递信件丢失率偏高是邮政系统服务质量下降的重要表现。否则,如果邮递信件丢失率降低并不说明邮政系统服务质量的提高,则即使邮票价格的提高降低了信件丢失率,也不能因此得出"提高邮票价格的措施扭转了邮政系统服务质量下降的局面"的结论。

3. 论证方式:相关性

论证方式是论据对论题的支持关系,论证方式本质上是推理关系。但是,推理有多种形式,比如演绎推理、归纳推理或合情推理,它们对主张的支持力是不同的。同时,由于论证的理由是多个,而每一个理由对论点的支持关系可能不同,所以,在一个论证中有多种推理形式,这一点在下文会有介绍。

某管理咨询公司最近公布了一份洋快餐行业发展情况的分析报告,对洋快餐在中国的发展趋势给出了相当乐观的预测。

该报告指出,过去5年中,洋快餐在大城市中的网点数每年以40%的惊人速度增长,而在中国广大的中小城市和乡镇还有广阔的市场成长空间;照此速度发展下去,估计未来10年,洋快餐在中国饮食行业的市场占有率将超过20%,成为中国百姓饮食的重要选择。

饮食行业的某些人士认为,从营养角度看,长期食用洋快餐对人体健康不利,洋快餐网点数的快速增长会因此受到制约。但该报告指出,洋快餐在中国受到广大消费者特别是少年儿童消费群体的喜爱。显然,那些认为洋快餐不利于健康的观点是站不住脚的。该公司去年在100家洋快餐店内进行的大量问卷调查的结果显示,超过90%的中国消费者认为食用洋快餐对于个人的营养均衡有所帮助。而已经喜爱上洋快餐的未成年人在未来成为更有消费能力的成年人之后,洋快餐的市场需求会大幅度跃升。

洋快餐长期稳定的产品组合以及产品和服务的标准化,迎合了消费者希望获得无差异食品和服务的需要,这也是洋快餐快速发展的重要原因。

该报告预测,如果中国式快餐在未来没有较大幅度的发展,洋快餐一定会成为中国饮食行业的霸主。

在上述论证中,论证方法和结论方面至少存在以下漏洞:第一,过去5年洋快餐在大城市的网点数的增长速度,在未来10年并不一定仍能保持,更不能用这一发展速度来推断其在中国广大的二级城市和乡镇的发展速度。第二,用在洋快餐店内进行的问卷调查来推断得出中国百姓的饮食营养观念是不准确的,因为样本选择存在偏差——在快餐店内的消费者大多是认同快餐的,而总体上从不去或很少去快餐店的这部分人的观念却没有能够在该样本中体现出来。第三,未成年人到成年人之后饮食习惯可能发生比较大的变化,不能轻易推断"已经喜爱上洋快餐的未成年人在未来成为更有消费能力的成年人之后,洋快餐的市场需求就一定会大幅度跃升"。未成年人在成年之后更具消费能力,但却有可能不再消费快餐食品。第四,中国式快餐与洋快餐并不是中国饮食行业的全部,甚至也算不上主要组成部分(正餐可能占到饮食行业90%的市场份额),即使中国式快餐没有发展,也无法推断出洋快餐一定会成为中国饮食行业的霸主。

4. 隐含的假设

在大多数语境中,论证基于它所关涉的论证者和接受论证的对象具有共同的知识背景,而在陈述中省略了对某些信息的表达。当然,不能排除某些论证者为了掩盖他所使用的前提的可疑性而有意不明确陈述该前提。当我们发现了理由与论点之间的差距,即从已表达出的前提向结论的有效过渡还缺乏某些环节时,就应分析论证的隐含前提。我们看几个论证中隐含的假设:

据某知名房产中介机构统计,2018年9月份第二周全国十大城市的商品房成交量总体呈上涨趋势,并且与8月份第二周相比上涨幅度更明显。如果没有其他因素抑制,按照这种趋势发展,9月份或将创新政以来成交量最高水平,虽然现在还不能明确楼市完全回暖,但未来楼价调控的压力还是很大的。

上述论证中,已知的论据是"9月份或将创新政以来成交量最高水平",论点是"未来楼价调控的压力还是很大的",论据中的关键词是"成交量",论点中的关键词是"楼价"。这里包含一个隐含的假设,那就是"楼市成交量的增长会带动楼价的上涨",含有论据和论点的关键词,将成交量与价格建立起了联系,构成了一个有效的论证。

用批判性思维分析论证时,要化繁为简,找论据,扣论点。没有论据,补充论据;已知论据、论点,找出隐含的假设,建立二者联系。

分手不仅令人心理痛苦,还可能造成身体疼痛。美国研究人员征募40名志愿者,他们在过去半年中被迫与配偶分手,至今依然相当介意遭人拒绝。研究人员借助功能性核磁共振成像技术观察志愿者的大脑活动,结果发现他们对分手等社会拒绝行为产生反应的大脑部位与对躯体疼痛反应的部位重合,因此分手这类社会拒绝行为会引起他们躯体疼痛。

通过对上述论证的分析可知,证据是"分手的大脑反应部位和疼痛的大脑反应部位重合",结论是"分手会使得躯体疼痛",分手的心理反应部位与生理疼痛反应部位相同,心理和生理的反应又可以通过大脑关联,可知心理反应也会产生生理疼痛,因此这里隐含的假设是"生理与心理反应可以通过大脑产生关联"。

随着年龄的增长,人体对卡路里的日需求量逐渐减少,而对维生素的需求却日趋增多。因此,为了摄取足够的维生素,老年人应当服用一些补充维生素的保健品,或者应当注意比年轻时食用更多的含有维生素的食物。

这个论证中,题干的议论要成立,需要满足一个隐含条件,即年轻人日常食物中的维生素含量并非较多地超过人体的实际需要。否则,如果年轻人的日常食物中的维生素含量实际上较多地超过人体的实际需要,那么,老年人只要维持年轻时的日常食物就可以了,无须服用一些补充维生素的保健品,或者比年轻时食用更多的含有维生素的食物,因为年轻时的日常食物中超过实际需要的维生素可以用来补充老年人对维生素的更多需求。

隐含前提的特点:一是隐蔽性,即作为论证前提的陈述没有被明确陈述出来,或者不经过思考发现不了;二是作为假设前提被先行承认或视为理所当然;三是隐含前提的强度会影响论证的结构与论题的确立;四是对论证的反驳可以通过对隐含前提的批判实现。

(三)有效论证的类型

按照论证的论题内容,可以将有效论证分为事实论证、价值论证和实践论证等几种类型。

1. 事实论证

事实论证即为澄清事实而进行的论证。在事实论证中,一方坚持认为某事是真的,而另一方则认为它是假的。法庭上,控辩双方常常进行事实论证。如"非法侵占他人财产罪""某公司的行为侵犯了原告的肖像权"等,涉及事实是什么、真实的事件是什么的问题。人们经常讨论的一些引人关注的问题用的就是事实论证,如"中国房价具备持续涨价的基础"等。

在写作中常常用到事实论证,比如,使用名人故事就是一种很好的论证方法,因为名人故事是真实发生的,具有可靠性和真实性,说服力更强。比如,为了论证"勤能补拙"这个论题,可以用到以下事实:

(1)姚明作为世界体坛的巨星,已成为全世界年轻人的偶像。与其他 NBA 球员相比,姚明身体条件偏差,在弹跳、肌肉方面没法和黑人相比。但姚明相信勤能补拙。每次训练前,他都要自己先练上两个小时的体能。负责给他们洗衣服的师傅说:"姚明训练可真刻苦。大冬天,他也出那么多汗,鞋子里能倒出水来。"

(2)张广厚上小学时,由于算术成绩特别差,因此,没考上初中,但他并不灰心,他相信只要勤奋学习,一定能把学习成绩搞上去。于是他仔细反思了自己学习上的坏毛病,特别是分析了数学学不好的原因。经过几个月的苦学,他的学习成绩有了显著的改变,最后,他以优秀的成绩考上了中学。在中学阶段,他学习更加勤奋了,读完中学又以优异的成绩考上了大学,最后在数学方面刻苦钻研,成为国际公认的大数学家。

事实上,在其他类型的论证中,也会经常包含事实论证。尤其涉及价值观的论证中,确定相关的事实是必不可少的。

2. 价值论证

利用价值导向对事物进行的论证,称为价值论证。价值论证的目的是要证明论点具有普遍性和规律性。由于论点一般是从具体的材料中抽象概括出来的,通常采用的是归纳法。因此,要辅之以理论和价值导向,以保证论点的可靠性。

一般情况下,作者通过引用自己认同的价值观念或价值导向来论证自己的观点。除了引用普遍性原理或原则外,各门学科的理论也可以作为论据,如辩证唯物论、文学理论等。比如一篇题为《研读经典著作推进 马克思主义理论教育》(作者:李晓光,来源:2020 年 8 月 10 日的《光明日报》)文章的部分内容:

《习近平谈治国理政》第三卷强调:"共产党人要把读马克思主义经典、悟马克思主义原理当作一种生活习惯、当作一种精神追求,用经典涵养正气、淬炼思想、升华境界、指导实践。"马克思主义是中国共产党和中国特色社会主义事业的理论基础和指导思想。要完整准确地理解、传播马克思主义,研读马克思主义经典著作(以下简称"经典著作")是必做功课。习近平总书记曾多次强调加强经典著作学习研究的重要性:"只有认真学习马克思主义经典著作,系统掌握马克思主义基本原理,才能完整准确地理解中国特色社会主义理论体系,才能创造性地运用马克思主义立场观点方法去分析和解决我们面临的实际问题,不断把中国特色社会主义事业推向前进。""学习马克思主义经典著作,有利于从源头上完整准确地理解马克思主义,系统掌握马克思主义科学真理,也有利于深化对中国特色社会主义理论体系的理解和运用。"

传道者自己首先要明道、信道。作为一名马克思主义理论教育工作者,让自己先受教育的重要途径,就是认真研读经典著作。通过精读经典著作来坚定马克思主义理论教育的人民立场,完整准确把握马克思主义理论基本观点,深刻领悟马克思主义理论教育方法,提高马克思主义理论教育工作者的整体素养,从而推进马克思主义理论教育。

价值论证的论据还可以是某些经过实践检验的、广为流传的谚语、格言和成语等。例如下面的论证语段:

蔺相如面对廉颇的几番挑衅,为什么不以牙还牙,不与之"争列"?因为他懂得"以先国家之急而后私仇也",懂得对他人的过错耿耿于怀带来的必定是心灵的负累,懂得真正的智者会以大度的胸怀化解仇恨。正是由于他以德报怨的宽容,最终赢得了将相和。

上例沿着"蔺相如为什么不以牙还牙"这条思路,追根溯源,得出先公后私、宽容大度、以德报怨的结论。这样的价值论证使文章的说服力得到大大提升。

3. 实践论证

实践论证是一种逻辑论证。逻辑论证所运用的正确的推理形式来源于实践,是人们在实践中对客观事物的必然联系的反映。实践论证是通过实践总结出经验,再用实践经验指导逻辑推理的论证。实践论证与事实论证是有区别的:事实论证是用已经被证明的事实来论证观点;而实践论证是通过事实—实践—论证的途径进行的,用实践经验来论证观点。

(四)有效论证的语言

从有效论证的角度而言,论证语言必须是适合对象的语言、清晰准确的语言。不当的语言会妨碍论证的目的。

需要指出的是,清晰和准确是语言的两个标准,通常只要论证双方对核心词、论题的理解一致,论证的语言就可被认为是清晰的。在论证中,论证语言要清晰,实际上就是逻辑基本规律中关于"同一律"的要求。"A 是 A"即任一对象,在特定时间、空间和条件下,不会是与它自己不同的另外的某个概念或者命题,从而使人们对词、句含义的理解和把握成为可能。因此,语言清晰的要求是将"同一律"视为论证语言的一个隐含假设。第二章中谈到保持论证中的关键核心词清晰的方式是"下定义"。这个方法在论证过程中还需要联系论证的主题和语境并对它们加以准确地把握。语言不清晰导致的错误会出现在两方面:一是导致无意义的论辩;二是会误以为正确论证的出现。论争双方由于忽视了对一个语词意义理解或定义上的差异,导致一场实质上并不包括冲突观点论争的论辩时常有之。

从有效论证的最终效果来看,好的论证还要求使用针对性语言,针对性语言并不意味着一定要使用对象语言,而是针对不同的受众进行有分别的论证。这就是学术语言和科普语言的区别,公文语言和演讲语言的区别,语言的针对性可以增强论证的说服力。

将语言的论证性使用和其他使用方式区别开来的根据是:在一个语段中一个陈述是用来支持另一个陈述的可接受性的,它的外在标志就是论证连接词。论证连接词可以帮助阅读者快速在文字材料中识别论据和论点。

有效论证连接词有两类:结论连接词和前提连接词。用以指明结论的标志词是结论指示词,用以指明前提的标志词是前提指示词。

论据指示词:因为、由于、依据、理由等。

论题指示词:因此、所以、由此可见、可以推断、简而言之、显然、表明等。

例如,2017年经济类联考的文章片段:

我们知道,如果市场规模扩大,最终产品的需求将是巨大的。采用先进技术进行生产的企业,因为产品是高附加值的,所以投资回报率高,工人的工资报酬也高。如果工人得到的工资报酬高,那么所有的工人都会争先恐后地选择在采用先进技术生产的企业工作。这样一来,低技术、低附加值、低工资的劳动密集型企业就会自动被淘汰出局了,市场上最终生存下来的都是采用先进技术的高新技术企业。

相反地,如果市场规模狭小,最终产品的需求非常小,而且采用先进技术的成本很高,生产出来的高技术产品根本无人问津,企业无利可图,也就没有一家企业愿意采用先进技术进行生产。这时工人即使拥有高技术,也会发现英雄无用武之地。最终,市场上剩下的都是低技术、低附加值、低工资的劳动密集型企业了。

由此可见,市场规模决定了先进技术的采用与否。没有大的市场规模就别指望涌现高新的技术企业。中国不仅拥有庞大的国内市场,而且拥有更庞大的国际市场,所以大可不必为中国低技术、低附加值、低工资的劳动密集型企业担心,更不要大动干戈搞什么产业结构升级。政府应该采取"无为而治"的方针,让市场去进行"自然选择",决定什么样的企业最终存活下来。所以,政府唯一要做的事情就是做大市场,只要政府把市场做大了,就什么都不用发愁了。

二、有效论证的方法

(一)演绎论证和归纳论证

根据论证所用推理形式的不同,可以把论证分为演绎论证和归纳论证。

1.演绎论证

演绎论证是运用演绎推理的形式所进行的论证,它是根据一般原理论证某一特殊论断。在演绎论证中,一般是以科学原理、定理、定律或其他一般性的真实判断为根据,运用演绎推理的形式,推导出某一论题。看下面这个例子:

日本新日公司寄给上海宝山钢铁公司一箱技术资料。清单上写明是6份,但开箱清点却只有5份,其中1份下落不明。为了这份资料,中、日双方发生争执。日方坚持说:"我方提供给对方的材料,装箱时需要经过几次检查,不会漏装。"宝钢方则说:"我们开箱时有很多人在场,开箱后又经过几次清点。是在确实判定材料缺少一份后才向你们提出交涉的。"双方各执一词,相持不下。

后来,宝钢方重新做了充分的准备,再与日方进行谈判。他们全面列举了资料缺失的三种可能:①日方漏装;②运输途中散失;③我方开箱后散失。接着逐一分析:如果是在运输途中散失的,那么,木箱肯定有破损,但现在木箱完好无损,运输途中散失的可能性被排除了;如果资料是我方开箱后丢失的,那么,木箱上所印的净重量就会大于现有5份资料的重量,而木箱上所印净重量正好与5份资料的净重量相等。可见,资料既不是途中散失的,也不可能是我方丢失的,资料一定是日方漏装了。后来,日方经过反复查询,很快就从新日公司补来了漏装的一份资料。

这个故事中,宝钢方的分析就是一个演绎论证,论题是"所有的资料都是有重量的",论据是"木箱上所印资料的净重量正好与这五份资料的净重量相等"的事实。其论证方式是三段论:大前提是一般原理,小前提是事实,结论是"资料不可能是在宝钢方开箱后丢失的"。

演绎推理的重要特征是,它的保真性是由推理的结构实现的,与推理的内容没有什么关系,因此,演绎推理是一种纯粹的形式推理。一个命题或推理的形式是通过用抽象字母代替其中的具体内容得到的。例如:

鸟是动物,
猫头鹰是鸟,
─────────
所以,猫头鹰是动物。

当确定前两个命题(前提)为真时,最后一个命题(结论)的得出就是必然的。因为,三个命题所包含的三个概念的外延关系决定了承认前两个命题就不能不承认最后一个命题。用 M 代表"鸟",S 代表"鹰",P 代表"动物",就可以得到上述推理的形式或结构:M 是 P,S 是 M,所以 S 是 P。可以看出,只要遵循这样的结构或形式,我们都会从真前提得到真结论。

这种能够起到保真作用的推理,叫作"有效的"推理。一个推理是有效的,仅当其前提真,结论也一定真;或者说,前提真时,结论不可能假。由于演绎推理的前提与结论之间具有必然的逻辑联系,前提蕴涵结论,因此,只要论据真实,演绎论证对论题真实性的确定就是完全有效的。

如果一个人患肺炎,那么,他就会发烧;小李患了肺炎,所以,小李发烧了。

这个推理是有效的,因为它有这样的形式:

$$\frac{如果\ p,那么\ q}{p}$$
$$所以,q$$

"如果……那么……"这种逻辑词的语义,是这种结构保真性的基础。你不可能找到这样一个实例,它具有上述推理形式,但其前提真而结论假,不存在该推理形式的"反例"。这就是说,"如果一个人患肺炎,那么,他就会发烧"确实无误,那么谁也不可能想象存在这样的事态:患肺炎就会发烧与一个患肺炎却不发烧的人并存。

特别需要指出的是,好的演绎论证一定是有效的演绎推理,但有效的演绎推理却不一定是好的演绎论证。这是因为,推理和论证有一些不同属性。

第一,推理只是显示命题之间的逻辑关系,推理要确立命题之间的逻辑关系即真值(真假)关系。论证是为相信某论断提供充足理由,目的是使人接受该论断,论证要确立结论的可靠性、可接受性。

第二,推理的前提可以是假设性的,甚至可以为假,此时,仍可以对推理进行有效性评估,因为,真命题之间、假命题之间、真命题和假命题之间都可能有必然的真值关系。论证的前提必须为真或认可为真,至少逻辑可能为真,前提一旦被认为假,论证就被视为无效的。

关于这一点,演绎推理是否能从真实的前提出发推出真的结论,取决于演绎推理的有效性。任何事物都有内容和形式两个方面,演绎推理也不例外。所谓演绎推理的有效性是指演绎推理的形式是否符合推理规则的要求。凡是符合推理规则的就是有效的,否则就是无效的。

第三,推理的前提对结论是真值蕴涵关系,考察的前提对结论是真值关系。论证的前提对结论是一种支持、保证关系,回答结论怎样才能为真。

因此,结论与前提相同、前提假或不可接受、结论是逻辑真理等有效但违反论证本性的演绎推理都应排除在正确的演绎论证之外。

2.归纳论证

归纳论证是运用归纳推理的形式进行的论证,它是根据一些个别或特殊性论断论证一般原理。人们引用有关个别或特殊事物的判断作为论据来论证一般性的论题,就是归纳论证。换言之,归纳论证是运用归纳推理的论证。几乎所有人类活动的领域,都需要运用归纳论证。

前面谈到的演绎推理结论所涉及的内容实际上并没有超出其前提的内容,其结论只是前提中所包含的信息的细化。但归纳推理的结论却显然超出其前提的内容。它能扩展人类的认知领域,得到新知识。例如:

①疑是思之始,学之端。②科学上的重大突破,理论上的重大创造,技术发明,往往是从"疑"开始的。③"苹果为什么落在地上"这个疑,对于探索万有引力的牛顿曾有极大的启示;"水开了,壶盖为什么被掀起来"这个疑,使瓦特发现了蒸汽的力量;"挂灯摇摆幅度不论大小,为什么时间都是一样的"这个疑,使伽利略发现了等时性原理。④这些自然现象,皆是人们生活中惯常所见,然而,寻常人熟视无睹,唯具有探索精神的人才会对此产生"疑",努力探求,以至有所发现,有所发明,有所创造。

这段话首句提出中心论点:"疑是思之始,学之端。"第②句"科学上的重大突破……往往是从'疑'开始的"一句,是对论点的解释。接着,第③句是以牛顿、伽利略等伟大人物从"疑"开始而获得重大成果为事实论据,证明了这一观点。第④句则对这些事实论据简要分析,进一步论证上述观点。它的论证过程有这样的特点,第④句是在上句列举了牛顿、瓦特、伽利略三个事例之后,归纳出他们的共同创造过程:惯常所见→产生疑问→努力探求→有所建树。这个过程正是三个事例所共同的。这种分析例证中的内在联系,归纳其本质特征的方法,正是辩证归纳推理的思维方法。这样推理得出的结论是可靠的,因而这段文字的说服力很强。

对于一个有效的演绎推理,增加新的前提之后,对其有效性不会产生影响。但归纳推理的强度却有可能因为新增的信息或前提而变化。

(二)直接论证和间接论证

直接论证和间接论证是依据论证的论据对论题是否具有直接相关关系做

出的区分。

1. 直接论证

直接论证是用论据的真实性直接推出论题的真实性的论证方法。直接论证是最重要、最常用的一种论证方法。它的特点是：论题直接从论据中推导出来，论据蕴涵论题，论据真则论题必真。

直接论证是用事实或道理说明一个论题的可接受性的方法。这种论证方法是使一个论题从提供的可接受的论据直接获得支持，可采用的论据包括典型事实、若干事物情况列举、对若干事例的科学分析、科学的比较或类比，以及相关公理、定理、定义、规律等。

例如：

目前我国社会主体更加多元，利益诉求更加多样，矛盾冲突易发多发，社会管理工作要起到协调社会关系、规范社会行为、解决社会问题、化解社会矛盾、促进社会公正、应对社会风险、保持社会稳定的作用，就必须在保证最广大人民利益的基础上统筹兼顾，最大限度地减少不和谐因素、增加和谐因素。

上面这段话的论题是一个因果论证，属于直接论证。"因"是"目前我国社会主体更加多元，利益诉求更加多样，矛盾冲突易发多发"，"果"是"社会管理工作要起到协调社会关系、规范社会行为、解决社会问题、化解社会矛盾、促进社会公正、应对社会风险、保持社会稳定的作用，就必须在保证最广大人民利益的基础上统筹兼顾，最大限度地减少不和谐因素、增加和谐因素"。

加强和创新社会管理，必须增强民主意识。社会管理说到底是对人的管理和服务，必须坚持以人为本、以维护群众利益为本。人民是社会主义国家的主人，社会管理工作者是代表人民行使职权，从根本上说是为人民服务。

以上论证属于演绎论证。先列出观点"加强和创新社会管理，必须增强民主意识"，再通过分析，得出"社会管理工作者是代表人民行使职权，从根本上说是为人民服务"的结论。

再看一个例子：

刑法规定，违反劳动管理法规，雇用未满16周岁的未成年人从事超强度体力劳动的，处三年以下有期徒刑。章某雇用未满16周岁的未成年人从事超强体力劳动的行为违反了劳动管理法规，所以，章某被处三年以下有期徒刑。

所有故意犯罪都有犯罪动机，被告人没有犯罪动机，所以，被告人不是故意犯罪。

这段论证,首先有一个法律规则(大前提),然后有一个事实前提(小前提),这个事实前提被归类到大前提的某个范畴之中(所犯行为符合罪名的要件),依据法律规则得出裁决(结论)。而辩护三段论是,基于小前提陈述的事实,某种行为不符合或不具备法律规则的要求(不满足罪名要件),因此依据法律规则(大前提),得出否定性裁决,这样就得以有效论证了。

此外,图尔敏论证模式也是一种被越来越多使用的论证模式,该模式有两大应用方向,一是评价对方论辩的合理性;二是组织一个有力的论辩。哲学家斯蒂芬·爱德斯顿·图尔敏受到法学论证方式的启发,考虑到不同场域中人们论证行为的差异,提出一种分析论证的模型。他的关注点是:如何对那些出现在不同学术研究和专业场域中的论证进行理性的阐述与评判。在其著作《论证的使用》中,图尔敏区分了实质性论证和分析性论证。即如果论证的"结论"中的信息没有被包含在"前提"中,那么这个论证就是实质性的;如果论证所依靠的"前提"明确地或隐含地包括了"结论"的内容,那么这个论证就是分析性的。图尔敏关注的主要是实质论证。他认为,传统的分析模式简要性的代价过高,并且忽视了论证结构要素之间的差异,对于论证过程中不同陈述所具有的逻辑功能忽视太多。因此,图尔敏通过研究论证实践,比较各论证方法间的不同要素,构建出一个新的论证模式,即"图尔敏模型"。图尔敏举了一个例子:

当论证者提出"亨利是英国人"这一主张时,质疑者会问:"你有什么根据?"论证者给出"亨利出生在百慕大"作为论据,但质疑者可以问:"你怎么得出这个结论的?"于是,论证者提出"在百慕大出生的人一般都应是英国人",而质疑者继续质疑:"一定是这样吗?"因为判断一个人的国籍需要考虑多种因素,论证者的陈述对主张的支持是有限的,接下来,论证者通过"一般情况如此"对主张进行限定。质疑者会继续追问:"什么时候一般规则不适用呢?"这样,论证者必须考虑到其他相关因素,如"亨利的父母是外国人""亨利已经加入美国国籍"等,当存在的这些例外被提出后,质疑者可以质疑论证者之前给出的论据"如何推出"。论证者辩称说,"根据英国的相关法律"。

我们将这段对话及质疑整理如下表8—1。

表 8-1 "亨利是英国人"论证表

论证要素	论证者	质疑者
主张	亨利是英国人	你有什么根据
资料	亨利出生在百慕大	你怎么得出这个结论的
保证	在百慕大出生的人一般都应是英国人	一定是这样吗？
限定	一般情况如此	什么时候一般规则不适用呢？
反驳	亨利的父母是外国人 亨利已经加入了美国国籍	你怎么从"某人出生在百慕大"推出"这个人是英国人"的？
支撑	英国的相关法律	

图尔敏的论证分析模型总共有六个组成部分，即资料、主张、保证、支撑、限定和反驳。

2.间接论证

间接论证是通过论证与论题相关的其他论断假，从而论证该论题真的一种论证方法。间接论证又有反证法、归谬法和排除法。

(1)反证法就是通过论证与原命题相矛盾的反论题的虚假性来确定原论题真实性的间接论证方法。反证法的使用应注意所选的反论题应与欲论证的主张是矛盾关系。

例如，某杂志登了这样一道脑筋急转弯题目：

一位警察审问一名犯罪嫌疑人，在审问的过程中，警察发现此人又聋又哑，对他问的话一点反应都没有。但警察在嫌疑人临走之前说了一句话，发现此人就是罪犯。请问警察最后说了一句什么话？

作为警察，如果发现此人在装聋作哑，那么此人肯定就是罪犯。因此警察最后一句话应是"你可以走了"，犯罪嫌疑人以为自己蒙过了警察，于是转身就走，装聋作哑的花招不攻自破，因此警察确定此人就是罪犯。

运用反证法的步骤大致为：第一，设与原题相矛盾的反论题；第二，通常是用假言推理的否定后件式推出矛盾或者荒谬，从而推翻反论题；第三，根据排中律（两个互相矛盾的思想不能同假，必有一真），由反论题为假，论证原论题必为真。

反证法的论证过程可表示如下：

论题：p

反论题：非 p

论证:如果非p,那么q

非q

所以,非非p
———————
所以,p

(2)归谬法是从被反驳的论题推出明显的荒谬结论,进而由否定错误的结论推出被反驳的论题虚假的反驳方法。

归谬法的基本步骤为:首先,假设被反驳的论题为真,并以其作为假言命题的前件,从而推出后件,构成一个充分条件的假言命题;然后,由这一假言命题的后件明显荒谬否定假言命题的后件,进而根据充分条件假言推理否定后件式否定前件,最终达到反驳的目的。正是因为归谬法的这一特性,人们称其为"以退为进,引入荒谬"的反驳方法。

归谬反驳论证式可表示如下:

欲反驳A(原论证的前提、结论或论证方式),

假设A成立,

从A推论(演绎、归纳或合情推理)出B,

B是荒谬的或不太可能为真(不合情理),
————————————————————
所以,A为假或不太可能为真(不合情理)。

归谬法在几何证明中经常被使用。在现实生活的论证中,如果有人提出一个论证,得出某个结论,我们可以模仿其论证方式,得出一个或一系列看起来更为荒谬的结论,由此来表明原来那个论证在逻辑上是说不通的。还有其他归谬反驳的方法,例如类比归谬反驳。

乔治·克莱恩博士曾写道:"神职人员应该强调这样一个事实,如果没有死刑,就绝不会有基督教。如果耶稣不是被处死在十字架上,今天怎么会有天主教或新教呢? 因此,基督教的产生应归功于死刑。"

锡德尼·J.哈里斯对此进行了类比反驳:运用这种绝妙的推理手段,历史上还有什么事情能说是没有正当理由呢? 比如说,没有乔治一世国王的疯狂和专制,就不会有美国革命,就不会有美利坚合众国。在国王的顾问和国会议员中,不少人都赞成给殖民地以更多的自由和自治,并取消强加于殖民地的苛捐杂税。可是乔治一世最终发疯了,断然拒绝这样的忠告,肆意压制殖民地人民。因此,我们应该庆幸是疯狂和专制导致了美国的诞生。所以说,跟死刑一样,疯狂和专制也是好的。

我们还要牢记,建立西班牙的宗教法庭也是件大好事,因为它引发了全欧洲罗马天主教的抵抗运动,最终导致了新教改革。因此,没有西班牙宗教法庭,就不会有新教,新教的创立要归功于宗教镇压。所以说,就跟死刑有理一样,宗教法庭也是正当的,因为它导致了一个经过改革的新教派的创立。应该感谢天下所有的宗教法庭审判官。

奴隶制是了不起的,因为它引发了内战,把黑人从奴役中解放出来。显然,没有奴隶制,就不会有奴隶的解放。同样,有传染病、触染病也是大好事,因为没有了它们,就不会研制出抗毒素。有了这一推理手段(以后就称作"克莱恩等式"),富有想象力的历史学家就无所不能了。鉴于大多数的好事都起源于恶劣的境况,我们可以因此支持所有的坏事,其根据是坏事能激发真理、理性、正义、自由和改革。

关于归谬法和反证法的关系,从逻辑证明上说,他们是两种相似但并不完全相同的间接证明的方法。两者的相同之处在于都使用了充分条件假言推理的否定后件式。

其区别在于:

第一,反证法的逻辑依据是矛盾律和排中律,归谬法的逻辑依据是矛盾律。

第二,反证法在证明时所假设的前提是所要证明的命题的否定,即如果我们要证明命题 A,则假设非 A;而归谬法在证明时所假设的前提,严格来说,不应看作是所要证明的命题的否定,而只能看作是与所要证明的命题具有矛盾关系的命题。因为假定要反驳 A(即证明非 A),归谬法所假设的前提是 A 而不是非(非 A)。从逻辑上看,非 A 的否定是非(非 A)而不是 A。

第三,从语义方面看,反证法所证明的是一个命题的真。而归谬法所证明的是一个命题的假。正是由于这个语义上的差别,人们在逻辑思维中对反证法和归谬法有不同的应用。反证法常常用于所谓的论证,目的在于确定一个命题为真;而归谬法则通常用于所谓的反驳,目的在于确定一个命题为假。

举个例子:

三个古希腊哲学家,由于争论感到疲倦了,于是在花园里的一棵大树下躺下来休息,结果都睡着了。这时一个爱开玩笑的人用炭涂黑了他们的前额。三个人醒来以后,彼此看了看,都笑了起来。但这并没引起他们之中任何一个人的担心,因为每个人都以为是其他两个人在互相取笑。这时其中有一个突然不笑了,因为他发觉自己的前额也被涂黑了。

这里所用的就是反证法。为了方便分析,用甲、乙、丙分别代表三个科学家,并不妨设甲已发觉自己的脸被涂黑了。那么甲这样想:"我们三个人都可以认为自己的脸没被涂黑,如果我的脸没被涂黑,那么乙能看到(当然对于丙也是一样),乙既然看到了我的脸没被涂黑,同时他又认为他的脸也没被涂黑,那么乙就应该对丙的发笑而感到奇怪。因为在这种情况下(甲、乙的脸都是干净的),丙是没有可笑的理由。然而现在的事实是乙对丙的发笑并不感到奇怪,可见乙认为丙在笑我。由此可知,我的脸也被涂黑了。"

2000年10月14日,朱镕基总理与日本市民举行电视讨论会,与日本市民进行直接的公开对话。记者问道:"中国现在学习资本主义先进的科学技术和管理方法,中国是否会因此变成资本主义?"朱总理答道:"你认为每天喝牛奶就会变成奶牛吗?"

赫尔岑是俄国著名的文学批评家。他有一次参加一个晚会,晚会上演奏的轻佻音乐使他非常厌烦,他不得不用手捂住耳朵。主人向他解释:"演奏的是流行歌曲。"赫尔岑反问一句:"流行的乐曲就是高尚的吗?"主人听了很是吃惊:"不高尚的东西怎么能够流行呢?"赫尔岑笑着说:"那么,流行性感冒也是高尚的了?"

这两段反驳就是一个归谬反驳的过程,运用的是归谬反驳法。

(3)排除法,也称为选言论证法,是通过论证选言命题所包含的除论题所指的可能性外,其余可能都是虚假的,从而推出论题真实性的间接论证方法。其论证步骤为:先找出与原论题有关的所有可能性,构成一个选言命题,然后论证原论题外的其他所有选言支不成立,从而根据选言推理的否定肯定式,推出原论题为真。

排除法的论证过程为:

$$原论题:p$$
$$论证:或\ p,或\ q,或\ r$$
$$\underline{非\ q,非\ r}$$
$$所以,p$$

李林宝的《领导威信从心系群众、服务群众中来》(《人民日报》,2012年8月2日)运用了选言论证。其选言推理书写如下:

领导的威信或是靠上级封出来的,或是靠权力压出来的,或是靠宣传吹出来的,或是靠小聪明骗出来的,或是靠真心实意地、尽心尽力地、坚持不懈地为人民办实事建立起来的。实践证明,领导威信靠上级封不出来,靠权力压不出来,靠宣传吹不出来,靠小聪明骗不出来,因此,领导威信只能靠真心实意地、尽心尽力地、坚持不懈地为人民办实事建立起来。

这是一个不相容选言推理否定肯定式。用选言推理论证论题,叫选言论证。上述推理结论证明了"领导威信从心系群众、服务群众中来"的论断。

再如,《鱼我所欲也》中说:"生亦我所欲,所欲有甚于生者,故不为苟得也。"用现代汉语解释就是:"生命自然是我所喜爱的,可我所喜爱的还有那胜过生命的东西,所以我不做苟且偷生的事。"这是一个省略了小前提的不相容的选言推理,属于肯定否定式。它的推理规则告诉我们:不相容的选言支包括二支或多支,若肯定其中一个选言支,就必然否定其他选言支。因此我们可以把这个不相容的选言推理整理如下:

大前提:或者所欲者为生命,或者所欲者为有甚于生者;

小前提:(省略)要取得有甚于生者;

结论:故不为苟得(即"不苟且偷生")。

思考题

1. 为什么批判性思维如此重要?它在我们日常生活中扮演什么样的角色?
2. 结合生活中的例子,说明如何看待当下社会中存在的"舆论反转"现象。
3. 在写作中,如何保证论据的有效性?

第九章 写作的规范与思路

写作过程中,对材料内容的分析、文章意图的概括、思想主旨的提炼都离不开逻辑思维。概念明确、命题恰当、推理有效,这是写作过程中必须遵循的逻辑要求,也是准确表述思想、正确思维的前提条件。毛泽东在《工作方法六十条》中说:"现在许多文件的缺点是:第一,概念不明确;第二,判断不恰当;第三,使用概念和判断进行推理的时候又缺乏逻辑性;第四,不讲究辞章。看这种文件是一场灾难,耗费精力又少有所得。"逻辑对于写作极其重要,掌握一定的逻辑学知识,对写作的遣词造句和谋篇布局都有极其重要的作用。逻辑有问题,不仅导致阅读者认知的混乱,更有甚者影响以文章进行信息沟通、政策下达、表情抒意的效力。

写作有助于批判性思维能力的发展,但如果只是通过语言技能的学习,从外部间接地干预批判性思维能力的发展,就很难保证学习者能顺利有效地提高批判性思维能力。文章写作需要解决价值观、思维与表达三个方面的问题,这样,文章写作才有可能达到一个新高度。而思维乃其核心内容——如何运用素材更好地说理并使读者信服,在某种程度上体现着写作的终极追求。

除了文学审美的意义,文章在信息传递、思想表达等方面作用极大,"上马击狂胡,下马草军书"一直为古人追求的能力之一。颜之推在《颜氏家训·文章》一文中谈到这一点时说:"朝廷宪章,军旅誓诰,敷显仁义,发明功德,牧民建国,施用多途。"其中的宪章、誓诰都是古代常见文体,誓诰始于夏商,誓是国王临战前对部下下达的军事动员令,语气严厉,有很强的命令性。其代表性的有《甘誓》《尚书·汤誓》等。诰的本义是告知。下行诰用于帝王宣布重大事情和重大决策。上行诰是大臣劝谏、勉励君王,为其出谋划策的文告。

写作,尤其是公务文书的写作,从古代"文以载道",道器合一的文章学要求来说,"道"是文章的精神要求,"形而下"的器必须以"形而上"的道来支撑。刘勰认为:"辞之所以能鼓动天下者,乃道之文也"。文章作为"形而下"的器,也须有"形而上"的道支撑才能达到孟子所言"浩然之气"。

第九章　写作的规范与思路

"文以载道"是中国儒家思想强调文学艺术具备社会教化功能的集中体现。由于儒家思想在汉朝就已经取得了中国主流意识形态的"话语霸权",从而使此后漫长的中国封建社会主导思想以儒家为尊,由此造成文学艺术创作上"文以载道"的盛行。但是,在对"文以载道"的认识上我们一直存在着一个严重的误区:把作为"道"的载体"文"狭隘地理解为纯粹的文学作品,造成传道载体形式的单一化。

写作是否具有"文以载道"的社会功能,应该依据特定历史时期的社会生活以及文章体式自身的属性规律判断,简言之,写作的他律性和自律性决定了"文以载道"的存在。先就作品自身属性来说,文章写作与文学创作有着不可分割的共性,虽然写作必须遵循自身的发展原则,具有越来越多的独特属性。但是,我们不能彻底割裂文章与文学写作之间的千丝万缕的联系,二者在发展过程中相互影响、相互渗透。文章作者不一定能写出优秀的文学作品,但在中国古代,却有相当多的优秀文学家同时也是文章作者,如韩愈、诸葛亮、贾谊、李斯等,他们的文章作品企图不受文学思维的影响是不可能的,其文章作品中就包括对"文以载道"的社会教化功能的渗透。

随着写作实践的发展,人们总结了一整套的写作规律,贯穿于整个写作过程,如立意选材、谋篇布局、语言锤炼等各个环节,都有一些常用的手段和方法,即技法。技法可传授、可模仿,是相对稳定的。写作技巧则是根据实际情况,独特地运用基本方法,以取得良好的表达效果,具有独创性和灵活性,是可悟而不可传的。梁启超对二者的关系这样阐释:"如何才能做成一篇文章,这是规矩范围内的事,规矩是可以教可以学的。我不敢说,懂了规矩之后便会巧,然而敢说懂了规矩之后,便有巧的可能性;又敢说不懂规矩的人,绝对不会巧;无规矩的,绝对不算巧。"一切从人们写作实践中总结出来的经验,即文章写作的种种法则、规矩,都只是为了更好地上升为技巧的基本手段。要写出好文章,重要的是内化这些技巧:"入乎其内,方能出乎其外"。

必须指出的是,如果没有合适的方法,掌握再多的知识和理论,也无法写出规范的文章进行表达。因此,我们可以借助逻辑学的基本原理分析写作的过程,了解如何写作,写些什么。

第一节　文章的要求

人们常说"文无第一,武无第二",似乎对文章的评价一直没有固定的标准,但是作为信息传递的工具,一些最基本的规范、要求是要遵循的。

一、准确真实

准确是文章语言的生命,它直接关系到文章质量的高低。俗语"一字入文章,九牛拔不出"极其形象地说明了文章语言的准确性特点。这里,准确所指范围既包括内容要素,又包括语言要素。

(一)内容的准确真实

文章内容要真实、客观、准确。公文中的思想、观点、意见、办法要符合客观实际,能指导实际工作的开展。公文中所涉及的事实及引用的材料、数据要真实可靠、准确无误;文中制定的政策法规和提出的任务要求要切实可行,具有针对性;对上级汇报情况、总结工作要实事求是,不夸大成绩,不掩饰缺点;贯彻上级的指示精神要与本地区、本单位、本部门的实际结合起来,有针对性地提出贯彻落实的办法和措施。

真实准确无假话,这是优良文风的一个最基本要求,也是最重要的要求。真实指的是确有其事。写进文章中的材料必须来自公务活动和社会主义市场经济建设的实际,来自人民群众的生活实践,不允许虚构和编造;准确指的是在表述时不夸大,不缩小,既不添油加醋,褒贬失当,更不文过饰非。只有内容真实、准确,文章才能具有说服力。因此,无论撰写何种文章,结合论证的要求,我们都应该做到"三不写",即内容不确定的不写,材料没有落实的不写,和文章无关的不写。如东汉荀悦所说:"不受虚言,不听浮术,不采华名,不兴伪事。言必有用,术必有典,名必有实,事必有功。"

文章内容的准确性表现在观点明确,文字精练,重视反复修改。许多应用文章,尤其是公务文书,是规定性、指导性、实用性很强的文书,是处理公务的依据和准绳。撰拟公文要做到观点鲜明、文字精练、篇幅简短。

公文中的观点鲜明表现在阐述观点时直截了当,直接表明赞成什么,反对什么;肯定什么,否定什么;一般不作过多铺叙,也不作理论上的论证。

(二)语言的准确真实

文章的准确真实,除了内容要素外,还在很大程度上取决于语言要素,即语言表达要符合客观实际,对问题的分析要有理有据,符合逻辑,在遣词造句方面也要恰当贴切,符合语法规范。对于一些意义相近的词语,要反复考虑,仔细辨析它们之间的细微差别,选择最为准确的加以使用。

用词要准确。文章的语言表达能否做到准确无误,就是要在文章中用词贴切,推理严密,每个词、每个句子都要仔细斟酌,用词不能含糊不清,还要在选字用词上有"分寸",这是文章语言准确的一个重要标志。要认真推敲,精选最恰当的词语,贴切地表达文章意思,要精心辨析词义,特别要仔细区别近义词在含义和用法上的细微差别,否则会出现用词不当的毛病,要褒贬适当,把握有度。在汉语中,有大量的意义相同或相近的词汇,称为同义词或近义词。其实,即使是同义词,细细分辨起来还是有些微妙的差异。譬如,"优异""优秀""优良"这三个词粗看相近,细看则有程度的区别。再如"鼓舞""鼓动""煽动"都是动词,但感情色彩却很不相同。写作文章,必须在词语的细微差别和感情色彩上仔细斟酌。文章的用语必须十分准确,反对语言表达含糊其词,模棱两可。如下面的公文句子用语就不够准确:

我们原则上同意你们三个单位对该工程预算联合审查的意见:全线14.6公里,总投资180万元,由龙岩地区交通工程处承建。

我局有一百多名干部,每人每天写一份材料,就将近一百多份。

上述二例均存在表意含糊的问题,前者使用"原则上"一词,上级态度不明朗,下级在工作中难以把握。后者用"将近一百多份",其中"将近"意为不足,而"多"为超过,是自相矛盾。

称谓语要准确。正确使用常用语,如人名、地名、机关名、事物名等,正确使用弹性语,如基本上、一些、一般、个别等,正确使用时间语,如今年、明年、本月、最近、近些年等;对事物名称的表述要规范,如"市团委"还是"团市委","人大"还是"人大常委会"等;同时还要正确使用数字和标点符号等。当然,我们追求文章的语言美,绝不是刻意将文章写成美文,把语言技巧置于思想内容之上,那就有损于文章的真正价值。因此,文章的语言美必须服务于文章价值的体现。

句子成分要完整。汉语构句有主、谓、宾、定、状、补六种句子成分,其中主语、谓语、宾语是主干成分,定语、状语、补语是辅助句子成分。对于每一个句子来说,主干成分也不是必不可少的,但是省略有省略的规则,不能任意省略和无故残缺。例如:"校领导的做法,受到了全校师生的热烈欢迎。对他们联系基层教学、实事求是的作风给以很高评价。"后一个句子成分残缺,看不出谁给的评价,缺少主语,违反了语法规则,意思也不明了。

语句通顺无语病。句子中词语之间的搭配要恰当。词语相互搭配在一起,必须符合事理和习惯,否则就是不通。如:"这种精神充满了各个城市,开遍了古城的各个角落。"精神无形,说它充满了某一空间,已经十分勉强,又说它开遍了各个角落,更是无稽之谈。若将其改成"精神文明之花开遍了全城",才算通顺。还有一种情况就是句式杂糅,将两个或两个以上句式不同、结构各异的概念或命题句子混杂、纠缠在一起,导致关系套叠、表意不清。如:

这次主题学习研讨班的学员,除本课题有关人员外,还有来自其他政府部门和科研机构的专家、学者和工作人员也参加了研讨。

这句话中,"这次主题学习研讨班的学员,除本课题有关人员外,还有来自其他政府部门和科研机构的专家、学者和工作人员"与"其他政府部门和科研机构的专家、学者和工作人员也参加了研讨"两句话混杂在一起,需要将"也参加了研讨"去掉。

在写作中必须做到三个避免:

(1)避免歧义。某个说法或某一段话,可以这样理解,也可以那样理解,这就叫作歧义。例如某企业发放奖金的规定中有一条是:"病假、事假三天以上者,扣发当月奖金。"这句话既可以理解为病事假三天不扣发奖金,也可以理解为病事假三天就要扣发奖金。因为文章内容没有对"三天以上"这一基数概念进行限定,"三天以上"究竟包含不包含"三天",令人费解。因此,理解与执行就会出现差异。

(2)避免褒贬失当。赞扬或贬损某一行为,所用词语超出或者没达到应有的程度,叫作褒贬失当。例如,某人在困难的条件下完成了一项具体任务,如果通报表扬时说成是取得了很大成就,就属于评价过高;反之,如果把我国研发的世界首台光量子计算机,仅仅写成是社会主义现代化建设中的一个不小的成绩,则属于对它的意义估计不足。又如把"错误"说成"罪行",就是混淆了问题性质;而"错误极其严重,应当进行批评"之类的表达,则属于错误程度与采取措施不相称,处置不当。这样类似的语言表述都属于分寸不适,褒贬失当。

(3)避免疏忽错漏。文章中的错漏现象多种多样,概括说来,可以分为两类:一类是粗心所致。例如写文章过程中,前面说"下边分五点来说",可实际上只说了四点,或者出现了第六点;前面说"一方面",后文缺少"另一方面"。属于粗心造成的错漏,经过认真检查,不难发现和纠正。还有一类错漏是由于思考不严密、分析不详细所致,比如有结论而缺少必要的情况和应有的分析,或者列举了情况、数据而没有接着加以论证等。

二、简练严谨

由于文章是用来反映事务活动情况,解决活动中的实际问题的,是很多社会组织行使职权实施管理的重要工具,因而要尽量写得言之有物,简而不空。简明扼要是指文章使用的语言要精当不繁,忌冗长空泛,即应服从行文目的和表现主旨的需要,当详则详,当略则略,力求以最少的文字表达最为丰富的内容。

文章重在实用,故在语言表达方面,在准确的基础上还应力求简洁,要用极简的文字表达尽可能丰富的内容,做到以少胜多。为此,就需养成一种"精雕细琢"的写作文风,在语言表达上要认真推敲,反复修改,竭力删掉那些可有可无的字词句段,最后达到"句中无余字,篇内无赘语"的境界。要注重使用那些论断性语言、综合性语言和群众性语言,以确保其简洁性。此外,还应适当运用一些简称(缩略语)等,这也可使文章语言表达趋向简洁。

唐代诗人杜甫说过:"为人性僻耽佳句,语不惊人死不休。"鲁迅先生讲:"写完后至少看两遍,竭力将可有可无的字、句、段删去,毫不可惜,宁可将写小说的材料缩成速写,决不将速写的材料拉成小说。"

严谨,是指文章中设计说理要严密周全,交代清楚,合乎逻辑,前后不能自相矛盾,语言含义要准确。这是由文章的实用性和权威性所决定的。任何一篇文章,如果写得语言虚浮,前后矛盾,不能自圆其说,这样,不仅不能体现作者严谨周密的思维,更会给工作带来损失。例如用以传达贯彻党和国家的方针、政策,发布行政法规的文章,在语言表达方面稍有疏漏,就可能被那些以"上有政策、下有对策"为能事的人钻空子。因此文章语言要力求达到天衣无缝,令人无懈可击。同样,处理其他论说类文章,也应力求行文严谨,避免造成差错。

语言严谨,首先是个思想认识问题,认识深邃,思维严谨,才能保证语言表达的严谨;其次还关乎语言修养问题。专业功底深厚,用词准确恰当,才能够保证语言的严谨。因此,在写作过程中,对所选用的词语该限制时必须限制,不该限制时一定不要随便限制,避免节外生枝,出现纰漏。例如"要勤俭节约,避免不必要的浪费"一语,这里的"不必要的"就是多余的,因为"浪费"皆为"不必要的",刻意限制,节外生枝,反而出现漏洞。对一些关键性词语的界定也要注意做到严谨周密,防止出现歧义。如"律师是一种职业",即属定义过宽,应为"律师是指通过国家司法考试并依法取得律师执业证书,接受委托或者指定,为当事人提供法律服务的执业人员"。这样定义,内涵更准确,也更严谨。

三、结构美观

结构对于写作来说是一项立骨架的环节,文章的结构因为精心设计而具有了美感。霍克斯说:"事物的真正本质不在于事物本身,而在于我们在各种事物之间构造,然后又在它们之间感觉到的那种关系。"文章写作也同样遵循这样的规律,不同的要素按照一定的关系结合起来,就产生了一定的结构形式,在这种结构形式的生成过程中,美感孕育其中。

文章结构如同一座建筑,段落、句子是构成这座建筑的部件,要想把这项建筑做得精美玲珑,就要精心设计段落、句子之间的关系,精密细致地构建每一个部件。当这些部件之间在轻重、因果、互补关系上完美结合时,文章就成了一座具有审美性的建筑。

古代及近现代的文章辞格运用频率要大大高于当代文章辞格。以《景帝令二千石修职诏》一文为例,该文短短二百多个字,就出现了8种辞格。"今岁或不登,民食颇寡,其咎安在?或诈伪为吏,吏以货赂为市,渔夺百姓,侵牟万民。"这一句中就出现了设问、顶真、对偶3种辞格。而在以情意取胜的《陈情表》中运用的积极辞格达到了12种之多,使得该文言辞恳切,颇具说服力。密集使用修辞格的文章语体风格一直延续至现代。

孙中山的《上李鸿章书》全文一共用了96次对偶,行文整齐,更重要的是由此成就的文采将一位年轻人拳拳的爱国忧民之心表现得淋漓尽致。梁启超的《上大总统书》中的"我大总统何苦以千金之躯,为众矢之鹄,舍磐石之安,就虎尾之危,灰葵藿之心,长萑苻之志"一句,作者连用六组结构相同的短语来责问袁世凯的不可理喻的行径,在气势上一组比一组强,到最后一组作者的气势达到顶点,将对方逼到无处可躲的境地,作者的好恶、立场、爱憎已经相当分明,因而排比的运用在此起到了很好的增强语势、加深感情的作用。

当代,文章语体中的辞格鲜有出现,即使偶尔运用也只局限在排比、节缩等几种。其中,节缩是出现得比较频繁的辞格,如在文章中为了简洁而在不影响意义理解的基础上使用"八荣八耻""三个代表""两学一做"等约定俗成的短语。在当代文章中,命令、批复、函和通知等文种中几乎没有出现积极修辞的运用。究其原因,首先,当代社会的快节奏生活要求文章简洁易懂,提高处理公务的效率,相对地也就忽视了对文采的要求。其次,文章写作者的文化修养和写作水平不同。再次,每个时代都有其独特的社会语境。

四、文风平实

文章用语要求平实易懂,指的是语言平直自然、明白晓畅、恰如其分,不矫揉造作,忌堆砌华丽辞藻,忌滥用辞格,讲求于平淡之中见神奇,多用叙述、说明、议论,少用或者不用描写、夸张、渲染等手法,这是文章的重要特征。不论哪种文章,都具有一定的广泛性和群众性,这一特点就决定了文章语言不仅应当注意约定俗成,而且要做到雅俗共赏,平实易懂。文章重在实用,重在传递信息、指导工作。因而在语言运用上还应力求朴实无华,直陈其事,不要故弄玄虚、刻意藻饰。

语言质朴,给人以一种美的享受。愈是真理的愈是朴素的。遣词造句注重通俗浅显,字斟句酌体现朴实无华。文章融论理和说明为一体,富有直接操作性和指导性,它注重以准确、鲜明、精练的词句达到信息传递的目的。正如巴尔扎克所说:"文采是来自思想而不是来自辞藻。"朴素的语言表达真实的内容、反映丰富的内涵,也体现深刻的思想,朴素的语言说理清晰明畅,读来朗朗上口,在情真意切中自然而然达到浅中见深、表中见里、平中见奇的效果。所以,华丽的语言辞藻固然可以使文章增添文采,朴实的俗言哩语也能使文章熠熠生辉。

要做到文风平实,需注意以下几点。

第一,避免堆砌辞藻,滥用修饰词语。文章用语要精练确切,修饰语不宜过多。鲁迅先生在《且介亭杂文二集·人生识字糊涂始》中说:"倘要明白,我以为第一是在作者先把似识非识的字放弃,从活人的嘴上,采取有生命的词汇,搬到纸上来,也就是学学孩子,只说些自己的确能懂的话。至于旧语的复活,方言的普遍化,那自然也是必要的,但一须选择,二须有字典以确定所含的意义。"

第二,避免文白夹杂,故弄玄虚。唐代诗人白居易说:"感人心者,莫先乎情。"文章中的遣词造句,应力求大众化,避免使用生僻晦涩的语句。有些文章中常常喜欢使用一些半文半白的词语,例如放着现成的"他"不用,非用"其";放着现代词"如果"不用,要用"若"等。这种做法,偶然为之,会增加文章意味,但是过度使用,却与时代相悖。

第三,避免过多地引经据典。一些人在文章写作过程中,喜欢引经据典地说明自己的观点,这在一定条件下是允许的,有时可以增强语言的表达效果。但是引用过多过滥,则会适得其反,有卖弄学问、华而不实之嫌。一般而言,引经据典仅限于一些事务性文章和论说文中,如领导讲话、调查报告等文种;但在通用性文章中一般不允许引经据典,特别是有些庄重严肃的文章,如公务文书中的请示、通告等是绝对不能使用的。

第二节 文章的思路

　　文场笔苑，有术有门，说不清，写不清，首先还是想不清。思路是思维活动的运行轨迹，文章的思路就是构思文章时，作者有规律、有条理、有方向、连贯的思维过程的"路线"。叶圣陶先生说："作者思有路，遵路识斯真。"（叶圣陶《语文教学二十二韵》）

　　文章要依靠逻辑思维完成其写作的全过程，这种逻辑性，不同于议论文在论证层面的严密的逻辑推理，而是表现在文章的写作思路和内容板块的结构上。理清写作思路一个非常重要的方式就是列提纲，提纲可以帮助写作者确定思路，不至于一面写一面想。关于提纲的梳理，除了传统的树状结构，近年来常用的思维导图也是一个很好的方式。具体而言，文章写作的逻辑性主要体现在以下几个方面。

一、写作思路确立的逻辑方法

　　在文章写作中，一篇文章的主旨，其实是对收集的材料进行分析、分类、深入研究，通过分析综合，归纳概括之后才能提炼出来的。文章要形成正确的、新颖的、有价值的观点，不能靠主观杜撰，而是要建立在材料的基础上。这种从材料中获得主旨的抽象、概括过程，就是一种严密的逻辑思维过程。只有运用这种抽象、概括能力，作者才能够面对杂乱的材料理出头绪，找到鲜明的主旨，写出规范的文章来。

　　使用逻辑关系是构建文章的思路之一，但经常会涉及一些概念，比如：

　　经济问题：长期和短期、实物和货币、实体经济和虚拟经济、概念经济和概念泡沫……

　　社会问题：城镇和乡村、保守和激进、社会政策与社会管理、社会福利与社会保障……

　　政治问题：国家和地方、族群和个人、国际视野和中国话语、理论建构与实践逻辑……

　　文化问题：概念和范式、文化寻根与流散叙事、文化自觉与文化关系、历史意识与知识谱系……

　　而运用归纳、演绎的逻辑方法揭示事物本质特征的这种逻辑思维能力，对文章写作形成精辟鲜明的观点具有重要作用，也是主旨确立的常见方法。

1. 归纳法

所谓归纳法是由特殊到一般地根据事物的相同点抽象出事物本质特征的推理方式。比如许多工作通知、意见等行政文章的写作,就是领导和写作者根据现实中出现的共同性的问题,及时予以归纳做出的指导性的意见。比如某省政府办公厅从某县的情况报告中了解到了某县伤寒疫情严重,又从其他几个县的情况报告中发现,当年春季也出现了痢疾、腹泻、高烧等病情。在撰写调研报告时,写作者通过比较分析,综合概括,发现这几个县有一个共同的地域特点——都是同一条河流沿线的县市,省政府马上调动卫生防疫部门对河水水质进行检验,发现导致诸多疾病流行的共同原因是水污染。零散的问题被归纳集中起来,复杂的问题一下子变得简单了,于是从中提炼出"紧急动员全社会力量,突击治理水污染"的紧急通知主旨。这份通知主旨的确立,充分说明了归纳法的作用。归纳法确立主旨的特点是:起笔多平铺,结笔多圆满。

2. 演绎法

所谓演绎法,是一般到特殊的推理方式,它依靠抽象思维的方式,舍弃具体表象,抽取出事物的本质特征。演绎法的运作方式是三段式,即大前提、小前提、结论的推导方式。其通常需要开篇定性,分析事物问题的本质特征,写出切中要害、态度鲜明的话语。比如一篇《关于刘××滥用麻醉药品造成医疗事故的通报》,针对社区医院医生滥用药物造成医疗事故的现象,作者在分析评议中写道:

急性阑尾炎是一种常见的外科急腹症,诊断并不困难。社区医院刘××工作马虎、处理草率,在没有明确诊断之前,滥用麻醉剂,掩盖了临床症状,延误了治疗时间,造成了较为严重的医疗事故。这种对人民生命财产极不负责的做法是十分错误的。

这段文字,就是运用演绎法的逻辑推理得出的结论。我们可以看到作者对事件性质的界定:工作马虎、处理草率。对其危害性的定论是:滥用麻醉剂掩盖了临床症状,延误了治疗时间,造成了较为严重的医疗事故。而表态是:这种对人民生命财产极不负责的做法是十分错误的。三个行为动词"掩盖了""延误了""造成了"斩钉截铁,显示出一针见血的逻辑力量。演绎法确立主旨的特点是:起笔多突兀,结笔多洒脱。

二、文章的立意

"千古文章意为高",立意,是确立文章的灵魂,是文章成败的关键。文章写作要"大气",要体现出发展创新的意识和气量,要有超越平庸的气概和胆略,要突破圈于自我的狭小天地,要摆脱平淡小气的流俗之气,要"摸准"现实需要的时代脉搏。

宋仁宗景祐四年,翰林学士丁度等奉诏修订《礼部韵略》并详定《附韵条制》,立"不考式"("不考"即"但一事不考,余皆不考"。就是一旦举子违犯了"不考式"中的任何一项规定,其余皆被这"一票"否决,不能再进入考试程序)。"不考式"中有"不识题"一项,即做文章如果不能准确识题,"立意"则不可能佳。若"不识题","立意"则达不到。做文章的第一要务就是审题、立意。弄清要写什么,"立意"的"意"是全文的纲领和统帅,陆机《文赋》所谓"意司契而为匠"。杜牧也有"凡为文以意为主,以气为辅,以词采章句为兵卫"的论述。

中国古代文论历来有重视立意的传统,庄子有言:"语之所贵者意也。"立意是一篇作品所确立的文意,它包括全文的思想内容、作者的构思设想和写作意图及动机等,其概念的内涵要比主题宽泛得多。立意产生在写作之前。文章的立意是文章的灵魂。文章的好坏、意境的高低、深度的有无往往由文章的立意所决定。虽然说文章的立意并非决定因素,但是立意不高的文章通常品质值得质疑。清代文学家沈谦说:"以立意为宗,不能以文为本。"他认为写文章应该坚持以立意作为根本,而不是对华丽辞藻的追求。没有严谨的逻辑、恰当的立意,即便写出洋洋洒洒上千言,辞藻堆砌,也是空洞无味的。

好的立意,一方面要求从固定思维向发散性思维转化,明代李东阳说:"头一件立意清新,自然措辞就不俗",可见文章的立意要求新、求变、有新意,不能千篇一律,毫无变化。要有意识地从多角度、多层面去思考问题,能够由此及彼、举一反三,弄明白事物之间的内在联系。从而在具体写作过程中,能够针对一个问题或事物,从不同的角度和层面得到不同的、能够让人信服的结论来。另一方面,要求从肤浅性思维向深邃性思维转化。好的文章,其立意往往是深邃的,是能够反映真实生活的,是能够引起共情、发人深省的。因此要经常多提几个为什么,思考一事物之所以为该事物而非其他事物的原因,思考的依据是什么,得到的结论的论据是否可靠,各聚合论点之间的联系是必然的还是偶然的。

(一)立意的原则

1. 立意鲜明

立意鲜明体现的是作者认识客观事物的准确性、针对性。具体写作中,主题要单一,一篇文章只能确立一个主题,不可并列多个主题。写作要扣紧主题选择和安排材料,纠缠枝节问题,罗列过多的信息,都会削弱主题本身。文章立意的唯一性还意味着全文所有内容都必须紧紧围绕立意来展开,要服从于立意、服务于立意。立意是一篇文章的中心思想,是文章的主导,是文章谋篇布局的重要指导思想。

因此,立意通常只针对一个问题,换言之,一段论述、一篇文章只能有一个主题、一个中心论点。总论点下可以有分论点,绝不可以有两个并列的主题和中心论点。立意必须集中,体现单一性。如刘熙载在《艺概》中所言:"主意要纯,一以贯通。"就是说,要以单一论点统率全篇,从头至尾都要围绕一个问题进行分析和阐述。很明显,这样立意,主题集中,绝不存在跑题、离题的忧虑。刘熙载在《艺概》中提出"句句字字受命于主脑"。如果一篇文章,真正能够做到处处扣紧中心,"句句字字受命于主脑",文意自然鲜明集中。

2. 立意正确

立意正确,是论说性文章的根本要求。要使文章的观点正确,就必须站在正确的政治立场上,从社会发展的全局来思考和判断问题。"宜义以绳理",以正确的理论为准绳,使立意合乎规范。刘勰在《文心雕龙·史传》中所言:"是以立意选言,宜依经以树则,劝诫与夺,必附圣以居宗;然后诠评昭整,苛滥不作矣。"这句话对今日的写作仍有借鉴意义,文章立意主旨必须有正确的价值观为先导。

3. 立意新颖

立意新颖,是指观点新,有自己独到的观察角度和创造性见解。毋庸置疑,一篇有独到创意的文章,能够给人们带来意想不到的收获和深刻的思想启迪。意必须从己出,不能抄袭前人或人云亦云。从这个角度来说,写作立意离不开对日常生活、周遭事物的观察与反思,好的文章立意不是对生活世界、日常体验的"复制—粘贴",不是一成不变地再现写作者的内心感受,而是在对它们的反思中寻求生活世界的新的意义,完成对日常生活的超越。意从己出,才能新颖。韩愈主张"唯陈言之务去",力求从所写的事物中挖掘出别人没发现或尚未发表过的新思想、新观点、新见解。这就要求写作者对信息具有敏感度,善于发掘事物相互区别的个性特征并加以论证。

4. 立意深刻

立意深刻,是写作者对事物深刻认识的总结,是对事物从表象到本质认识的体现。立意的深刻性很大程度上决定了文章水平的高低,深刻的立意能引发读者的思考。因此,立意的深刻性对于写作来说是非常重要的。

(二)立意的途径

立足时代高度,俯瞰全局。立足全局的思维过程是:分析这个区域的全局工作,然后找出所写的工作的位置特点,挖掘出其对全局工作的推动、促进、保证、激活等作用,从而探索出它的意义。例如,某市领导让文秘小李写一篇关于全市高级经理人培训开幕仪式上的讲话。小李站在经理人个人成长角度切入主题,立意太浅显,领导不满意。要写好这篇领导讲话,应从全市全局的角度来立意,从市政府、区政府和乡政府三个层次来谈,这样一来文章的格局就不同了。

挖掘材料深度,探寻本质规律。如果文章只是给出了论题,而没有挖掘材料深度,那么读者就无法第一时间把握作者的主张,看不到材料反映的本质。挖掘材料深度也可以理解为揭示寓意,指在论点中引申、升华材料的寓意。揭示寓意可以通过探求材料的引申义、比喻义进行。

引申义就是由原义引申出来的新义,这种新义与原义有某种相关性。引申一定要自然,顺理成章,不可牵强附会,生拉硬扯。

所谓比喻就是以彼物比此物,两者之间有某种相似点。立意时必须找准这个相似点,否则文章就会离题,就不符合作文的要求。

第三节 文章的谋篇布局

所谓谋篇布局,指根据主题、材料和问题的要求,安排相应的文章结构,合乎逻辑地使用材料,合理规划内容,使文章成为一个严谨的整体。谋篇布局不能狭义地理解为安排段落、语句的顺序,而是按照一定的逻辑顺序,在主题的统领下,把有关表现主题的材料进行安排,先写什么,后写什么,怎么展开,怎么过渡,怎么结尾,有条不紊地组成完整的篇章。

关于谋篇布局,中国古代文论有"文有定法"和"文无定法"之说。"文有定法",古人不仅承认写文章必然有法,而且还认为法有"死法"和"活法"的区别,"定法"和"不定法"的区别。所谓"死法""定法"就是不能违背的基本的认知规律、情感规律。而所谓"活法""不定法"就是在不违背基本规律的前提下,追求文章变化,促进文章写作的不断创新。"文有定法"要求文章写作应遵循一定的法度规范,不守"法"则无以成文。刘勰在《文心雕龙·总术》篇中认为,文章写作是有技巧有门路的:"文场笔苑,有术有门。"

"文无定法"的实质是在承认"文有定法"的前提下,辩证地看待"定法"的问题。从文章的发展来看,文变法必变。从具体文章的内容来看,文章事理不同"法"也不同。谋篇布局需要根据写作意图、材料和问题要求而定。如章学诚认为,文章具有一定的法度,但法度不是一成不变的,"法度资乎讲习,疏于文者,则谓不过方圆规矩,人皆可与知能,不知法度犹律令耳。文境变化,非显然之法度所能该,亦犹狱情变化,非一定之律令所能尽。故深于文法者,必有无形与声,而又复至当不易之法,所谓文心是也。"[①]规范是发展变化的,不同的文章有不同的写作方法。

谋篇布局涉及文章的各个部分,如开头与结尾,段落与层次,过渡与照应,以及贯穿全文各个部分的线索等。文章的整篇要谋划,文章的各个部分要巧安排。把握每个方面的要求,写出来的文章才能结构完整、层次清晰、条理分明、繁简得当。

一、谋篇布局的基本原则

法国大雕塑家罗丹曾这样说:"一件真正完美的艺术品,没有任何部分是比整体更重要的。"同样的道理,文章要完美,整体布局十分重要。

第一,谋篇布局要突出文章的主题。所谓"意犹帅也",文章写作的主旨是文章的将领、统帅。所谓"兵随将转",即文章中使用的语言、信息犹如兵卒,需要听统帅调遣。复杂的文章更应突出主题,犹如大树,枝叶繁茂,如果没有一定的脉理组合,恐怕主干也看不清楚。

第二,谋篇布局要符合客观事物的内在规律和人类思维的逻辑规律,谋篇布局体现在对主段落之间的"排兵布阵"上,既要使每个段落各尽其能,又要使段落之间有机统一,要充分考虑主体段落之间是否存在并列、递进、因果等关系。

第三,谋篇布局须条理清楚,层次分明。作家张抗抗曾这样说:"单线条的结构,使人一目了然,像一片小树林,优美、恬静,然而双线条、多线条的结构可以组成气势宏大的森林。"初学写作的人要学会用各种单线结构材料。使用双线结构篇章时,要注意两条线索之间的内在联系,既不能是毫不相干的,也不能是矛盾的。多线条写作难度最大,多运用于长篇作品。毛泽东说过:"一篇文章或一篇演说,如果是重要的带指导性质的,总得要提出一个什么问题,接着加以分析,然后综合起来,指明问题的性质,给以解决的办法,这样,就不是形式主义

---

① 章学诚.与邵二云[M].北京:文物出版社,1985:81.

的方法所能济事。"

二、段落顺序的安排

文章由三部分组成,即开头和结尾、段落和层次、过渡和照应。文章的开头是读者最先看到的部分,往往需要能激发阅读兴趣,对文章定基调都是在这个阶段完成。中国有开门见山之说,即文章开头直击主题,直接将要研究的问题或者作者的观点抛出来,继而说明缘由、解题铺陈。常见的开头方式有以下几种。

(1)情况概述,多用于报告、总结等文体。

(2)阐释依据,多见于通报、通告、公告等文体,用"根据""按照"等词语引出文章段落,也增强了文章的权威性。

(3)说明目的,多见于合同、通知、指示等文体,用"为了……"等词语开篇,直接说明行文的目的。

(4)交代原因,多用于通知、函等文体,用"鉴于""由于""因为"等词语开篇,直接交代写作的原因。

(5)阐明观点,多用于学术论文或者评论性文章的写作,开篇就摆明观点、提出个人的主张,继而阐释。

结尾部分是文章的最终表述,通常有以下两种形式:

(1)总结全文,多见于学术论文、调查报告等文体;

(2)号召展望,多见于报告等文体。

段落的基本特点是意义的单一性、完整性。层次又称大段、意义段,划分文章层次要注意:层次要围绕一个中心组织,每个层次可以有一个中心句。另一方面,每个层次应该还是一个独立完整的部分。中间段落顺序的逻辑体现,则是在段落的排列上,按照"顺序",即行文的先后次序来安排文章的逻辑单元,使之体现出一种严密的、合乎逻辑的历史选择。就这种段落顺序的安排而言,常见的方法有两种。

1. 时间顺序安排的段落

时间顺序结构的逻辑表现,旨在表现的文章内容是一种按照时间的先后次序,体现工作的进展的过程。如下面这则通告。

中华人民共和国公安部通告

为确保国际民航班机的运输安全,决定从 1981 年 11 月 1 日起,在中华人民共和国境内各民用机场,对乘坐国际班机中的中、外籍旅客及其携带的行车物品,实行安全技术检查。

一、严禁将武器、凶器、弹药和易爆、易燃、剧毒、放射性物品以及其他危害飞行安全的危险品带上飞机或夹在行李、货物中托运。

二、除经特别准许者外,所有旅客及其行李物品,一律进行安全检查,必要时可进行人身检查。拒绝检查者,不准登机,损失自负。

三、检查中发现旅客携带上述危险物品者,由机场安全检查部门进行处理;对有劫持飞机和其他危害飞行安全嫌疑者,交公安机关审查处理。

特此通告。

从这篇通告的主要内容看,它的逻辑顺序是非常清晰的,三段内容的三个关键词分别是"严禁""检查""处理",首先提出对于危险品要"严禁",其次阐明对于携带者要"检查",然后指出对于携带者要做"处理"。"严禁—检查—处理"顺序清晰,其逻辑单元连接紧密。如果将其段落顺序稍微变动一下,就不符合逻辑了。

2.意义顺序安排的段落

在管理学领域,有一个时间管理的四象限法则,如下图9-1所示。

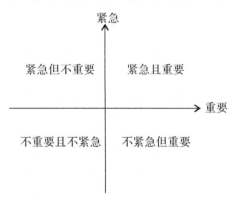

图9-1 四象限法则图

四象限法则是时间管理理论的一个重要方法,其说明了应有重点地把主要的精力和时间集中放在处理那些重要但不紧急的工作上,这样可以做到未雨绸缪,防患于未然。在人们的日常工作中,很多时候往往有机会去很好地计划和完成一件事。但常常却又没有及时地去做,随着时间的推移,造成工作质量的下降。因此,应把主要的精力有重点地放在重要但不紧急这个"象限"的事务上是必要的。要把精力主要放在重要但不紧急的事务处理上,需要很好地安排时间。

永远先做重要的事情,我们的拖延行为是由于我们把很多重要不紧急的事情拖延成为重要而紧急的事情。事实上,这一点也可以应用在段落安排的顺序上,即意义顺序的逻辑表现,在内容的排列顺序上,应当关注内容的轻重缓急,即应把最重要的内容放在第一段,把次重要的内容放在第二段、第三段。

文章的段落次序不仅反映作者的思路,还表达文章中信息间的逻辑关系。在一般叙述类文章中,按照时间、空间等逻辑顺序联系安排段落,文章则显得顺畅连贯。而插叙、倒叙、双线交错、数线交错的次序,把握得好,也会使文章跌宕起伏,扣人心弦。

必要时,还需要在文章信息之间使用过渡的方法。过渡是上下文之间的衔接、承转。过渡不仅存在于段落之间,还存在于语句之间、词语之间。过渡是两个层次之间的勾连,而呼应则是不在一个层次之间的关联。呼应包括:题文呼应,读者读题便知文章内涵;收尾呼应,好处是文章主旨突出,结构完整;前后呼应,前面的伏笔和后面的段落文字呼应。

从以上的分析可以看出,文章逻辑思维体现的逻辑性,虽然不像纯粹的议论文那样依靠严密的逻辑推理,但因为它是由文章板块构成的逻辑关系,也必然形成一种条理清晰、次序得当的逻辑结构,体现一种逻辑力量。所以,作为一个文章的写作者,要提高自己的抽象、概括能力,在文章的写作中,贯彻清晰的逻辑思维,能够使文章呈现一种明晰的逻辑链条,使文章更加准确规范。

第四节 文章的逻辑结构

在确定文章的立意后,接下来就要设计文章的总体结构。如果说立意是文章的灵魂,论据是文章的血肉,那么结构就是文章的骨架。

言论的逻辑力量,来自严密的逻辑推理。毛泽东在中共七届六中全会的讲话中指出:"写文章要讲逻辑。就是要注意整篇文章、整篇说话的结构,开头、中间、尾巴要有一种关系,要有一种内部的联系、不要互相冲突。"其中的结构一词,源于建筑学术语,是建筑的骨架或内部构造,放在文章写作中,即文本的组织形式和内部构架,是组成文章的要素和这些要素之间的组合关系。刘勰在《文心雕龙·附会》中说:"何谓附会?谓总文理,统首尾,定与夺,合涯际,弥纶一篇,使杂而不越者也。"他说的"附会",指的就是谋篇布局、安排结构,具体说就是要使主旨清晰地、有条有理地贯穿全文,连缀成篇,做到首尾呼应,取舍得当,考虑好各部分的分合接榫,使全篇文章完整严密,使文章内容充实丰满而不零乱。

在现代汉语中,"文章的逻辑结构"这个概念的内涵是不同的,目前写作学科的定义一般有以下几种。

一是指篇章的逻辑结构。任何文体都有各种各样的结构,都有作者根据表达主题的需要,对材料所作的不同组织和排列;而这样的结构中包含着不少的逻辑问题,所以叫作文章的逻辑结构。

二是指客观历史过程反映在人的思想中,然后又具体表现为文献中对科学体系进行排列的顺序。如《资本论》的逻辑结构。

三是指议论文体或其他文体中的议论部分的逻辑论证结构。包括提出什么论题,摆出哪些论据,运用何种论证方式和方法进行论证,以及有几个论证层次等。

事实上,不同的文体,有不同的结构。例如公务文书的写作,2012年中共中央办公厅、国务院办公厅颁发的《党政机关公文处理工作条例》,对公文的结构有着严格的规定,公文的结构必须遵循条理的要求。再如论说文的写作,结构要求严谨、规范。而这几年盛行的非虚构文本写作则倡导结构的解构、自由,有意识地进行陌生化、反程式化的写作。

文章写作构思中确立了主旨和观点、选取了材料,是解决了言之有理、言之有物的问题。要解决言之有序的问题则必须考虑结构的安排。有人说学习文章写作主要是解决格式问题,掌握了不同文种的格式,就可以依样画葫芦了。诚然,文章在长期的发展过程中,已逐步形成了一套约定俗成的甚至统一规定的文本格式和结构方法,掌握结构的这些低层次方法是比较容易的。但这些绝不是文章结构的全部内容,文章的结构还有其高层次的规律有待我们去研究、学习。一方面,文章结构的实质是客观事物的内部规律和作者思维轨迹的高度统一。复杂的客观事物千差万别,不同作者的思维也会大相径庭,因此,文章的结构绝不可能只是千篇一律、一成不变的。另一方面,既然结构是对论点、论证、论据的有效整合和合理安排,那么条理和逻辑就显得尤为重要,即要求总分、并列、转折、递进、因果,以及段落之间、观点之间、论据之间的衔接过渡自然顺畅。段落之间不得出现内容上明显的重复或交叉,否则会出现逻辑混乱、条理不清的错误。

写作时,有时文章中每句话都是语言清晰的,但是通篇读起来却不知所云,其原因或者是作者没有涉及语句的逻辑关系,想到哪里写到哪里,或者是没有考虑问题的语境,直接分析结果。还有一种情况是,作者自己思维清晰但跳跃,省略的部分没有阐释出来,读者跟不上。因此,在阅读文章时,有一些帮助理清结构的方式可以使用。

一是注意小标题。小标题将文章内容、层次分门别类,让人一目了然。

二是给段落标序号,做到心中有数,这样不论是一件事情的步骤,还是综合性工作的层次,都容易表述,容易执行。

三是注意段落主题句。培养思维能力的一个方法就是将一个自然段的内容进行抽象提炼,概括成一句话放在自然段的首位置,这样就可以迅速知道这一自然段主要讲的是什么。

四是懂得将段落中的信息命题化。写文章的必备条件是信息的获取,信息也是我们在写作中需要传递出的内容,如论说类文章的信息就是观点或者主张。例如:

(1)如果要高效的工作,请不要忽视人际沟通。

(2)安排工作顺序的依据是工作内容的重要性,而非紧迫性。请不要花大量时间在那些无意义的事务上。

第(1)句话是一个假言命题,第(2)句话是一个直言命题。在文章写作中它们可以是信息。

五是注意逻辑连接词,如首先、因此、所以、总而言之等,用在文章中,等于是给内容、层次贴标签,显示下面的内容含义以及与段落之间的关系。下面列举一些逻辑连接词。

表示理由的连接词:

因为、如果、由于、根据、原因是、理由是、鉴于……

表示结论的连接词:

因此、由此、结论是、从而、由此可得、由此可见、那么……

语句之间关系的逻辑连接词:

表示推进时:因此、所以、归根结底……

表示原因时:因为、由于……

表示转折时:但是、可是、尽管如此、然而……

表示强化时:事实上、进一步而言、确实是……

表示并列时:换言之、就是说、即……

文章结构有宏观结构与微观结构之分。宏观结构是自上而下切分出来的结构,由文章的组成成分及其关系构成。微观结构是自下而上组织起来的结构,由句子、句群等各级单位及其关系构成。这一节,介绍几种常见的宏观结构形式。

一、总分结构

总分结构是运用综合和分析两种思维方法所形成的文章结构。分析和综合是两种最重要的辩证思维方法,因此,总分思路在公文写作中也是最为常见的思路。

分析就是把事物分成若干部分,分别加以研究,也就是由总到分,化整为零,对具体事务的单独概念分解,对抽象事物分类剖析。综合就是把事物的各个部分联合起来,从整体上加以考察,也就是由分到总,集零为整,对具体事物就是组装,对抽象事物就是概括。比如我们要就某社会组织机构改革后的情况写一份调查报告,刚去调查时,我们对这个组织的认识是一般的、笼统的,甚至可能是模糊的。当我们逐一了解、考察了这个组织的人事、财务、管理、生产状况甚至组织内外的各种联系,并且有秩序有步骤地对组织各个方面分析研究,然后对各方面的分析加以综合之后,我们对这个组织就有了比较全面、深入、科学的认识和了解了。这个朴素的综合—分析的过程,就是运用这种思维方法认识事物的一般过程。

"唐宋八大家"中欧阳修、王安石和苏轼的公文写作论证层次鲜明、逻辑清晰。这种文风影响到辛弃疾、陆游等文人。例如,辛弃疾文章论证层次清晰,通常会在总论点和每一个分论点后博引史实为论据,文章架构犹如用兵布阵,主次分明、富于变化。辛弃疾在《美芹十论》开篇写道:

故罄竭精恳,不自忖量,撰成御戎十论,名曰美芹。其三言虏人之弊,其七言朝廷之所当行。先审其势,次察其情,复观其衅,则敌人之虚实吾既详之矣;然后以其七说次第而用之,虏故在吾目中。

这已经说明"十论"是一个紧密联系的整体。"审势"是不要惑于金国表面的强大。"察情"是要勘察金人的真正目的。"观衅"是陈述金国统治下的汉人痛恨金人,宋军可以联合北地人民。此三点是说明"虏人"之弊端。后面七论次第进行,先自治国家、绝岁币、都金陵,使人有战心;再守淮,加强边备;继而屯田,保证后勤;接下来鼓舞将帅士卒的勇气,使之敢战;然后防微,防止民心之变;又久任宰相,使之通览国政。最后详述中原北伐的具体策略。

在分析和综合的过程中,遇到外延大的概念时,需要注意"分类"(根据我们在第一章讲的划分),就是要把较为复杂的集合性事物中特征相同的类型分在一起。或者从一定的写作意图出发,把散乱的材料归拢成若干并列的类别就是归类。分类、归类是综合分析思维方法中的重要步骤。分类、归类是全面、深入分析事物的基础。善于分类、归类，有助于分析的条理化、系统化。例如对某高校教师现状的调查，就可根据其年龄、职称、海外背景等标准分别分组分类，但每组的分类标准仍是一致的。这样就能更全面地反映出教师队伍的现状。

此外，遇到大的选题，还可以大题小做，以小见大，所谓"小"，既指日常工作实践中的小事，也指大事中的小侧面，要做到窥一斑而知全豹，即一粒沙里见世界，半瓣花上说人情。即用非常典型的小信息点深刻、生动地表现重大而复杂的主题。

二、递进结构

递进结构是认识事物或事理由浅入深、由表及里、由低到高、由小到大、由轻到重，层层递进，循序渐进，逐步深入的一种逻辑方法。如毛泽东的《反对自由主义》，首先说明反对自由主义的必要性；其次分析自由主义的十一种表现；随后深入论述自由主义的危害、根源和实质；最后号召全党用马克思主义的积极精神，克服消极的自由主义，这几层的意思是递进的。同时，运用这种方法，可以深入地、清晰地阐释某些比较复杂的事理，说明某些比较复杂的关系，有助于深刻认识事物的本质属性，使文章有一定深度。因而一些说理性较强的文章常循此法。

例如《××本科院校本科毕业论文质量差的现状亟待改变》的调查报告，按以下思路写成：

本科院校本科毕业论文质量差
↓
本科院校本科毕业论文质量差限制基础教育发展水平
↓
本科院校本科毕业论文质量差的主要原因（时间、能力）
↓
采取有力措施解决本科院校本科毕业论文质量差的问题（制度、教学改革）

很明显，全文是典型的递进结构。

递进结构运用形式为提出问题—分析问题—解决问题。走向重点常在解决问题部分或者结论部分（如由叙事到说理到结论的结构），前面部分围绕主旨摆事实讲道理，就事论理，层层紧扣，令人信服地点明主旨，引出解决问题这一重点内容。

需要注意的是,运用递进结构时,文章至少不得少于三个层次,否则就无所谓层递了。各层次常用一些表示递进关系的关联语句引出下文。各层次之间必须有直接的必然联系,要从前一个层次合乎逻辑地递进过渡到后一个层次,不能在逻辑上没有递进(层递)关系而只在关联词语上做文章。各层次间要环环相扣,先写哪一层次,后写哪一层次,顺序不能随意调换、中断。

三、并列结构

并列结构是把事物或事理的几个不同方面连成一个整体的文章结构。如毛泽东的《关于纠正党内的错误思想》,在提出问题之后,列出错误思想的八个方面,逐一分析,分别指出错误思想的表现、危害、产生根源和纠正方法。其八个方面显示出并列的逻辑关系。

并列结构还可以用来搭建对比结构的文章,即用对比的事实论据或理论论据来论证论点。如鲁迅的《拿来主义》,全文总的可以分为两部分:第一部分夹叙夹议,揭露、讽刺国民党政府在学术与文艺方面媚外卖国的可耻行为,评论所谓"送去主义",指出如果只是一味"送出去",结果将不堪设想;第二部分批评了一些人对待中外文化遗产的不正确态度,着重阐明了批判地继承的方针,说明必须实行"拿来主义",建设我们的新文艺。一个"送去",一个"拿来",前者破坏民族文化,后者发展新文艺,两相对照,极其有力地论证了"拿来主义"是正确的方针,这就是对比结构的运用。

第五节　学术论文写作

文章的内容决定形式,形式为内容服务,二者是有机统一的,这也是衡量文章质量的标准。鲁迅在答复青年木刻家的信里说:"技巧修养是最大的问题,这是不错的,现在许多青年艺术家往往忽略这一点。所以他们的作品,表现不出所要表现的内容。正如作文的人,因为不能修辞,于是也就不能达意。"文章内容和形式互相依存,相辅相成。

论文(包括其他文体的议论部分)的主要任务是通过论证阐明自己的观点、主张,或驳斥别人的观点、主张。因而论文的主要形式就是论证。

论文的写作似乎并不过分需要写作者有非常扎实或者华丽的语言功底,这会让写作者认为,有了思想和想法,就可以付诸文字,如若再有些套路或方法技巧,例如用排比句来开头,结尾扣题发出号召等,这样一想写作并不难。但事实上,一篇好的论文写作,对写作者的分析判断和思维纵深等方面要求是很高的。例如,在论文写作过程中,是否可以更多地进行理性分析,而不是简单地呈现一个观点、列举一个事例,即便观点和事例之间有必然联系,但要想这些分析是否经得起推敲。论据堆砌,观点苍白,分析过程简单随意,是目前很多议论文写作中的主要问题。究其原因,这不仅与写作者生活经历的简单和思维的单一有关,也与其缺乏相应的逻辑思维能力训练有关。

一、学术论文的结构

学术类论文可以采取以下三部分设计结构,虽然固化、死板,但是学术论文的写作目的不在于结构巧妙,而在于观点鲜明和论证有力。

第一部分是绪论。在这一部分,一方面叙述"要写什么",为什么要研究这个问题,选题的价值在哪里以及已有研究成果的现状。另一方面,相关概念界定,问题范围的界定,相关理论的阐释也是在这一部分呈现。

第二部分是本论,用来分析和推导,有时是提出一个假说,然后用数据和逻辑方法进行验证。

第三部分是结论,也可以是总结,如果有必要还可以加上未来的展望或者纵深研究的可能性。

此外,论文常见的写作结构有以下几种。

1. 纵向结构

纵向逻辑联系,是指总论点、分论点和小论点之间的逻辑顺序,以及分论点之间、小论点之间的逻辑顺序。论文内容之间的纵向逻辑联系具体表现为论文的纵式结构,其特点在于论文的思想体系是纵向展开的。只有恰当处理论文内容的纵向逻辑联系,才能使论文有严谨的结构。一篇论文为了阐述总论点,要列出几个分论点,每个分论点扩展为一个部分,各个分论点之间,各个部分之间,应有内在联系。每个分论点又分为几个小论点,每个小论点又扩展为一段,各个小论点之间,各个段之间,也应有内在联系。这样,全篇论文的纵向逻辑联系便体现出来了,并且相应地形成了论文的完整体系和严谨结构。例如对策型论文结构,主要出现在以提出对策为主的论文中。它的结构通常为:

开头+过渡段+对策1+对策2+对策3+对策n……+结尾

这种结构,主体部分三个对策之间可以是并列关系。

2. 横向结构

所谓横向逻辑联系,是指论点和论据,观点和材料之间的逻辑联系。论文内容之间的横向逻辑联系具体表现为论文的横式结构。在一篇论文中只有总论点才单纯地作为论点或观点存在，而分论点和小论点却有双重"身份"，或者作为论点或观点存在，或者作为论据和材料存在。至于用来说明小论点的材料，则只能有材料或论据一重"身份"了。论文要做到有很强的说服力，富有逻辑力量，最重要的是论点明确，论据充分，论证严密，揭示论点和论据的必然联系。首先，只有把总论点和材料有机地结合起来，论文才有生命力，才能收到很好的效果。其次，还要处理好分论点和材料的关系，以及小论点和材料的关系，这不仅能直接证明分论点或小论点，而且能间接地为突出总论点服务。例如意义型论文结构，主要出现在以分析意义为主的论文写作中，通常采用递进式结构，三个分论点是由浅入深、由表及里的关系，它的结构通常为：

开头＋过渡段＋意义一＋意义二＋意义三＋意义 n……＋结尾

再如原因型论文结构，主要出现在以分析原因为主的论文写作中。它的结构通常是一种纵向结构，对原因分析逐渐深入，层层挖掘，直到其本质原因，它的结构通常为：

开头＋过渡段＋直接原因＋主要原因＋根本原因＋结尾

3. 纵横结合式结构

论文内容之间的逻辑联系是纵向、横向穿插进行，交织在一起的。具体表现为论文的纵、横式结构，简称合式结构。这种结构的论文，有的以纵向展开为主，有的以横向展开为主。例如定义型论文结构，主要出现在以分析抽象主题为主的论文写作中，材料的主题相对抽象，譬如"西部文学""长安学派""解构主义"等主题，可以采用定义型结构思考。它的结构通常为：

开头＋过渡段＋定义 1＋定义 2＋定义 3＋定义 n……＋结尾

二、学术论文的问题意识

1. 何为问题

论文写作，特别重要的是问题意识，梁启超指出，能够发现问题，是做学问的起点；若方式不成问题，那便无学问可言了[①]。有这样几种说法：哲学社会科学不像自然科学；没有成功与不成功之说，只要愿意去做，最后必然成功。此话谬矣。没有好的选题，即便是洋洋洒洒数万言乃至数十万、数百万言，结果都是

---

① 戴逸.二十世纪中华学案(全10卷)[M].北京:北京图书馆出版社,1999:119.

无用的废话。这就不能视为成功的研究。成功的研究一定是建立在成功的选题之上的。那么,什么是成功的选题呢?简而言之就是选题要有问题意识。那么,什么样的问题是好问题?

第一,问题必须是问题。换句话讲,问题成立是可供讨论的必要条件,即"先问是不是,再问为什么"。例如人的行为是先天基因决定的还是后天社会化过程中产生的?社会舆论是否应该决定法院的司法审判?这一类根本不成立的问题,即便看上去很激烈,继而热火朝天地讨论起来,却没有实际的意义。

第二,问题是明确的。

第三,问题有讨论空间。

有一部分问题虽然满足前面两条,但是已经有确定并且不容争议的答案了,这样的问题抛出来也没有太大的意义,什么样的问题具有讨论的空间与价值呢?类似这种"非洲为什么这么穷?"我们可以从很多的已知信息中抽丝剥茧,找到我们以为正确的角度,来给出我们的思考。这一类问题拥有一个最主要的特点,即答案不唯一,具有极强的开放性。

2.提出问题的方法

所有成功的学者一定具有的共同点,就是他们必须付出大量的时间和心血在自己的工作上。这是一条真理。实际上,无论社会上哪一种职业,要想成为本行业中的佼佼者,都必须付出比常人多的时间。除了时间的付出,学术眼光也是一个决定因素,比如怎么发现问题,如在阅读或者实验过程中可以横向比较发现问题。

在阅读学术著作时,需要对一些不同的学术派别横向比较发现问题。

例如我国比较文学领域关于形象学的定义是有差异的:

杨乃乔把形象学归为影响学派,"比较文学形象学研究'他者'形象,即'对一部作品、一种文学中异国形象的研究',所以,它的研究领域不再局限于国别文学范围之内,而是在事实研究的基础上进行的跨语言、跨文化甚至跨学科的研究。"

而在陈惇、孙景尧、谢天振主编的《比较文学》一书中,他们又将形象学视为平行学派:"形象学专门研究一个民族文学中的民族(异国)形象,研究在不同文化体系中,文学作品如何构造他种文化形象。"

曹顺庆主编的《比较文学教程》中的形象学又归属为变异学:"比较文学形象学并不完全等同于一般意义上的形象研究,他是对一部作品、一种文学中异国形象的研究。'社会集体想象物'本身是不真实的。"

对比这几种具有代表性的观点,分析综合,就可以进行论文写作,详细见《略论当下比较文学形象学的四组争议》一文。

在实验或者田野过程中,写作者也可以借助横向比较的方式进行论文写作。

思考题

1. 文章的要求包括哪些方面?这些方面如何在公文中体现?
2. 申论写作的谋篇布局有何特点?
3. 问题意识在写作中的重要作用有哪些?

第十章 材料写作

材料写作可以理解为一种应用文写作。随着科学技术不断发展和人类文明不断进步,材料写作在人们的日常生活和工作中发挥着越来越重要的作用。无论是党政机关公文写作还是企业的经济事务类文书写作,无论是领导的讲话稿和会议发言稿的起草还是个人的演讲稿的准备,甚至是学术论文的撰写,都可以称作是材料写作。可以说,如今人们的日常生活、学习和工作都离不开材料写作。如何选择材料,并利用有效的材料去写好文章,是我们本章要了解的问题。

第一节 材料写作概述

一、材料写作的概念

顾名思义,材料写作,就是在有限的材料的基础上,通过思维整合,最终形成文本的过程。广义的材料写作包括文学文本创作和实用文体写作。有些文学创作可以建立在一定材料的基础上,这时材料就是文章的素材,包括同题材或同内容相关的诗歌、典故、文章、文人轶事等,以便在文学创作时能够随时调用,或者提供参考。狭义的材料写作指的是在有限的材料的基础上,为了达到某种实用目的而进行的写作,是一种实用性的文书写作。本书讨论的是狭义的材料写作,文学文本创作不在我们的讨论范围内。在现代生活中,材料写作的应用越来越广范,在政治、经济、文化等各个领域乃至人们的日常生活中都发挥着不可替代的作用。

材料写作是应用文写作的一个重要部分,有的研究者把应用文概括为国家机关、企事业单位、社会团体、人民群众在工作、学习和日常生活中,处理公私事务时所用的、形式较为固定的、具有直接应用价值的文章。应用文写作在某种程度上都是依附于一定的材料的,可以说,不依靠材料就写成的应用文章是不存在的。

最典型的材料写作就是申论写作。申论写作是公务员考生根据给定材料,在限定时间内以公务性话语撰写文本的写作。申论的内容是公务性的,有文体要求。一般而言,申论常考处理机关事务有关的公务性文体。

下面举一个材料写作的例子:

某市地震局曾于 2019 年 5 月 15 日向市人民政府报送了《关于地震台拟选址位置的请示》。市政府拟将原××镇经管站、土建所和原××镇地税所三单位之一的资产,优先安排市地震台,但这三家单位均坐落在原××镇、××镇政府中心地带,距离主干道路和居民居住点太近。该市地震局根据《中国数字强震动台网技术规程》关于"固定台站应选择背景振动噪声较小的地点,避开大型的马达、泵站、发电机、塔柱状结构、重型车辆通路、大型管道等设施"的技术要求,认为地震台选址必须避开主要道路 20 米、避开工厂 200 米、避开居民居住点;与高大建筑物之间的距离应大于该建筑物的高度和长度,所以向市政府行文请求将地震台的地址选在市气象台西、××公路北侧。请代拟这份请示。

分析:根据提供的材料,这份请示属于请求批准的请示。在题写时,首先要介绍问题的由来,说明基本情况,陈述重新选址的理由,然后提出请示的具体事项,也就是拟选择的具体位置,最后提出批准的请求,也即结束语。

范例:

关于市地震台有关选址问题的请示

市人民政府:

我局于今年 5 月 15 日报送了《关于地震台拟选址位置的请示》。根据市政府领导的批示,在符合地震台选址要求的前提下,拟将原××镇经管站、土建所和原××镇地税所三单位之一的资产,优先安排市地震台。我局在××镇主要领导的指导下,对原××镇经管站、土建所和原××镇地税所进行了实地勘察。

经勘察,上述三家单位均坐落在原××镇、××镇政府中心地带,距离主干道路和居民居住点太近。《中国数字强震动台网技术规程》要求:固定台站应选择背景振动噪声较小的地点,避开大型的马达、泵站、发电机、塔柱状结构、重型车辆通路、大型管道等设施。根据上述要求,为准确掌握地震台建设的环境要求,我局与××省地震局负责强震动项目建设的总工程师×××联系,进一步明确了强震动台站建设的技术要求:地震台选址必须避开主要道路 20 米;避开工厂200米;避开居民居住点;与高大建筑物之间的距离应大于该建筑物的高度和长度。根据以上要求,我局认为,上述三处建筑均不适合地震台选址要求。恳请批准在市气象台西、××公路北侧选址建设地震台。

特此请示,恳求批准。

××市地震局
2019 年 6 月 19 日

二、材料写作的特征

材料写作与人们的日常生活、工作和学习的关系尤为密切,可以说任何人都离不开材料写作。熟悉和明确材料写作的特征,对人们的日常工作和生活具有指导意义。材料写作具有以下特征。

写作目的的针对性。根据实际生活和工作需要,反映社会生活实际,切实解决公私事务,是材料写作的根本目的。比如,党政机关的法定公文中,请示适用于向上级机关请求指示、批准,而批复适用于答复下级机关的请示事项,写作目的都是明确的、有针对性的。再如,写一份财务报告,目的是向上级报告财务收支状况;写一篇民事诉状,是为了解决已经发生的民事纠纷。从这个意义上说,材料写作的目的具有明确性和针对性。

写作程式的规范性。无论是哪种内容的材料写作,其写作程式都有一定的规范性。写作程式的规范性,是由材料写作的时效性决定的。为保证沟通的顺畅与高效,材料写作在其形成和发展过程中,逐渐形成了相对固定的格式,这些格式就是材料写作的文本规范和程式要求。例如,法定公文的格式基本固定,这里不做过多强调。即便是秘书为领导写的发言稿,也有相对固定的程式和要求,要做到言之有物、层次分明。

写作内容的实用性。材料写作目的的明确性和针对性决定了其内容的实用性,这是区别于文学创作的主要特征之一。韩愈在《答李翊书》中认为"垂诸文而为后世法",写出的文章应该让后人去阅读、欣赏。这是就文学作品而言的。而材料写作则不同,一般而言,材料文章的写作者是因"需"而写,其读者也是因"需"而读。材料写作一定产生于人们社会活动的实际需要,是为了实际工作和生活服务的。

写作受众的特定性。材料写作有其特定的受众,根据不同文体选择相应的受众,从而有针对性地进行写作。比如党政机关的材料写作,上行文的受众是上级机关,下行文的受众是特定的下级机关,而平行文的受众是同级或不相隶属的机关;再如陕西省人民政府发的公文,发文机关名称陕西省人民政府决定了其下发的指令性公文的有效读者限定在陕西省范围内。因此材料写作的文章,其受众是特定的、具体的。

写作材料的真实性。所谓材料,就是那些用来说明观点的事实根据。材料的真实性很大程度上决定了观点的可靠性。材料写作以实用为目的,必须以事实为依据,不允许虚构,因此,论证某一观点,真实可靠的材料是十分必要的。另外,材料写作讲求时效性,因此材料的抓取也必须符合时效性的特点,如果收集到过时的材料,那么该材料就不是真实的,这种情况在一些新闻报道的写作中常常出现。

写作语言的庄重性。材料写作是实用性的写作,故而与其他写作相比,语言应该努力追求确切无误、明白晓畅、言简意赅的表达效果,表达方式则应以叙述、说明、议论为主,尽量避免无谓的抒情。不同于文学作品,材料文章是为了表达某个观点,或解决某个实实在在的问题,因此其语言要求规范得体、自然质朴,体现严肃、庄重的语体风格。

三、材料写作的功能

曹丕在《典论·论文》中提出"盖文章者,经国之大业,不朽之盛事",对文章的作用倍加推崇。当然,这里所说的"文章",既可以是有感而发的文学作品,又可以是注重实用的应用文章。在人们的生活和工作中,材料文章的使用范围十分广泛,发挥着重要的、不可低估的作用。具体地说,材料写作的功能表现在以下几个方面。

(一)传递信息,沟通协调

任何文本都传递着一定的信息。材料文章是出于一定的使用目的而产生的文章,要应付生活、处理事务,首先要让写作主体和写作受体实现相互沟通。只有在沟通的基础上,才能解决具体事务、完善具体工作,而沟通的工具之一,就是材料文章的写作。在机关、团体、企业、个人之间,材料文章可以起到传递信息、沟通协调的作用。公务文书如决定、通知、公告、请示、函等,是政府机关之间、政府与公民之间传递信息的桥梁;事务文书如咨询信、倡议书、述职报告、讲话稿等,是人与人之间沟通协调的纽带;司法文书如起诉状、仲裁书、公证书等,是协调沟通、化解矛盾的有效载体。

(二)宣传教育,规范引导

材料文章一定是从材料中抓取有价值、有意义的部分进行论证,写出符合当代社会和写作主体价值观的文章。无论是国家,还是各级政府及有关部门,都需要制定法律、法规和规章制度。这些法律、法规和规章制度都是基于一定的材料写成的,规范企事业单位、公民和社会组织的言行,对其进行很好的宣传教育,保证社会正常有序运转。一些材料文章比如党政机关的公文,其中又包括上级机关对下级机关的行文,即下行文,如决定、通知、批复等,下级机关必须"遵照执行"或"参照执行",这也体现了材料文章的规范引导作用。材料文章特别是公务文书,是由机关单位做出科学决策、保证机关高效运转、搞好各项管理活动、实施权力行为的重要手段。另外,众多社会组织也常常运用材料写作,如积极正面的新闻报道、年度工作报告等,来提高自身的知名度和美誉度,赢得社会的信任和支持。

(三)增强修养,提高能力

材料写作,需要写作者掌握各种应用类文体的基本写作规律,目的是指导自己的写作实践,让自己写出观点正确、结构合理、表达清晰的材料文章来,也让自己真正写出受欢迎、贴实际的篇章来。另外,材料写作,不仅要从材料中摘取有用的信息,对材料进行筛选和鉴别,还要就材料、观念做出分析评鉴,这十分考验写作者的能力和水平。材料的收集、内容的表达、结构的安排、论证的思路、语言的锤炼,都需要写作者努力学习和掌握,从而增强写作者的个人修养,提高写作者的写作能力和水平。

(四)积累资料,储存凭证

许多材料文章,由于包含了重要的社会信息,在发挥现实效用后,仍具有史料价值。例如,公务文书完整地记录着机关单位公务活动的情况,反映了机关单位成长壮大的轨迹和过程。公务文书不仅是办事的依据,还是供人们随时查阅使用的资料。因此,公务文书的史料价值比较明显。另外,经济活动中的合同,是一种典型的可以作为法律凭证的文种。合同的存在,有利于保护当事人的合法权益,维护社会经济秩序,尤其是牵扯到经济纠纷时,合同的重要性不言而喻。总之,既然材料写作是基于既定的材料而生成的,那么这些材料在某种意义上可以作为资料保存,具有史料价值和储存价值。

四、材料写作的基本要求

材料写作是一种实用性极强,适用范围很广的写作活动。因此,在对人才水平要求极高的当代社会,材料写作是人们必须掌握的一项基本技能,它和会说外语、会使用计算机一样都是当今人们生活和工作中不可或缺的技能。提高材料写作技能,要注意以下几点要求。

第一,鲜明的政治立场和全局观念。材料写作的最大特点就是非个人意愿,是代机关、单位、领导立言。比如,我国党政机关公文是党政机关实施领导、履行职能、处理公务的具有特定效力和规范体式的文书,是传达贯彻党和国家的方针政策,公布法规和规章,指导、布置和商洽工作,请示和答复问题,报告、通报和交流情况等的重要工具。因此,写作者必须站在一定的政治高度,树立全局观念和问题意识,传达机关、单位和领导的意志,而并非表达个人意愿。

第二,较强的逻辑思维能力。由于材料写作是一个考查作者理解、分析、判断、推理、论证等一系列逻辑思维能力的过程,因此,文章的写作者要注重逻辑思维能力的锻炼。从读材料、分析材料,到写出文章,要进行一系列的逻辑思维活动。美国著名社会预测学家约翰·奈比斯特在《大趋势——改变我们生活的十个新方向》一书中提出:由工业社会向信息社会过渡中,有五件最重要的事情应当记住,其中之一就是"在这个文字密集的社会里,我们比以往任何时候都更需要具备基本的读写技巧"。读写技巧实际上就是掌握信息、处理信息的技巧。较强的逻辑思维能力和写作思维能力是我们掌握这种技巧的最基本要求。

第三,丰富、实用的材料。材料是构成文章的内容,是形成、支撑并表达主旨的各种事实与理论。材料写作离不开材料。在收集材料时,应该"韩信点兵,多多益善",只有在充分收集材料的基础上,才有可能形成全面、完善的观点和文章。当然,材料并非越多越好,执笔者在收集材料之后,还要学会鉴别和筛选材料,选择对表达主题有用的材料。所谓"有用的材料",其实就是能够证明自己观点的论据,使用有效的论据,才能保证论证的有效性。总之,写作者在日常生活中要注重积累有用的材料,在写作过程中才可以做到信手拈来。

第四,良好的语言表述能力。语言是构成文章的基本要素,语言表述能力不过关,则很难写出令人满意的文章。良好的语言表述能力,并不是将整理好的材料简简单单地罗列出来,而是运用逻辑思维,将所思所想转换成文字准确无误地表达出来。材料文章不同于文学作品,其语言力求准确、简洁、平实、得体,写作者还应根据不同的材料文章,选择合适的语言风格。如公文宜庄重,学术文章须严谨,礼仪文书尚典雅,契约文书应缜密等。写作时,要针对写作目的、接收对象、所用文种及使用场合等多方面因素来确定词汇和语气的选择,以求达到最佳的表述效果。

第二节 材料的筛选与鉴别

一、材料的概念和作用

清代学者章学诚在《文史通义·文理》中提出"夫立言之要在于有物",强调写文章的关键在于要有材料。材料是形成文章内容的依据,是文章的观点得以成立的基础。文学创作的材料,通常称为"素材",这些素材内容庞杂、良莠不齐,一般是零乱的、不完整的;学术论文、实验报告和其他科技文章的材料,通常称为"资料",是作者在写作过程中参考和引用的各种书面材料。

材料,是材料写作的撰写者为了特定的写作目的,从日常生活和工作中搜集、提取的,用来支撑文章的事实和论据,它既包括作者选择提炼后写进具体文章中的材料,又包括在写作前积累的原始材料。

一篇文章如同一个人,有灵魂、有血肉。如果说主旨是灵魂,那么材料就是血肉。材料是写作的基础,是说明观点的佐证,是表现观点的支柱。如果没有材料,就无从谈写作。

材料是形成观点的前提。观点和材料是文章的两个主要因素,材料和观点的统一是文章的基本要求。对材料文章而言,所谓观点,就是文章所发表的主张、态度、看法和所表达的意愿等;所谓材料,就是支撑观点的依据。例如在一篇公文中,"××区土产杂品行业财务管理相当薄弱、问题较多"这个结论,就是对《××区土产杂品行业财务管理问题的调查材料》中的事实分析研究后形成的思想认识。如果缺少材料支撑,人们就无法或难于理解文章主题,这在一定程度上会影响事务办理。

材料是文章主旨的支撑。在对原始材料的分析研究中产生、形成的文章主旨,是一个高度抽象概括了的认识。列宁谈到《资本论》这一光辉巨著的产生时说:"'资本论'不是别的,正是'把堆积如山的实际材料总结为几点概括的、彼此紧相联系的思想'。"几乎所有好的文章都需要有一个好的主旨,而好的主旨只能建立在对详细材料的占有和提炼上,从认识论上讲,正是唯物论的反映论。主旨的表现是由具体到抽象的过程,一定的主旨要靠一定的材料加以表现。没有一些典型、生动、充实、有利的材料来支撑,观点主旨就立不起来。

二、材料的筛选和鉴别

材料写作并不只是从给定的材料中搜集信息,还需要写作者主动搜集材料,获取有用信息。选材,就是对已有的材料进行鉴别、筛选,把最有价值的材料利用起来,写进文章。在鉴别、筛选材料的时候,要注意精心选材。材料过多会淹没主旨,材料失真会破坏主旨,材料平庸会冲淡主旨,材料陈旧会削弱主旨。可见,必须从严选材,做好材料的筛选、鉴别工作。

(一)选择真实可靠的材料

材料写作所使用的材料必须是完全真实的,是既成的事实和论断。这种"真实"是"绝对的真实",那种虚构的、胡编乱造的、未经核实的材料,决不能用于材料写作。材料的真实,不仅是指材料是实实在在客观存在的,而且还指材料的细节必须符合生活的原貌,使用在文本中的材料也符合事实本身的每个方面。材料是支撑观点的依据,如果材料不真实,那么观点也就站不住脚;缺乏材料或材料失真,就不能很好地表明观点。这就要求选材者不仅对搜集到的材料要反复核实,在材料的解释上,也要有科学的态度,要坚持实事求是。

在许多材料写作活动中,如市场调查报告、经济预测报告、经济活动分析报告等,调研获取的一手材料起着至关重要的作用,能否以典型事例、确凿数据来说明现象、探索规律,决定了文章是否具有权威性和说服力。因此,应用写作要求作者必须养成经常细致深入地调查研究的工作作风,通过获取真实可靠的材料,体现材料写作的实用价值。此外,真实性还体现在大量使用数字统计材料上。在应用写作中,除文字说明材料外,往往还要借助翔实的数字统计材料以及图表、图例等形式说明问题、阐明观点。特别是在一些经济文书写作中,较多地运用数据对事物做定量说明和定性分析。用数据说话,全面完整地揭示事物质与量两方面的特征,是反映经济活动基本规律的主要手段之一。数据材料运用得当,写作就可以避免含糊其词、夸大事实、缺乏界限的弊病。

(二)选择有用的材料

写进文章的材料,必须有针对性。能准确地说明主旨,这就是有用的材料。和主旨无关、不能很好地说明主旨的材料应该舍去。按照主旨的需要筛选材料,选择本质意义和主旨相一致的事实做材料,是材料写作中十分重要的一环,如果没做好这个环节,就难以达到材料写作的特定目的。只有根据主旨的需要来选择材料,才能准确地表现主旨。

第三节　材料的分类及其在写作中的应用

材料的选择和筛选工作完成后,下一步就是对这些有用的材料进行归类和梳理。只有明确材料的类型,才能对材料进行科学的分类。材料的梳理是材料整合的过程,是将材料转化成文章内容的思维过程体现,是材料写作中不容忽视的一步。

一、材料的分类

材料写作必须以充分占有材料为基础。从材料的收集、筛选到材料的应用,其中一个重要的步骤是对材料的分类。对材料的合理分类是写好文章的前提。一般而言,材料可以分为以下四种类型。

(1)相关文件和精神。材料写作一定是根据一定的文件精神而进行的写作,文件规定、上级精神、首长意图都是写作具备的"原材料"。在写作中,要吃透上级文件精神,把握领导意图,将上级文件或会议精神进行归纳整理,形成最基本、最重要的材料。在公务文书中,通常将相关文件的名称和文件的相关精神及内容引述在文章的开头。

(2)兄弟单位的做法和文件。针对某个主题,要了解兄弟单位对该主题事件的做法,这是好的文章形成的重要材料。例如,某县某镇党委书记带领班子成员前往邻县的扶贫产业基地进行观摩学习,在参观学习的过程中,可以体会兄弟单位对扶贫产业的做法,从而总结自身存在的不足,进一步明确要充分发挥各自优势,重点发展好扶贫产业项目的建设,全力以赴致力于脱贫攻坚工作。这就是一种材料积累,是可以写进文章中的重要材料。

(3)统计数据。详尽地占有大量真实的事例和素材是写好文章的前提和基础。应深入调查研究,形成统计数据,从中发现事物的本质和规律。统计数据是大量同类事实的数学概括,可适用于归纳推理,又可适用于定量分析。实践证明,只有亲自收集材料,大量占有材料,对材料了然于胸,才能写出丰满、有影响力和感染力的文章来。

(4)个案。个案也就是具体事例,是具有代表性的具体事实,包括典型事例和概括事例。在对个案的整理中,对于典型事例,要详细地写清楚事情的来龙去脉,方便在文章中进行事实论证;对于概括事例,简明扼要地记录事情的经过即可,为文章提供有用的事实论据支撑。

以上四种材料,是材料写作的必备要素,在写作之前,将收集整理的材料按照以上类别进行归纳梳理,对文章的完成可以达到事半功倍的效果。文章的材料,按照不同的分类方式,还可以分为政策材料与事实材料、直接材料和间接材料、正面材料和反面材料等。

政策材料与事实材料。材料写作具有工具性和时代性特征,其政策性是非常强的。不仅党政机关公文有很强的政策性,而且事务文书、专用文书也必须符合党和国家各项方针政策。政策材料包括党和国家在各个历史时期制定的重要指导性文件和法律法规,也包括企事业单位制定的规章制度。政策材料是材料写作的大背景、总依据,几乎每一篇材料文章都离不开政策材料。事实材料主要指写作者直接或间接获取的材料,它可以是某篇新闻报道中的事件,也可以是生活中发生的案例,还可以是作者收集到的文献资料,等等。事实材料是作者记录、整理、传播的最基本材料,也是作者思考分析的立足点。对写作者而言,特别要留意党和国家的方针政策及身边发生的重要事件,长期积累,才能在整理归类材料时做到游刃有余。

直接材料和间接材料。直接材料是指作者在社会生活中直接得到的第一手资料。直接材料可以通过亲身观察、体验、感受、走访、调查等方式得到。生活是写作的源泉,其中有着取之不尽、用之不竭的写作素材。直接材料从生活中来,为写作提供了真实可靠的内容。在材料写作中,直接材料通常以走访、社会调查的形式来收集,从而形成数据、分析报告等,为材料文章的形成提供了可靠的依据。间接材料,是作者从其他方面间接得到的材料。如从文件、文献、书籍、报纸、杂志以及电脑网络等其他媒介中采集得到的材料,以及从他人处得到的材料。间接材料是对直接材料的补充和丰富,通常来说,好的间接材料具有权威性和科学性,为作者的观点提供理论依据。

正面材料和反面材料。正面材料就是指应当肯定、赞成、褒扬的材料;反面材料就是指应当否定、反对、贬斥的材料。掌握这两个方面的材料,便于进行比较研究,揭示事物本质,无论对确立主旨还是表现主旨,都有不容忽视的意义。有的材料文章主要以正面材料为事实依据,比如表彰性通报、先进事迹报道;有的则主要以反面材料作为事实依据,比如批评性通报等,特别是在规范人们行为而提出限定要求时,往往要借助反面材料。因此,要根据所写的文章主题,对正反材料进行归类,这样才便于执笔者更快地理清文章思路。

总之,在材料归类时,要明确哪些是政策材料,哪些是事实材料。在党政机关公文写作中,政策材料少不了,尤其是公文的缘由部分,要求有理有据,令人信服;既要有政策和法律依据,又要结合实际,论断经得起实践检验。不符合党和国家方针政策、不符合实际的缘由是缺乏说服力的、不可取的。要明确哪些是直接材料,哪些是间接材料。直接材料为文章提供可靠的现实依据,有时还可以作为观点的数据支撑,例如政府工作报告中对居民人均收入涨幅的统计数据。统计、调查的过程会产生大量的数据材料。间接材料则为文章提供科学的理论依据,选择合适的间接材料对文章观点的形成和统一十分重要。还要明确哪些是正面材料,哪些是反面材料,使材料充分表现主旨,做到观点和材料的高度统一,既节省了思考时间,又理清了文章思路。

除此之外,还有多种分法,例如按照材料的内容,可以分为具体材料和概括材料;按照材料存在的时间,可以分为现实材料和历史材料,等等。

二、材料的具体应用

对材料进行整理和归类的同时,要明确文章哪部分的内容适合用什么材料,哪些材料可以用来佐证什么观点,这就是材料的梳理。从现实生活中搜集到的材料是十分复杂的,要对材料进行梳理。材料和观点是相辅相成的:材料是支撑观点的依据;观点是对材料内容的升华。因此,在梳理材料时,要注意配合行文中的观点。在写作过程中,材料和观点的组织有以下几种形式。

第一,先亮观点,后举材料。即先用主旨句概括观点,然后列举材料陈述观点。这种方法能够做到先声夺人、观点鲜明。在总结报告中,这种列举材料的方式十分常见。例如《××镇人武部年终工作总结》的部分内容:

……现将本年度主要工作情况归纳总结为以下几个方面:

一、党政主要领导十分重视武装工作,狠抓组织落实,保证各项工作顺利圆满完成

今年年初,党政主要领导针对路口镇人武部组织机构人员缺编情况,配备专职文武干部2人(副部长1人,干事1人),同时,对村民兵(营)连干部也相应做了调整与任命,明确了人员和组织,落实了职责与责任,保证了武装工作的正常运行。根据党管武装原则,开展武装各项重大活动时,主要领导亲自挂帅,突出工作重点,有针对性地在会上做特别强调与要求。另外,本年度民兵预备役各项业务建设工作,经费开支累计1万多元……

二、认真搞好民兵预备役工作业务建设,使武装工作上个新台阶

今年上半年,路口镇人武部根据《莲花县2010年度民兵组织整顿工作意见》要求,及时召集村支书、村民兵连连长,召开了民兵整组专题工作会议,加大宣传力度,悬挂横幅标语20条,营造良好氛围,搞好了民兵动员思想工作,确保了基干民兵保障体系的建立与巩固。4月10日,在镇基干民兵检验大会上,基干民兵列会率100%,并且深入开展了思想政治教育和国防意识教育活动,得到了县人武部首长的充分肯定与评价……

第二,先举材料,后亮观点。通过举例子、列数据等方法,陈述事实,进而通过归纳、演绎等逻辑方法,概括出观点。这种方法由事到理,水到渠成,说服力强。下面这段话是申论文章的一个片段:

河北北焦村和西营村的土地征用情况比较有代表性。北焦村土地征用情况为:土地征用多,目前已所剩无几;土地被当地政府强制性征用,低价征地,高价卖出;征用收益分配不均,农民所得甚少;征用过程中存在着权力寻租现象。西营村土地征用情况为:贱卖土地;农民集体上访;土地补偿费、安置费较低,拖欠严重,农民所得补偿不足以创业。征地数额大、程序不规范、收益分配不均、农民失地失业是土地征用的一般特征。

第三,边亮观点,边举材料。夹叙夹议,既摆事实,又讲道理。这种方法使文章循序渐进,层层深入。例如:

《中华人民共和国土地管理法》规定,国家为了公共利益的需要,可以依法对土地实行征收或者征用并给予补偿。但大量营利性商业项目,都以公共利益的名义强制征用土地,从而引发农民的群体性上访和干群冲突。农村土地纠纷已经取代税费争议而成为目前农民维权的焦点,严重影响农村的社会稳定和发展。长期研究农村问题的学术机构收集到2004年以来发生的130起农村群体性突发事件,其中87起因土地问题引发,造成数百名农民受伤,3人死亡。专家认为,土地是农民的生存保障,土地又涉及巨额的经济利益,这就决定了土地争议具有对抗性和持久性的特征。

上述三种材料运用方式中,第一种是最重要也是最常用的,即先列观点,后举材料。重要信息前置是当代材料写作的普遍做法。开门见山,让人第一眼看到观点是什么,才有机会吸引读者的目光,从而促使其阅读文章。

第四节 材料写作实操

如何把文章写得既通顺又扎实,需要写作者认真学习,严格训练。勤于动笔,才能在写作实践中不断提高写作能力。材料写作的内容复杂,种类繁多,因此本节仅选取一些有代表性的材料文章。写作者通过学习写作范例,思考不同类型的材料文章的写法进行练笔。从模仿开始,写作者通过不断练习与感悟,达到得心应手。

常见材料写作文种有以下几个。

1. 通知

《党政机关公文处理工作条例》规定:通知适用于发布、传达要求下级机关执行和有关单位周知或者执行的事项,批转、转发公文。通知具有传达、指示、部署、知照、转发、批转公文等多方面的作用,具有广泛性、时效性、周知性的特点,是一种使用范围很广的公文。通常是平行文或下行文。

通知的格式一般由标题、主送机关、正文和落款四部分组成。

错误范例:

关于召开全省民政工作会议的通知

各市人民政府、省直各单位:

为了贯彻全国民政工作会议精神,省政府决定召开全省工作会议。会议的主要议题是:传达学习全国民政会议的主要文件和领导讲话,讨论研究贯彻的意见和措施,请你们提前做好准备。

参加会议人员:各市人民政府、分管民政工作的领导同志和各市、民政局局长,省直各单位的负责同志。

会议拟开五天,地点××宾馆,于8月15日前来报到。

××省人民政府办公厅
××××年××月××日

评析:

这份会议通知乍看起来没有什么问题,仔细分析,起码有三个问题。一是内容不明确。会议的名称、议题都清楚,但不够具体明白,不知道研究的具体问题,也不知道与会人员需做什么准备。二是参加会议人员不明确。省直单位包括的范围很广,包括党、政、工、群、公、检、法等,哪些单位参加不够清楚。一般要写清楚有关单位,还要附上单位名单。还有,省直单位负责同志有几个,只来一个或都来,也没有写清楚,无法执行。三是报到时间不明确。"8月15日前来报到",是指8月15日之前还是8月15日这一天报到,表述不明确。可见很简短的通知,也要按要求写清楚。

2. 通报

《党政机关公文处理工作条例》规定:通报适用于表彰先进、批评错误、传达重要精神和告知重要情况。通报主要有表彰性通报、批评性通报、传达性通报和事项性通报。

写作范例：

中共广东省委、广东省人民政府
关于全省林业大检查的情况通报
(××××年××月××日)

今年8月,省委、省政府决定进行一次全省林业大检查。在各地自查的基础上,省委、省政府派出7个检查组,于8月下旬,对全省10个市的林业工作进行了检查。现将检查情况通报如下：

1985年省委、省政府作出"十年绿化广东大地"的决定以来,经过8年的艰苦努力,目前全省106个有达标任务的县(市、区)已有91个县(市、区)经省委、省政府批准实现绿化达标,有13个县(市、区)已通过省组织的验收,正报省委、省政府审批。"十年绿化广东大地"的宏伟目标可以提前两年基本实现。自去年全省第七次山区工作会议以来,各级党委、政府以及林业部门为巩固和发展绿化达标成果做了大量富有成效的工作,使全省林业在达标后又有了新的发展。森林资源的管护不断加强,森林防火、病虫害防治措施进一步得到落实,中幼林抚育、低产林改造加快了进度,森林资源继续保持稳定增长,林区秩序基本稳定,山地综合开发利用得到进一步发展。园林绿化开始从绿化型转向效益型,大力发展集约化、规模化和商品化的林果基地,林业已开始走向种养结合、种植业与加工业相结合的道路。

广州、茂名、江门、湛江等市绿化达标后,做到思想不放松、投入不减少、工作力量不削弱、工作不松劲……省委、省政府决定,对上述市、县、区给予通报表扬。

检查情况表明,我省林业离市场经济的要求还比较远,特别是在绿化达标后如何上新台阶还存在许多问题……

我省的绿化达标作为阶段性的工作基本结束。但是,要使林业实现优化环境、富山、富民、富行业的目标和建立稳定的森林生态系统任务还很艰巨、很繁重。各级党委和政府必须进一步认识到林业的作用和地位,在指导思想上不能松劲,林业工作机构不能撤,不能削弱,资金投入不能减少。要大力宣传林业的好典型、好经验。省委、省政府将在适当时候表彰在造林绿化工作中的有功人员。要把林业作为大产业来抓,建立健全林业的科技、信息、服务体系,把林业产业经济搞上去,要进一步加强林业"三防"体系建设,完善森林保护机制。林政管理只能加强,不能削弱,严禁乱砍滥伐林木,偷运木材,尽快撤除边界非法设置的木材收购网点。加强对林地的管理,开发征占林地必须按规定事先征得林业主管部门的同意。要严厉打击贩卖、宰杀国家保护的野生动物行为;加强调查研究,尽快建立生态公益林补偿制度;要大力发展"三高"林业,提高林业的经济效益。

我省基本实现绿化达标,这只是夺取造林绿化工作的初步胜利,我们还要为巩固和发展绿化达标成果做长期不懈的努力。各级党委和政府一定要发扬成绩,振奋精神,继续带领广大群众为建设现代化的广东林业而努力奋斗。

评析:

这篇情况通报是向全省通报造林绿化检查的情况。第一段是写通报的原因,向全省通报造林绿化检查的情况;第二、三、四段主要是写检查的情况,主要是写概括的、总体的情况;第五、六段对今后全省林业工作提出意见,对各级党委和政府提出希望和要求。这种通报具有较明显的指导性、政策性、时效性。

3. 工作总结

工作总结是对以往工作进行回顾、检查、分析、研究,从中提炼出规律性的东西,用以指导今后工作的一种机关常用事务文书。

写作范例:

关于全国政府网站普查检查整改阶段工作总结

(太湖县市场监督管理局)

县政府办:

根据国务院办公厅发布的《关于开展第一次全国政府网站普查的通知》的文件精神和县政府办召开的政府网站普查培训会要求,我局高度重视,严格对照《全国政府网站普查评分表》,组织相关股室对我局门户网站和所属政府信息公开相关内容进行了认真检查,针对存在的问题分别采取相应措施,认真进行整改,现将整改情况总结如下:

一、检查梳理情况

(一)对照《全国政府网站普查评分表》,由法规股和办公室对局门户网站进行全面检查和梳理,准确掌握网站目前存在的问题和不足。主要检查了以下几个方面的内容:一是网站运行是否稳定,首页各栏目和子栏目能否正常访问;二是页面能否正常打开,网站链接是否失效或错链;三是发布的信息是否及时、准确、完整,尤其是办事服务栏目和通知公告栏目的内容;四是是否按照要求及时公开政务信息,互动访谈类栏目是否及时、准确回应;五是网站管理和日常运行维护是否有专人负责。

(二)发现的问题和不足。一是网站有部分外部链接失效,未及时发现;二是部分新闻报道中出现了错别字,未及时发现并更正;还有一个不足之处是信息内容不够丰富,主要以各类政策、文件为主,缺少调查征集类版块。

二、网站整改情况

针对排查发现的问题,我局组织专人逐项对照整改,强化信息内容保障:

(一)及时更正部分新闻报道中的错别字,加强信息发布的审核工作。由办公室专人负责对信息内容进行逐篇检查,不放过任何一个小差错,共更正错别字10余处。同时,明确要求:谁提供信息,谁负责信息的初步审查。

(二)认真核对内外部链接的可用性。由办公室组织专人对网站所有内外部链接逐一检查,逐一修复,共修复失效链接3个,保证链接正确有效。同时建立问题即时报告制,全局各股室、各基层所如发现有错链或断链的情况,及时报告,及时修复。

目前我局门户网站无空栏目、无不更新栏目、无严重错误等单项否决情况,在首页可用性、信息更新情况、链接可用性、服务实用情况等方面可满足培训会要求。

三、下一步工作

政府网站是政府部门与群众接触的一个窗口,在今后的工作中,我局将会把好的方面努力做得更好,不足的方面进一步完善,努力做好政府网站的管理工作,充分发挥政府网站宣传和服务作用。

(一)由办公室组织专人进行政府网站的日常维护工作。做到一天一检查,确保网站运行稳定,首页及主要栏目能正常访问;定期检查链接的有效性,发现链接失效,及时加以更正。

(二)重点加强信息主动公开工作。及时准确地在门户网站发布涉及群众切身利益、需要社会公众广泛知晓或者参与的政府信息,尤其要做好注册登记、食品药品、政策法规等方面政府信息的发布工作;对涉及群众办事的问题,要主动在政府网站发布国家有关政策文件,详细公开申报条件、申报材料和办事程序。

(三)对网民网上反映的问题,要主动在政府网站予以回应,及时准确发布调查信息,讲清事实真相和采取的相关措施以及处理结果。

(四)加强信息发布审核工作。对政府信息发布工作任务进行分解,拉出任务清单及责任清单,落实到各股室的业务信息及时发布,发布内容即时审查。

(五)继续做好网站的安全保密工作。确保上网信息准确、真实,不发生失泄密问题,重要的上网信息严格按程序审批。

太湖县市场监督管理局
2015 年 8 月 5 日

评析:

这篇工作总结格式正确,语言表述得当,善于抓住重点,对网站普查检查整改阶段工作的情况、出现的问题、下一步工作等做了详细的说明和总结,做到了材料和观点的统一。

4. 新闻稿

新闻稿是用概括的叙述方式,比较简明扼要的文字,及时迅速地报道国内外新近发生的有价值的事实。

写作范例:

海关总署:中美贸易顺差实际上没有那么大

中新网 4 月 13 日电 海关总署新闻发言人黄颂平 13 日表示,应该客观、理性看待中美贸易出现的不平衡问题,中方从不刻意追求贸易顺差,目前的贸易状况是市场形成的,归根结底是由中美两国经济结构、产业竞争力和国际分工决定的。如果考虑到统计、转口贸易,还有服务贸易等因素,中美贸易的顺差实际上没有那么大。

国务院新闻办公室 13 日举行新闻发布会。有记者问,关于中美贸易方面,之前双方都有一些措施出台了,影响什么时候会反映出来?对于贸易顺逆差影响怎么样,会不会影响中国今年的经济发展呢?

对此,黄颂平作出回应。他通报了中美贸易的最新数据。据海关统计,按照美元计价,今年一季度我国对美国进出口 1415.9 亿美元,同比增长 13%。美国为我国第二大贸易伙伴。其中,对美国出口 999.2 亿美元,增长 14.8%;自美国进口 416.7 亿美元,增长 8.9%;贸易顺差 582.5 亿美元,扩大 19.4%。

我们希望美方在贸易差额问题上能够耐心倾听理性、务实的声音,建设性地提出改善贸易不平衡的措施,共同推动两国经贸关系长远稳定发展。

他强调,中方的立场是非常明确的。我们认为这次贸易摩擦不利于中国利益,不利于美国利益,也不利于世界利益。贸易摩擦,我们历来强调要本着相互尊重的原则,通过政策沟通磋商加以解决,要按照 WTO 的规则加以解决,这是作为 WTO 重要成员的中美两国都应该遵守的一个原则。

5.申论

申论是公务员考生根据给定材料,按照试题要求,运用自己具备的机关工作需要的最基本的素质、修养和能力,在限定时间内以公务性话语撰写的文本。申论的内容是公务性的,有文体要求的。一般而言,申论常考处理机关事务有关的公务性文体。

写作范例:

建设稳定安全正常的网络社会

计算机与网络在当今已经成为大众并不陌生的字眼与概念。据有关方面的说法,在21世纪不懂计算机与网络运用的人就是新型的文盲。适应时代与社会发展要求,人们纷纷坐在计算机前,点击鼠标,进行信息交流与沟通,这为我们进入网络社会开启了大门。

就目前网络发展给人们带来的社会问题而言,主要是涉及人们社会生活秩序与安全的一系列问题。网络在给人们的社会生活提供了极大便利的同时,也在一定程度上干扰和影响了人们原来无此烦恼的正常生活:网上不良广告泛滥、个人隐私泄露,更有因网络犯罪带来的伤害与损失。因此,人们在充分享受网络"甜果"的同时,也明显体会到建设一个稳定安全、正常有序的网络社会的必要性。

政府在推进建设稳定、安全而正常的网络社会中负有必须又必然的责任。从扮演决策者与实施者的政府职能上看,要建设安全稳定的网络社会,政府应当首先着眼于网络社会中关于网络信息安全的"规则"建设。没有规矩,不成方圆。网络社会的正常有序运作,除配套建设自不待言外,仅就网络本身而言,涉及网络信息安全的法规就如拳坛上的围栏一样不可或缺。网络用户上网浏览信息,抑或是进行外向交流。如果有"黑客"挡道,那这种交流是不会成功的。

影响和破坏网络社会安全和稳定的另一隐患是网络诱发的社会违法犯罪行为。网络型犯罪具有不同于一般社会犯罪的特点与社会危害性。据调查,网上黄色不健康信息以及暴露的隐蔽资讯为有犯罪动机甚至是原无犯罪动机的人提供了诱因。鉴于此,政府不可忽视对网络信息网站建设的管理与监督,应当采取法制手段与行政手段从立法到执法,从监督到约束与控制,进行全面深入的规范与管理。

针对社会主义市场经济条件下网络的社会经济效用。不少商家与网站建设者频发网上广告,或利用网络随意干扰他人正常生活秩序。这种谋私的做法虽不具严重的社会危害,但如果不予制止,那么部分网民的利益必会受到损害,整个网络社会的正常秩序也就必然不稳定,建设理想的网络社会的责任也就必然存在。

实操:

材料一: 为落实中共中央办公厅《关于在全体党员中开展"学党章党规、学系列讲话,做合格党员"学习教育方案》,根据教育部党组织统一部署,决定依托国家教育行政学院大学生网络党校,面向全国大学生党员开展"两学一做"专题网络培训示范班。

材料二: 2011年,××省各地、各部门按照省委、省政府大力推进实施品牌战略的部署要求,取得了显著成效,××龙蟠集团有限责任公司"×××"等33件商标被国家市场监督管理总局认定为中国驰名商标。为鼓励先进,加快发展××省品牌经济,省政府决定对2011年度首次获得中国驰名商标认定的28户企业分别给予每户100万元的奖励。

材料三: 既要金山银山,也要绿水青山。为了经济社会可持续发展,2015年1月1日,习近平主席签署了第七号主席令,正式颁布实施了新修订的《环境保护法》。新修订的《环境保护法》被誉为史上最严厉的新《环境保护法》,具体严到什么程度,同学们可以登录环保部门官方网站自行下载阅读。

材料四: "吉林八景"评选活动结束,八景新鲜出炉。"吉林八景"评选活动历时3个月,于昨日圆满结束,经专家评审团最终评定,长白山、高句丽古迹、向海、防川景区、伪满皇宫、松花湖(吉林)雾凇、净月潭、查干湖冬捕景区荣获"吉林八景"殊荣。副省长陈伟根代表省政府出席会议并发表讲话,他除表示祝贺外还对本省旅游开发和市场营销工作做出部署。

任务与要求

1. 根据材料一,制作一则通知。

2. 根据材料二,制作一则通报。

3. 根据材料三,为了解新法实施情况,请组织一个学生调研团队,走访某一乡(镇),并查阅该乡(镇)环保资料、数据等,然后撰写一篇"××乡(镇)2015年环保工作总结",内容包括环保规章制度建设、新法宣传、任务落实、环境监察、责任追查等方面取得的成绩、经验以及工作中存在的不足,并针对不足提出来年改进办法与措施。

4. 根据材料四,结合新闻稿的写作知识,就吉林省组织评选"吉林八景"活动结束写一篇新闻稿。

要求: 文种准确,要素齐全,结构合理,格式规范,表述得体。

思考题

1.在写作中,如何使材料最佳地服务于观点?

2.党政机关公文的写作有哪些特点?

3.如何有效运用申论考试的材料?